Dictionnaire amoureux du Nord

Jean-Louis Fournier

Dictionnaire amoureux du Nord

Dessins d'Alain Bouldouyre

PLON
www.plon.fr

Collection fondée
par Jean-Claude Simoën

La liste des ouvrages du même auteur figure en fin de volume

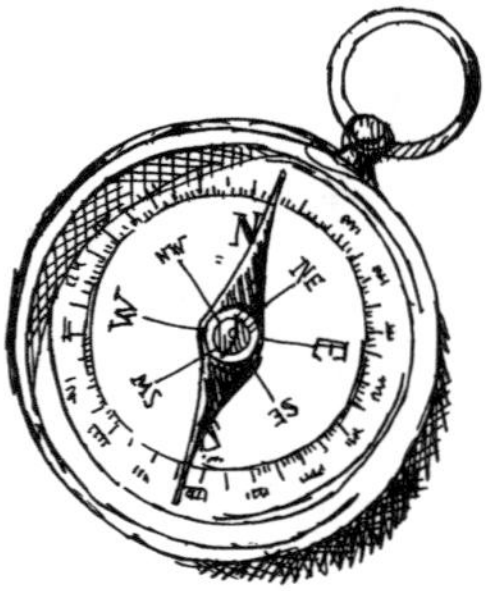

12, avenue d'Italie
75013 Paris
Tél : 01 44 16 09 00
Fax : 01 44 16 09 01
www.plon.fr
www.lisez.com

Dépôt légal : novembre 2018
ISBN : 978-2-259-25308-6
Mise en pages : Nord Compo (Villeneuve-d'Ascq)

Plon est un éditeur qui s'engage pour la préservation de son environnement et qui utilise du papier fabriqué à partir de bois provenant de forêts gérées de manière responsable.

Avant-propos

Quand Jean-Claude Simoën m'a proposé d'écrire un *Dictionnaire amoureux du Nord*, j'ai d'abord été flatté, impressionné, puis effrayé.

L'aventure paraissait hors de ma portée.

J'ai failli refuser.

Je suis un sprinter, pas un coureur de fond.

Mes livres font 200 pages, cette fois je m'embarquais pour un livre de 600 pages.

Je me crois capable d'escalader le mont Cassel, pas l'Himalaya.

Et puis j'ai réfléchi...

J'ai toujours conservé pour le Nord une immense tendresse, j'ai toujours à mes sabots de la terre de l'Artois et dans ma tête des souvenirs de ciels immenses. Je suis né à Calais, où je n'ai fait que passer.

Plus tard, dans la grande cathédrale d'Arras, j'ai renoncé (provisoirement) à Satan et à ses pompes.

A l'institution Saint-Joseph d'Arras, d'où j'ai été viré, j'ai fait mes études secondaires.

A la télévision de Lille, j'ai été assistant réalisateur.

Mes livres sur ma famille se passent dans le Nord. Mon père « qui n'a jamais tué personne » était médecin à Arras, *Ma mère du Nord* avait été étudiante en lettres à Lille, et moi, un moment poète et paysan par amour, à Hesdin.

Eternel amoureux, j'ai été attiré par le collage surréaliste du titre : « Dictionnaire amoureux ».

De tous mes dictionnaires, du Gaffiot – dictionnaire français-latin – ou du Bailly – dictionnaire français-grec –, jusqu'au Larousse, aucun jamais n'avait été amoureux.

Et puis, surtout, j'ai découvert que j'allais avoir le pouvoir de faire connaître des illustres inconnus que j'aimais, qui méritaient d'être connus, et peut-être leur offrir la postérité, quelle chance de les faire entrer dans un dictionnaire infini ! Alors, ému, comme la jeune mariée devant le maire, j'ai dit oui.

Les Hauts-de-France

Quelle bonne idée d'avoir mis une grande partie des gens du Nord dans le haut de l'affiche.

Quelle bonne idée d'avoir mis dans la lumière des gens qui ont souvent été dans le noir, le noir de la mine, le noir du ciel, le noir de l'ignorance.

Le Nord, beaucoup ne le connaissent pas, ne veulent pas le connaître, mais ils ne se privent pas de le juger.

Ils disent que c'est moche, que c'est triste, que le temps n'est pas beau, qu'il y fait toujours froid.

Ils pensent au pôle Nord.

Ils croient que c'est très loin.

Ceux qui passent une heure dans le métro parisien ignorent qu'Arras est à trois quarts d'heure de la capitale.

Ils disent que le paysage est plat, et que ses habitants hébétés ne parlent pas le français mais un épais patois, qu'ils boivent de la bière toute la journée et chantent « Le p'tit quinquin » en suçant des harengs.

« Le père était mineur et alcoolique, la mère pleurait, et leurs nombreux enfants étaient rachitiques. »

C'était du Zola. C'était du passé.

Maintenant ils tiennent le haut du pavé, ils sont au-dessus de la mêlée, au-dessus du panier, sur la plus haute marche, en haut de l'échelle.

Ils ont la tête haute, les fiers descendants de ceux qui étaient descendus si profondément.

Ils font partie des gens de la haute…

Avec le temps, j'ai perdu pas mal de choses. Des illusions, des cheveux, des dents, mes clés… Je n'ai pas perdu le Nord.

Il reste collé à la semelle de mes galoches.

Quand je suis arrivé en 2CV à Paris avec ma mère, pour louer une chambre d'étudiant, je me suis retrouvé, au milieu des embouteillages, à côté d'un taxi. Le chauffeur qui avait repéré ma plaque d'immatriculation marquée 62 m'a lancé : « Fais pas de dégâts, le mineur. »

Sous sa casquette, son petit cerveau avait connecté « Nord » à « mineur ». Pour lui, tous les gens du Nord, même avec une gueule blanche, étaient des mineurs.

En me prenant pour un mineur, il me faisait grand honneur.

J'ai encore beaucoup d'amis dans le Nord, je les reconnais à l'éclat de leur regard, il brille comme de l'anthracite.

Je n'ai jamais perdu le Nord, je l'ai gagné.

A

Accent du Nord

Je me suis retrouvé dans la banlieue de Lille, je cherchais une épicerie, j'étais en quête de sucre en poudre.

J'ai trouvé un petit magasin, j'ai demandé au patron s'il avait du sucre en poudre. Il a eu l'air très étonné, il a répété « sucre en poudre » plusieurs fois, comme si c'était du chinois. Il ne comprenait pas.

Je parcours les rayons, je vois une boîte de sucre en poudre, je la prends et la lui montre. Il la regarde. Alors il articule. « Ah, du chuquinpout, fallait le dire tout de suite… »

C'était il y a cinquante ans.

Quand je préparerais à Paris l'entrée à l'IDHEC, à la fin d'un exposé que j'avais fait sur Robespierre, le professeur d'histoire, monsieur Lefranc, me reprochera mon accent du Nord.

Au milieu du parler pointu de mes camarades parisiens, sans le savoir, j'avais proclamé, et revendiqué, une identité dont j'étais fier.

Encore plus maintenant que j'appartiens aux Hauts-de-France.

Acremant, Germaine

Elle est née à Saint-Omer, dans le Pas-de-Calais, le 13 juin 1889.

C'est pendant l'époque de la guerre de 14 que l'idée d'écrire lui vient.

Elle décrit avec beaucoup de finesse la vie en province, elle nous fait pénétrer dans l'univers suranné de la bourgeoisie. *Ces dames aux chapeaux verts* ont un succès immédiat.

J'ai un ami, Yves de Marseille, qui se souvient, à 10 ans, être allé lui faire dédicacer ses livres.

Il n'a pas oublié la charmante dame qui était très émue de savoir qu'elle était lue par la jeunesse.

Après le succès de *Ces dames aux chapeaux verts*, elle écrira de nombreux romans, une trentaine, la plupart publiés chez Plon : *Gai ! Marions-nous !*, *La Route mouvante*, *Arrière-saison*. En 1937, elle a célébré le Nord dans *Flandre et Artois*.

Elle a écrit une autobiographie de sa jeunesse, *Hier que j'aimais.*

« Ce n'était pas drôle de vivre dans le Nord, le vent, les nuages, la pluie furent associés à ma jeunesse et je les ai aimés.

Quoi de plus délicieux pour une petite fille du Nord que de recevoir une averse torrentielle sur un large parapluie, dont il faut tenir le manche à deux mains. »

Elle se souvient des visites avec son père médecin : « Etant enfant j'accompagnais parfois mon père dans ses visites médicales à Clairmarais. Après la consultation, une parenté du malade procédait à la confection du café qu'il aurait été malséant de refuser, mais dont mon jeune âge me préservait.

Il était en effet d'usage pour chaque visiteur d'emporter dans son estomac un peu d'eau puisée dans le watergang, avec laquelle se faisait le café largement additionné de chicorée. Celui-ci était servi dans de petites tasses à fleurs privées de sous-tasses et que la bouteille d'eau-de-vie finissait de remplir bord à bord. C'était la traditionnelle bistouille. Mon père, lorsqu'il en parlait, disait gaiement : “Le feu purifie tout.” »

Après ses succès, elle écrira avec son mari Albert des comédies souvent adaptées de ses romans.

En 1964, sa ville natale, Saint-Omer, organisera le premier festival des Dames aux chapeaux verts, qui est un concours du plus beau chapeau vert.

En 1970, elle publiera *Chapeaux gris… chapeaux verts.*

Elle mourra en 1986 à Neuilly-sur-Seine. Elle avait 97 ans.

Tirons-lui notre chapeau..

Amiens

Amiens, dans le département de la Somme, est la deuxième ville la plus peuplée des Hauts-de-France après Lille. Ville d'art et d'histoire, le patrimoine d'Amiens est exceptionnel. Elle est la première ville en France en nombre d'inscriptions au patrimoine mondial de l'Unesco et possède cinquante-trois monuments protégés au titre de Monuments historiques : le beffroi, le maison de Jules Verne, des églises et abbayes, le musée de Picardie… et la cathédrale.

« C'est une femme adorable, cette cathédrale, c'est une Vierge. […] Point de confusion vaine, ici, point d'exagération ni d'enflure. C'est l'empire absolu de l'élégance suprême », Auguste Rodin.

C'est la plus vaste cathédrale de France, longue de 145 mètres, 200 000 mètres cubes de volume intérieur, une hauteur sous voûte de 42,30 mètres, elle est deux fois plus grande que Notre-Dame-de-Paris.

Elle est l'archétype du style gothique classique.

Elle est remarquable par ses sculptures gothiques du XIIIe qui ornent sa façade occidentale, le portail de la Vierge dorée, les stalles des chanoines, chef-d'œuvre d'ébénisterie.

Le début de sa construction date de 1220, la nef est achevée vers 1230.

En 1497, on s'aperçoit qu'un écroulement de la cathédrale est imminent. Des travaux d'urgence se préparent, tout l'édifice est cerclé d'un chaînage en fer qui la rend plus robuste pour les siècles à venir.

En 1528, la flèche de la cathédrale est foudroyée, on procède à l'édification d'une nouvelle, elle est recouverte par des feuilles de plomb doré, son sommet culmine à 112 mètres.

La cathédrale a été épargnée par la Révolution, par les guerres. Les révolutionnaires et les soldats ont dû recevoir des consignes venues d'en haut ou du Très-Haut.

Il y a quelques années, à la grande surprise de tous ceux qui imaginent le passé en noir et blanc, un spectacle son et lumière a permis de restituer à la cathédrale son décor polychrome d'origine.

La visite de la cathédrale, si elle ne fait pas croire en Dieu, nous fait croire en l'homme, quand il est bâtisseur de cathédrales.

Avec ses 280 hectares d'espaces verts, son fleuve, ses canaux, ses marais, Amiens est une ville verte et bleue. Derrière la cathédrale se trouve le plus ancien quartier d'Amiens, le quartier Saint-Leu, traversé par des canaux. C'était au Moyen Age le quartier où l'on fabriquait et teignait les tissus, notamment le velours qui fit la réputation de la ville. C'est aujourd'hui un quartier pittoresque au charme médiéval avec ses ruelles, ses maisons colorées. Un quartier qui bouge avec ses bars, ses restaurants, ses artisans, ses antiquaires.

Amiens est aussi connu pour ses hortillonnages, un espace de verdure et d'eau en plein centre de la ville. Trois cents hectares de jardins flottants, sillonnés par 65 kilomètres de petits cours d'eau, rieux, en picard. Des jardins maraîchers, des jardins d'agrément, des potagers. Ils se visitent à pied, à vélo, en barque. Depuis 2010, du printemps à l'automne, le festival Art, villes & paysage transforme les hortillonnages en une balade artistique à travers les îles et les étangs. Les visiteurs découvrent les œuvres d'architectes, de paysagistes, de plasticiens tout le long du parcours.

Andouillette

Dans les charcuteries de Cambrai et d'Arras, l'andouillette est reine, elle est fabriquée avec de la fraise de veau.

Des confréries assurent la promotion de l'andouillette à travers la France. L'andouillette d'Arras a sa confrérie, ses membres portent un uniforme médiéval. J'ai eu l'occasion de les rencontrer lors d'une émission de télévision à Arras. « Agglutinés devant les caméras comme chez le primeur, ce sont des tomates grappes, ils portent une cape de velours rouge, une chaîne de rappeur sur le poitrail, une collerette blanche en dentelle de Caudry autour du cou représentant ce que les tripiers appellent la fraise de veau. Le président Michel porte un drôle de chapeau, on dirait une coulemelle surprise par un coup de chaud », Caroline de Bodinat.

La confrérie a été créée en 1997. Le dernier dimanche d'août, elle organise la fête de l'andouillette, la place des Héros est transformée en restaurant de plein air, et on déguste l'andouillette grillée avec des frites. Moment convivial avec la sortie des géants : Colas, Jacqueline, Dédé et l'ami Bidasse.

Jacques Chirac adorait les andouillettes, il les faisait venir de la charcuterie Michel Berchon, à Arras.

Il est plus charmant de se faire traiter d'andouillette que d'andouille.

Arabian, Ghislaine

Ghislaine Arabian est un grand chef cuisinier spécialiste des cuisines flamande et française.

D'origine belge, elle est née à Croix, près de Roubaix, en 1948. Elle passe toute son enfance dans le Nord.

Elle commence sa carrière comme standardiste, puis tient une boutique de vêtements à Roubaix. La cuisine, elle n'y avait jamais vraiment pensé. « J'aimais bien faire à manger, recevoir des amis, mais sans plus. »

Sa vie change quand elle rencontre Jean-Paul Arabian, propriétaire du Restaurant, établissement réputé de Lille. Elle travaille d'abord en salle. C'est le chef Thierry Cambier qui la fait entrer en cuisine. « C'était le 14 septembre 1983. Il travaillait au Restaurant… J'ai repéré qu'il avait un regard étonnamment vif, j'ai voulu qu'il me forme. » Le voir à l'œuvre a été une véritable révélation. Elle se met aux fourneaux sans être passée par aucune école de cuisine. Elle trouve sa propre voie, une cuisine de terroir. C'est un vrai succès. Dès 1985, le *Guide Michelin* lui accorde une première étoile. La seconde en 1988. « La région a toujours été associée aux corons, au froid, à la misère… C'est grâce à Pudlowski et à Petitrenaud que notre travail a été connu. Ils sont venus, même si à Lille on leur avait dit que c'était surfait. Ils m'ont mis le pied à l'étrier. »

En 1992, les Arabian quittent le Nord et s'installent à Paris au restaurant Ledoyen, où elle obtient deux étoiles au *Michelin*.

Depuis 2007, Ghislaine a repris le restaurant Les Petites Sorcières avec son ami Thierry Cambier. C'est un estaminet chic où elle propose une cuisine inspirée de ses origines nordistes.

Il y a des croquettes de crevettes grises du Nord, du waterzooï de coquilles Saint-Jacques, et en dessert des gaufres de Bruxelles.

Avant de rédiger un article pour le Dictionnaire amoureux, j'ai voulu déjeuner aux Petites Sorcières. Je pensais que, préparant un texte sur elle, je serais particulièrement bien accueilli par madame Arabian… J'ai failli ne pas avoir de table, malgré ma réservation.

On souhaiterait son accueil aussi délicieux que sa cuisine…

Armand, Marie-Paule

Elle est née à Leforest, près de Noyelles-Godault.

« Mon enfance s'est déroulée paisiblement dans ce petit village des années 1950. A l'école, mes camarades avaient un père mineur. »

Son grand-père était mineur, il avait vécu la catastrophe de Courrières, qu'il racontera à sa petite-fille. Devenue écrivaine, elle retranscrira ses souvenirs dans *La Poussière des corons*.

Elle décrit l'après-Courrières :

« Il n'y avait plus de jours gais, tout le monde me semblait triste, inquiet, finies, les journées calmes, avec ma mère tout occupée du ménage et de la maison. Supprimées aussi, les soirées paisibles, où tous les trois nous étions réunis autour de la lampe. Maintenant, tous les soirs on me mettait au lit, et de nombreux camarades de mon père envahissaient la maison. Longtemps, avant de m'endormir, je les écoutais, les mots danger, sécurité, grève revenaient souvent. Je les entendais sans en comprendre le sens. »

Arnault, Bernard

Homme d'affaires, il est né le 5 mars 1949 dans le Nord, à Roubaix.

Chaque année à la Toussaint, il y fait un pèlerinage.

Il y possède encore une maison en brique rouge, sans charme, la maison de ses grands-parents maternels : elle représente beaucoup pour lui, il y a vécu, c'est là qu'il a été élevé, pendant quinze ans, depuis l'école primaire jusqu'à son entrée à Polytechnique.

A 12 ans, il demande un piano à queue, on devra le faire rentrer par la fenêtre. Il joue les *Etudes* de Chopin à 15 ans.

Son père était ingénieur de l'Ecole centrale et propriétaire d'une entreprise de travaux publics.

Il fait ses études secondaires au lycée Maxence-Van-der-Meersch, puis Math sup et Math spé au lycée Faidherbe de Lille. Il intègre Polytechnique, donc, en 1969.

Quand on a un nom qui commence par un A, on est souvent le premier dans l'ordre alphabétique.

Bernard Arnault ne se contente pas de l'ordre alphabétique, il veut être le premier en tout, le premier arrivé.

Il ne veut jamais être en retard d'un rêve…

Il arrive chaque jour à 8 h 30 à son bureau de l'avenue Montaigne, il est réservé, comme l'homme du Nord, parfois glacial comme le Grand Nord.

Son histoire est jalonnée de grandes batailles gagnées, Boussac, Moët Hennessy, Louis Vuitton…

L'histoire ne dit pas si enfant, il aimait jouer au Monopoly…

Plus on lui résiste, plus il a envie de gagner, et il gagne beaucoup. Il est actuellement premier dans le classement des grandes fortunes.

Il aime la beauté, le luxe, la perfection.

Avec son décorateur Yves de Marseille, qui a été aussi mon décorateur à la télévision, il a restauré le château de Saran, en Champagne, le château de La Colle Noire, propriété de Dior dans le Var.

Il est grand amateur d'art moderne : sur ses murs, Picasso, Dubuffet, Rothko…, des artistes qu'il n'hésite pas à associer à du mobilier ancien.

Il est le fier fondateur de LVMH, numéro 1 du luxe dans le monde.

Une de ses grandes œuvres est la Fondation d'entreprise Louis-Vuitton.

L'étonnant bâtiment conçu par Frank Gehry est situé au Jardin d'Acclimation du bois de Boulogne, à Paris.

Il s'est donné la noble tâche de promouvoir l'art et la culture. Il veut donner au grand public la possibilité d'apprivoiser l'art contemporain.

Tous les milliardaires ne sont pas marchands d'armes, et il n'existe pas, que je sache, de cartouchières Vuitton.

Bernard Arnault est-il grippe-sou ?

« Ma grand-mère, qui parlait le patois auvergnat, m'a appris à être économe. »

Il est ravi quand il a réussi à ne payer que 3 millions d'euros un yacht qui en valait beaucoup plus.

Il adore le piano, et les pianistes. Sa femme Hélène en est une.

« Jouer du piano m'aide à développer une fibre artistique indispensable dans nos métiers. Je suis très soucieux d'équilibrer en permanence mon cerveau gauche et mon cerveau droit. La rationalité et la créativité sont des clés de la réussite de notre entreprise. »

Il veut réconcilier l'arpenteur et le poète.

Dans ange exterminateur il y a ange…

Un homme qui aime Chopin ne peut être entièrement mauvais…

Arno

Un chanteur et acteur belge, né en 1949 à Ostende.

Il chante d'abord en anglais puis en français, et parfois en flamand.

Il est connu en France depuis sa participation à la bande originale du film de Bertrand Blier *Merci la vie.*

« Le Nord, c'est mon enfance. Ma grand-mère maternelle est de Dunkerque, le père de ma mère est un Anglais, et je suis né en Belgique, tu vois le bazar… Je reviens toujours à Dunkerque, j'ai de la famille là-bas, tante Lucie. Dans le temps, tous les jeunes du nord de la France venaient à Ostende. Dans les années 1960, j'ai perdu ma virginité avec une Française ; elle avait la même coiffure que Mireille Mathieu. Elle portait une robe Courrèges. »

Crowner fêlé, ex-cuistot de Marvin Gaye, il est aux avant-postes du rock alternatif dans les années 1970. Il fait des reprises de succès anciens : « Les filles du bord de mer » d'Adamo, « Le bon Dieu » de Jacques Brel, « Vous les femmes » de Julio Iglesias, auxquels il donne une étonnante pesanteur.

Il est venu à Arras en juin 2017, invité par Jean-Jacques d'Amore, créateur du festival Faites de la chanson.

Quand on lui parle de rock'n'roll, voici ce qu'il répond : « Dans les années 1960 et 1970, tout était possible. Notre génération avait le cul dans le beurre. Maintenant, tout est devenu conservateur. Il y a une révolte chez les jeunes, dans le hardcore techno, mais on ne peut pas l'écouter à la radio, c'est pas dans les médias. Les gens disent que je chante comme Tom Waits, mais je suis plus beau que lui. Je suis un chanteur de charme raté. De charme à cause de ma coiffure. »

Ses textes sont simples, naïfs et beaux. Sa voix est rocailleuse et brisée.

Il fait partie de ces bons vivants qui ont le mal de vivre.
Il est volumineux et bouleversant.
C'est un menhir qui chante.

Arras

Arras, c'est pour moi la plus belle ville de France. Forcément, c'est la ville de ma jeunesse.

J'ai vécu mon enfance dans l'humidité, avec, au-dessus de la tête, un ciel souvent couleur de wassingue et un Dieu vengeur qui me promettait l'enfer.

J'ai été mis à la porte de l'institution Saint-Joseph, j'avais mis la Sainte Vierge dans les chiottes.

Les bourgeois d'Arras n'ont pas toujours été tendres avec moi, le fils du papa qui n'a jamais tué personne, sauf lui, à coups de Byrrh.

J'adore Arras, à cause de toutes les bêtises que j'y ai faites, à cause des ruelles où mes frères et moi faisions sonner nos galoches. A cause de la Scarpe, où, avec une ficelle, on attrapait des épinoches. A cause de Vauban et de ses fortifications où on jouait à la guerre. A cause des grandes orgues de Saint-Nicolas-en-Cité qui me donnaient la chair de poule.

A cause des sourires des filles des bourgeois d'Arras.

A cause de ses deux superbes places.

Duras écrira que ce sont les plus belles d'Europe. Sur la grand-place d'Arras, quand j'avais 16 ans, j'ai voulu filmer la chanson de Brel « Sur la place » – « Sur la place chauffée au soleil / Une fille s'est mise à danser ». J'avais la place, j'ai pas trouvé la fille.

En haut de la rue Saint-Aubert, qui était notre avenue des Champs-Elysées, il y avait une grande librairie, la librairie Brunet, elle s'appelle maintenant La Grand Librairie. C'est un endroit superbe où nous attendent encore, tapies entre les pages, toute la mémoire, l'imagination, l'intelligence du monde.

Quand j'ai quitté Arras pour monter à Paris, ce fut une déchirure. Je me souviens de la première nuit passée dans ma chambre d'étudiant, avenue du Général-Michel-Bizot, elle fut blanche…

Ma logeuse s'appelait madame Lebœuf.

Il n'y avait pas de salle de bains, je faisais ma toilette dans l'évier de sa cuisine. J'emportais le haut-parleur de mon électrophone et je me lavais énergiquement au son de la *Symphonie héroïque* de Beethoven.

Dans la salle à manger, il y avait un énorme tableau qui représentait un poulailler. Un peu de campagne dans la grande ville.

Un souvenir du poulailler de Bonne maman d'Arras.

Au fond de la cour de notre maison d'Arras, il y avait un poulailler, c'était toujours papa qui tuait les poules.

Ça commençait comme une opération à cœur ouvert. Il préparait soigneusement ses outils, nous on regardait impressionnés papa dans l'exercice de son art.

Il attrapait la poule, il la coinçait entre ses genoux, puis couic, coup de bistouri.

Une fois sur deux, il loupait son coup, parce qu'il tremblait, mon papa, à cause de tous les coups qu'il buvait, et la pauvre poule se sauvait avec un bout de tuyau qui lui pendait au cou et qui pissait le sang.

Alors papa, il essayait de rattraper la poule, il la poursuivait en disant des gros mots, il n'y arrivait pas mais il ne voulait pas qu'on l'aide.

A la fin, très en colère, il prenait une pierre ou une brique et il visait la poule, souvent il la ratait.

Ça se terminait mal pour tout le monde, surtout pour la poule.

Le soir, on n'avait pas très faim, la poule au riz avait un drôle de goût.

Arras : la salle des concerts

Un jour, j'ai été au ciel, c'était à Arras, à la salle des concerts. J'étais seul avec maman, elle m'avait emmené écouter Alfred Cortot jouer du Chopin.

Je me souviens très bien d'Alfred Cortot, c'était un grand monsieur mince, tremblant, à longs cheveux gris. Il était très vieux, il avait l'air déjà un peu mort. Je me souvient de ses longues mains, ses doigts blancs étaient presque transparents, un peu tordus, on aurait dit des salsifis. Au début, je me suis un peu ennuyé. Je regardais les gens. Je suis sûr qu'il y en avait qui faisaient semblant de ne pas s'ennuyer. Et puis il y a eu le *Nocturne n° 2*, opus 27, et là c'est arrivé. La chair de poule. Je ne regardais plus les gens, je regardais les salsifis qui couraient sur le clavier, je pensais à ce pauvre Chopin qui, pendant qu'il crachait ses poumons, était capable de s'occuper de nous et de nous donner tant de bonheur, et à ce vieux monsieur fragile qui, à cette heure-là, aurait certainement été mieux dans son lit, et qui se donnait du mal pour nous faire plaisir. J'avais envie de pleurer. J'aurais aimé leur dire merci à tous les deux. A la fin du morceau, j'ai applaudi très fort et très longtemps.

J'espère que Chopin m'a entendu.

Moi qui n'aimais pas beaucoup les salsifis, surtout quand Bonne maman les faisaient à la sauce blanche, ce soir-là, à cause d'Alfred Cortot, je me suis mis à les aimer.

Arras : le marché

Sur la place des Héros, devant le beffroi, le mercredi et le samedi, il y avait le marché. Pendant les vacances, c'était moi qui le faisais. On me confiait le porte-monnaie et un grand sac.

J'aimais bien aller au marché, j'étais fasciné par les camelots. Je les regardais faire de la dentelle avec des légumes, des beignets en forme de fleur avec des instruments magiques qu'ils acceptaient de vendre, mais seulement à quelques privilégiés : « Y en n'aura pas pour tout le monde. »

J'aimais leur baratin, ils racontaient des histoires drôles, ils faisaient des plaisanteries, toujours les mêmes, ils disaient « ma petite fille » à des vieilles dames qui étaient ravies.

Ils me faisaient rire bien plus que les comédiens qui nous jouaient mal les comédies de Molière, pendant les matinées classiques au théâtre d'Arras. En revanche, ces mêmes comédiens nous faisaient rire avec les tragédies. Je me souviens d'une représentation avec un Polyeucte irrésistible en jupette, qui interrompait sa tirade pour nous demander d'arrêter de rire…

Sur le marché en face du boucher, il y avait un camelot triste qui ne faisait rire personne. Il avait devant lui une petite table pliante avec, dessus, une toile cirée. Elle était couverte de briquets, de tubes de pierre à briquet et de mèches de toutes sortes. Tout était aligné, bien rangé. Il avait une blouse grise, un petit béret, et sous sa moustache un vieux mégot éteint, mauvaise réclame pour un marchand de briquets : il aurait dû au contraire fumer comme une locomotive.

Chaque semaine, j'allais lui demander le prix d'un briquet, toujours le même. Un briquet à amadou, avec une longue mèche jaune, dont je n'avais rien à faire, et chaque fois je lui disais que c'était trop cher, qu'on trouvait ailleurs le même beaucoup moins cher, il m'écoutait avec un air étonné. Chaque mercredi, je revenais. Il me connaissait, maintenant. Quand j'arrivais devant sa table, il s'adressait à son voisin, résigné, il disait simplement : « Le revoilà », avec un grand soupir. Je demandais de nouveau le prix du briquet, il répondait toujours. Ça a duré deux mois, les deux mois de vacances.

Pourquoi je faisais ça ? Peut-être à cause du diable que j'avais dans le ventre. Peut-être aussi parce que j'avais peur d'être attendri par l'émouvant camelot…

Arras : la citadelle

« Louis XIV l'a voulue, Vauban l'a construite. »

Elle se compose de bâtiments classiques, de grandes cours carrées et de la plus ancienne église d'Arras.

Elle est un superbe exemple de l'architecture classique, à la française, les lignes sont droites, les angles droits.

Elle est classée au patrimoine mondial de l'Unesco.

En 1667, la reine et le roi Louis XIV séjournèrent à Arras. C'est lors de ce séjour que le roi décida de l'édification d'une citadelle.

Cinq projets furent présentés, celui de Vauban fut retenu.

L'ensemble fut terminé en 1670.

La citadelle est accessible par quatre portes, dont deux historiques, la porte d'entrée et la porte de secours.

La porte d'entrée est la porte Royale, elle comporte une ouverture cintrée encadrée par une façade supportant un fronton. L'argent ayant manqué, la décoration est modeste, deux fleurs sculptées et un écusson vierge.

Elle était pourvue d'un pont-levis à bascule, et de deux herses manœuvrées du haut du rempart.

La porte de secours, historique, est la porte Dauphine.

Les constructions intérieures furent des casernements pour les soldats et leur famille. Les bâtiments comportaient des chambres pour officiers célibataires, et leurs valets qui couchaient dans les combles.

Les bâtiments sont d'une architecture classique du Grand Siècle, avec des briques et des pierres de tradition locale ; ils entourent une place d'arme rectangulaire.

La chapelle Saint-Louis est le joyau architectural de l'endroit. A l'époque, un soldat se devait d'être un bon chrétien.

La chapelle classée Monument historique en 1920 est le plus ancien édifice religieux d'Arras.

Elle est de style baroque flamand, construite en brique et en pierre.

La partie supérieure de la façade est surmontée d'un fronton orné d'une Vierge à l'Enfant. En dessous se trouvent deux pignons chantournés. Le pignon de gauche porte l'effigie du Roi-Soleil, celui de droite représentait l'empereur Napoléon III, il a été martelé après la défaite de 1870.

L'ensemble de la citadelle dégage une étonnante impression de calme, d'ordre et d'harmonie.

Quand on s'y promène, on a presque envie de marcher sur la pointe des pieds. Pour ne pas troubler le silence du passé ni effrayer les souvenirs. J'y ai rencontré pour la dernière fois Philippe Rappeneau, pour discuter d'une fête du Livre…

Arras : le musée des Beaux-Arts

Je me souviens encore de ma première visite au musée d'Arras, j'avais 10 ans, c'était dans le cadre des activités scolaires de l'institution Saint-Joseph, qui veillait à notre culture artistique, nous étions en sixième. Nous avions été accueillis par le conservateur du musée, monsieur Hollard, un petit homme mince et distingué. Il avait des cheveux gris, mi-longs, un regard vif et intelligent. Avant la visite, il nous a fait une petite causerie sur la peinture.

Il a mis côte à côte deux portraits : une photo et une peinture à l'huile. Il voulait nous montrer la différence entre la photo et le tableau, je me rappelle précisément ses mots : « Regardez les cheveux sur la photo, il y a tous les cheveux, sur le tableau, le peintre n'a pas peint tous les cheveux, il a choisi ceux qui lui paraissaient les plus intéressants, par exemple cette mèche sur le front qui révèle le caractère du sujet… »

Ce jour-là, j'ai retenu que l'art, c'était choisir, ne pas se contenter de recopier la réalité, le regard du peintre était important, chaque individu devant la même chose ne voit pas la même chose. Il m'avait donné une première approche de la peinture. Quand, plus tard, j'aurais la chance de faire des films sur la peinture à la télévision, je penserais à lui.

Le musée d'Arras est dans l'abbaye Saint-Vaast (du nom du premier évêque d'Arras), une abbaye bénédictine fondée au VIIe siècle, reconstruite au milieu du XVIIIe siècle.

Cette ancienne abbaye est l'un des plus grands monuments religieux de France. L'immense église abbatiale est devenue la cathédrale Notre-Dame-et-Saint-Vaast.

Depuis deux siècles, les bâtiments de l'abbaye abritent le musée des Beaux-Arts. Premier atout de ce musée, le bâtiment particulièrement majestueux : portail monumental, façades de style classique, cour d'honneur, cloître…

Collections diversifiées depuis l'art occidental du Moyen Age jusqu'à celui de la fin du XIXe siècle.

Les superbes « anges de Saudemont » nous y sourient. Ils sont en bois doré et datent du XIIIe siècle. Ils pourraient bien être les anges qui encadraient le maître-autel de la cathédrale Notre-Dame-en-Cité. Ils ont été retrouvés dans une petite chapelle à Saudemont, village des environs d'Arras. Ils ont été offerts au musée en 1980.

Peintures (XVIIe et XVIIIe siècles) françaises, flamandes et hollandaises. Saint François recevant les stigmates.

J'aime beaucoup saint François, je lui ai consacré mon premier livre, *Le Pense-bêtes de saint François d'Assise.* Courageusement Jean-Claude Simoën l'avait édité, amicalement Pierre Desproges l'avait préfacé.

Dans ce livre, je présentais saint François comme un fin gourmet qui aimait les animaux, surtout cuits. Ce qu'il préférait dans frère canard, c'était son magret, dans frère mouton, c'était son gigot.

La « salle des Mays » a les dimensions d'une nef d'église, un plafond exceptionnellement haut, ensemble unique de grands formats. Quinze immenses toiles religieuses commandées aux plus grands peintres du XVIIe siècle pour orner les piliers de la nef de Notre-Dame-de-Paris.

Céramiques du XVIIIe siècle (porcelaine d'Arras et de Tournai).

Peintures du XIXe siècle, comme il y a eu l'école de Barbizon, il y a eu l'école d'Arras. Elles faisaient la transition entre la fin du romantisme et l'impressionnisme. L'école d'Arras est née de la rencontre entre Camille Corot et Constant Dutilleux. Ils vont réunir autour d'eux Charles De Savary, Jules Thépaut, Gustave Colin, Xavier Dourlens, Alfred Robaut, Désiré Dubois, Henri-Arthur Bonnefoy, Eudes de Retz.

Ils vont peindre les paisibles campagnes d'Artois, les bords de la Scarpe, les clairières, les sous-bois, les vieux quartiers d'Arras, ils sont connus maintenant dans le monde entier.

Avec la *Saulaie à Sainte Catherine près d'Arras*, de Corot, j'ai revu Sainte-Catherine, là où a habité ma mère, quelques années après avoir quitté la grande maison de la rue de la Paix. Elle s'y ennuyait. Je me souviens que l'appartement était bruyant, au-dessus il y avait des enfants turbulents, elle a avoué un jour que ça lui faisait une compagnie.

Quand je regarde le tableau de Corot, je ne retrouve pas le décor dans lequel vivait ma mère, tout y est plus beau, le paysage dégage un charme, des saules sans feuille se détachent sur un ciel gris-bleu.

Ma mère aurait mieux fait d'habiter dans le tableau de Corot.

Arras : la ville aux quatre-vingts poètes

Tout a commencé avec la Confrérie des jongleurs et bourgeois d'Arras qui réunit la fine fleur de la population : riches mécènes et poètes s'y côtoient. Elle organise des processions et de grands événements. Elle contribuera à l'éclosion de l'âge d'or d'Arras, artistique et économique, du XIe au XIIIe siècle.

J'ai souvenir d'avoir participé à des processions en costumes dans les rues d'Arras, elles étaient organisées par le chanoine Lestoquoy, petit ecclésiastique précieux et cultivé qui préférait les bourgeois aux prolos. L'institution Saint-Joseph où nous étions mes frères et moi fournissait l'essentiel de la figuration, nous nous retrouvions dans les rues d'Arras en costume du Moyen Age, il y avait des chevaux avec des cavaliers, je me souviens d'un élève dont le père élevait des chevaux, il avait toujours le beau rôle, il avait fier allure sur son cheval, il s'appelait Poulain. Nous, les Fournier, nous avions des personnages moins prestigieux, quoique je me souvienne d'avoir été une année un ange. Un mois avant, on distribuait les rôles comme pour une pièce de théâtre. Je me souviens aussi d'une année où maman nous a accompagnés chez une organisatrice de la procession. Elle s'appelait madame Thierny. Elle avait un chignon gris, elle était habillée en noir, elle était très distinguée, elle ne riait pas beaucoup.

Cette année-là, elle cherchait un petit Jésus et des anges. Elle s'est tout de suite intéressée à mon frère Yves-Marie, elle a vu qu'elle pourrait en faire un Jésus. On allait lui mettre une robe blanche, un agneau dans les bras et une auréole dans ses cheveux frisés.

Pendant que mon frère devenait le petit Jésus, j'aurais voulu devenir le diable. Quand madame Thierny en a eu fini avec le petit Jésus, elle a pris conscience de ma présence. Elle m'a regardé longtemps en silence, elle a simplement dit : « Avec lui, ça va être plus difficile. »

Elle m'a tripoté la tête, elle a essayé d'aplatir mon épi rebelle, puis elle a dit : « Faudra lui frisotter tout ça. »

Quand elle a entendu le mot « frisotter », maman a souri, c'était mission impossible, comme si on lui avait demandé de faire des anglaises à un hérisson.

La dame a dit, sans rire : « On va essayer d'en faire un ange. »

On a décidé de me mettre un bandeau doré sur le front, une robe blanche et, dans le dos, une paire d'ailes en grillage. La dame a rassuré maman, de toute façon, je marcherais au milieu de la rue, les gens seraient sur le trottoir, ils ne me verraient pas de près.

Le jour de la procession, moi qui aimais bien faire rire les gens, j'aurais dû être content. J'ai perdu une aile. J'ai terminé avec une seule aile dans le dos et l'autre sous le bras.

Artois

L'Artois est un pays traditionnel de France et une province du royaume de l'Ancien Régime, sa capitale est Arras.

L'Artois est une grande moquette de 5 000 mètres carrés, un damier avec des carrés verts, le vert des champs de betteraves, de blé de luzerne, des carrés noirs, le noir des mines de charbon, des carrés rouges, le rouge des maisons de brique.

Au-dessus de ce damier, un ciel immense, plein de gros nuages.

L'Artois correspond au pays de la tribu gauloise des Atrébates.

Au ve siècle, conquis par les Francs, l'Artois est devenu flamand quand, en 863, Charles le Chauve le donna à sa fille Judith qui épousa Baudoin Bras de Fer, comte de Flandre. Il fut réuni à la couronne de France en 1180 par le roi Philippe Auguste.

En 1237, Saint Louis donna l'Artois à Robert, son frère puîné.

Après avoir été annexé par l'empereur Maximilien et laissé en héritage aux Habsbourg, il fut annexé définitivement par la France, après la guerre de Trente Ans, au terme du traité des Pyrénées, le 7 novembre 1659.

Lorsque la France fut divisée en provinces, l'Artois conserva jusqu'à la Révolution ses propres lois, ses propres privilèges.

En 1806, les plus grandes villes étaient :

Arras, au 21, rue de la Paix à Arras, il y avait la maison familiale où mon père médecin exerçait et où sont nés mon frère Yves-Marie, ma sœur Catherine, mon fils Mathieu. C'était une maison ancienne, du XVIIIe, en pierre et brique, une maison bourgeoise avec un charmant petit jardin, un bassin, une tonnelle, un énorme rosier et un vieux cerisier rempli de merles. Elle était grande, quinze pièces, soit quinze crucifix.

Puis Saint-Omer, où a vécu l'écrivaine Germaine Acremant, Aire-sur-la-Lys, Béthune, Carvin, Lillers, Laventie, Hesdin, où est née ma première femme Agnès, Saint-Pol-sur-Ternoise, où est née ma mère.

Les habitants de l'Artois s'appellent toujours les Artésiens, comme les puits.

Avesnois

L'Avesnois se situe dans le sud-est du département du Nord. Loin des clichés sur le Nord triste, plat, gris, ce territoire si verdoyant est surnommé « la petite Suisse du Nord ». C'est une région vallonnée, réputée pour ses prairies bocagères avec ses vaches bleues, ses forêts de feuillus, ses vergers en fleurs au mois de mai, ses étangs, ses rivières sinueuses, ses moulins au bord de l'eau. Un petit paradis pour le tourisme vert, les randonnées, le vélo.

Au cœur du parc naturel régional de l'Avesnois se nichent de nombreux villages pittoresques et paisibles, avec leurs maisons en brique et pierre bleue, leurs toits en ardoises violines : Solre-le-Château, Liessies, Wallers-en-Fagne, Eppe-Sauvage, Sars-Poteries...

Sur quelques places de village on peut voir une curiosité spécifique à l'Avesnois : le kiosque « à danser ». Ce sont des kiosques surélevés à 2 ou 3 mètres de hauteur, de forme ronde, rectangulaire ou octogonale. Ils accueillaient les musiciens pendant que les villageois dansaient en contrebas. Les musiciens devaient utiliser une échelle pour monter sur la plate-forme. On retirait ensuite l'échelle pour ne pas gêner les danseurs, et, selon les anciens, pour obliger les musiciens à jouer jusqu'à ce que les derniers danseurs aient quitté la piste. Il en reste aujourd'hui vingt-sept, les plus beaux se trouvent à Cartignies, Avesnes, Dourlers et Trélon. On voit aussi beaucoup de kiosques « à musique » sur les places des villages, kiosques qui permettaient aux villageois d'écouter de la musique.

Une autre particularité dans la région, les oratoires. Plus de 700 oratoires, le plus souvent en pierre bleue, sont disséminés au bord des routes et chemins, dans les bois, au centre des villages, près des maisons. Ces monuments expriment la dévotion des villageois, leur reconnaissance envers un saint, suite à une guérison par exemple, ou leur demande de protection pour les récoltes et les animaux.

Plus à l'ouest, la forêt de Mormal, le plus grand massif forestier du département du Nord, constituée de majestueuses futaies de chênes et de hêtres.

La forêt, avec ses légendes, ses lieux qui gardent leurs mystères, a suscité l'inspiration de nombreux conteurs et historiens. Le géant Gargantua aurait son tombeau au lieu-dit « Morgnies ».

Maroilles, traversé par l'Helpe, est un village de charme à découvrir. Son moulin à eau, son arc de triomphe, son ancienne abbaye dont il subsiste quelques bâtiments, l'ancienne grange dîmière qui abrite la maison du parc régional de l'Avesnois méritent le détour.

A voir aussi, Le Quesnoy, Avesnes-sur-Helpe, Maubeuge, des villes fortifiées. Bavay et ses vestiges gallo-romains. Le parc départemental du Val-Joly, un lac de 180 hectares, le plus grand de la région, devenu une station touristique incontournable.

B

Babeuf, Gracchus

Il est né le 23 novembre 1760 à Saint-Quentin et est mort guillotiné à 36 ans.

Il est baptisé dans la paroisse de Saint-Nicaise.

Il est le fils de Claude Babeuf, employé dans les fermes du roi.

Il est d'abord terrassier au canal de Picardie, puis il entre chez un notaire et étudie le droit féodal. A 21 ans, il exerce à son compte le métier de géomètre et de commissaire à terrier.

Il se marie à Damery, il aura cinq enfants.

La lecture de Jean-Jacques Rousseau le marque, il souhaite la mise en commun des terres, l'abolition de l'esclavage… l'égalité pour tous.

Il devient journaliste.

En 1789, il participe au cahier de doléances des habitants de Roye.

Il vit entre Paris et Roye. Il organise des pétitions. Accusé d'incitation à la rébellion, il est emprisonné en mai 1790 et relâché en juillet, grâce à Marat.

Il rompt avec le catholicisme et écrit : « Le catholicisme et la liberté sont incompatibles. » Il crée un journal révolutionnaire, *Le Correspondant picard*.

Il soutient les ouvriers et les paysans picards. Il se prononce pour la République. Il soutient les sans-culottes et combat Robespierre qu'il appelle « Maximilien l'exterminateur ».

Il publie le journal de la liberté et de la presse qui deviendra le tribun du peuple.

Il demande que les femmes soient admises dans les débats.

Il est incarcéré à la prison d'Arras par Tallien pour outrage envers la Convention nationale.

Il crée la « Conjuration des égaux », qui s'étend à toute la France. Son but est de continuer la Révolution, de réaliser la mise en commun des terres et des moyens de production. Il veut atteindre la « parfaite égalité et le bonheur commun ».

Ses pamphlets annoncent l'abolition de la monnaie, l'hébergement des pauvres chez les riches, la distribution gratuite de vivres…

En 1796, il est arrêté. Il est condamné à mort et guillotiné en 1797.

Karl Marx a vu en lui « la première apparition d'un parti communiste réellement agissant », et Rosa Luxembourg le considérait comme « le premier précurseur des soulèvements révolutionnaires du prolétariat ».

Sa courte vie aura été un incessant combat pour l'égalité de tous et une société plus juste.

Il mérite notre respect, et le Nord est fier de le compter parmi les siens.

Baie de Somme

La baie de Somme est située sur le littoral de la Picardie. Elle est classée parmi les plus belles baies du monde et fait partie des « grands sites de France ». C'est un site naturel d'exception, une alliance respectueuse entre l'homme et la nature, une impression de bout du monde, loin des littoraux bétonnés.

Là-bas, le ciel et la mer se confondent à marée basse.

Les lumières et les couleurs changeantes de la baie de Somme ont depuis toujours inspiré peintres et écrivains, de Degas à Corot, de Jules Verne à Colette.

« La baie de Somme, humide encore, mire sombrement un ciel égyptien, framboise, turquoise et cendre verte. La mer est partie si loin qu'elle ne reviendra peut-être jamais ? », Colette, *Les Vrilles de la vigne.*

C'est le paradis des animaux, oiseaux, phoques, chevaux de race Henson, agneaux de pré-salé…

On peut découvrir la baie de Somme à pied, à vélo, à cheval, en bateau et même en train. Un train de la Belle Epoque fait le tour de la baie à 20 kilomètres/heure. Il part du Crotoy et va jusqu'à Cayeux-sur-Mer en passant par Saint-Valery-sur-Somme.

Au XVIIe siècle, Le Crotoy comptait parmi les ports de pêche les plus importants de la Manche. Au milieu du XIXe siècle, Pierre Guerlain, célèbre parfumeur, décide d'en faire une station à la mode, il ouvre un hôtel et invite ses amis parisiens. Le Crotoy devient alors une station privilégiée pour les vacances. Beaucoup de personnages illustres y séjourneront. Le Crotoy, station balnéaire très prisée, a gardé le charme d'un petit port de pêche, la pêche en mer, la pêche à pied, on y ramasse coques et salicornes.

J'ai failli acheter un villa au Crotoy, c'était une grande maison de brique pleine de fenêtres. A l'époque, j'avais une charmante fiancée écolo qui voulait mettre des doubles-vitrages partout. La dépense était exorbitante. Je n'ai pas acheté la maison, et je n'ai pas épousé la fiancée.

De l'autre côté de la baie se trouve Saint-Valery-sur-Somme, une charmante cité médiévale. On y découvre les vestiges des remparts, les tours Guillaume, les ruelles pavées et fleuries… On flâne le long des quais. On visite le musée Picarvie, un musée des vieux métiers picards du XIXe siècle.

Bart, Jean

Pas Jean Barre, comme il eût été logique pour un marin, mais Bart avec un « t », comme Thalassa.

Il est né à Dunkerque en 1650 et mort dans la même ville en 1702. Entre ces deux dates, il a parcouru le monde, il n'avait pas les pieds dans le même bateau.

Il était corsaire de son état et au service de Louis XIV, il aurait capturé 400 navires.

Il garde une place privilégiée dans le cœur des Dunkerquois, qui le célèbrent toujours.

En 1694, il les a sauvés de la famine en récupérant le blé que les Hollandais leur avaient volé. Louis XIV l'anoblira en cette occasion.

Il terminera ses jours comme commandant de la marine à Dunkerque, où il décédera d'une pleurésie.

La place royale a été rebaptisée place Jean-Bart, une statue de notre héros par David d'Angers trône au milieu.

Chaque année, à l'occasion du carnaval, les Dunkerquois, à genoux devant sa statue et les bras levés vers le ciel, chantent « La cantate à Jean Bart ».

« Enfant du peuple, il conquit sa noblesse / Par son épée… O glorieux destin. / Et cette épée, aux jours de la détresse, / Sauva la France, en lui donnant du pain. »

Après, ils vont à la boulangerie acheter leur baguette.

Maintenant, grâce à Jean Bart, il y a toujours du pain à Dunkerque.

Beffroi

Il y en a dix-sept classés au patrimoine mondial de l'humanité par l'Unesco dans le Nord-Pas-de-Calais et six en Picardie. Les beffrois hérissent le plat pays. Ils se voient de loin. On dit qu'ils ont été élevés parce que l'Etat ne supportait pas que les églises dominent le paysage. Le pouvoir temporel était jaloux du pouvoir spirituel.

Il y a des garde-fous en haut des beffrois.

Pour les fous qui se prendraient pour des oiseaux.

En haut de celui d'Arras, 75 mètres, il y a un lion, qui « hurle en cris d'or […] : "Osez les prendre !" » C'est un message de Verlaine.

Détruit lors de la Grande Guerre, il fut anastylosé : pierres numérotées, utilisation des plans anciens…

Le beffroi bénéficie d'une armature en béton qui a permis l'installation d'un ascenseur. Venise fit de même quand s'effondra le campanile de la place Saint-Marc.

Le résultat obtenu est exemplaire.

Le beffroi de Douai a été peint en 1871 par Camille Corot. Le tableau est au Louvre. Cette année, le beffroi d'Arras a été le monument le plus apprécié des Français…

Béguinage

Les béguinages sont des lieux dans lesquels vivent les béguines. Ce sont des femmes pieuses qui n'ont pas prononcé de vœux, elles sont célibataires ou veuves.

C'est à la fin du XIIe siècle que le mouvement béguinal apparaît à Liège puis s'étend dans le nord de l'Europe, à Bruges, Gand, Anvers, Douai, Valenciennes, Cambrai…

Les béguines ont choisi une vie proche de leur convictions religieuses, elles vivent en communauté mais restent laïques. Elles se mettent au service des autres, certaines travaillent, elles vivent en autonomie financière.

J'ai souvenir d'une excursion en Belgique à l'occasion de la fête des Maîtres, durant laquelle j'avais visité un béguinage près de Bruges. J'ai encore en mémoire le sentiment de quiétude et de sérénité exceptionnelles de l'endroit, un havre de paix, à l'écart du monde, un avant-goût du paradis ?

Le béguinage se compose de petites maisons individuelles, sans étage, accolées les unes aux autres, comme les cellules des monastères.

Elles sont regroupées autour d'une église.

On peut voir un béguinage à Cambrai, le béguinage Saint-Vaast, ou bien encore le béguinage Saint-Nicolas.

Les béguines sont à la recherche de Dieu.

Si on les appelle béguines, ce n'est pas parce qu'elles ont « le béguin » pour Dieu. Leur nom vient de leur bonnet, qu'on appelle « béguin ».

Une superbe photo du grand photographe Willy Ronis éternise une promenade de béguines dans une forêt du Nord.

Belgique

Pour nous les petits Arrageois, ce n'était pas loin, la Belgique, mais c'était un pays magique, un pays de cocagne. Il y avait d'abord le chocolat belge, aussi bon que le chocolat suisse, puis les cigarettes belges, aussi bonnes (je me souviens des Bastos, des Belga) que les cigarettes américaines. Et le tabac pour la pipe ; l'Amsterdamer qui sentait le miel, le Clan qui était dans un paquet écossais, et les grands cornets de Semois.

On avait dans la famille un cousin qui était belge. Il s'appelait Raoul Audeval, il était militaire, c'était pendant la guerre, il avait un bel uniforme beige avec une casquette comme les officiers britanniques, il fumait des longues cigarettes. Il était grand, il était beau, il sentait bon le tabac blond. On l'admirait, on aurait voulu être belges.

Fume, c'est du belge je ne comprenais pas ce que ça voulait dire, j'ai appris que c'était une allusion à la contrebande.

Jacques Bonnaffé a écrit : « Très important pour moi la Belgique, j'ai accompagné le poète belge Jean-Pierre Verheggen. J'ai joué sur les routes, j'ai été un ambassadeur du Nord ouvrier et de la littérature des sans-voix.

« Ce qui m'amène plus souvent en Belgique que chez nous, parce que là-bas l'expérience et la nouveauté ne leur font pas peur.

« Les meilleurs poètes du français et de ses fulgurances se trouvent là-bas, entre Namur et Bruxelles, entre Brel et Michaux. »

Berck-sur-Mer

Attention, ne pas prononcer « Beurk » !

Berck est une cité balnéaire du Pas-de-Calais, elle se situe sur la Côte d'Opale entre la baie de Somme et le site des caps, le blanc et le gris. La ville est à 15 kilomètres du Touquet, et à 85 kilomètres d'Arras à vol d'oiseau.

La plage est longue et de sable fin, 7 kilomètres de long pour 1,5 kilomètre de large à marée basse.

Son air marin vivifiant a permis de soigner de nombreux malades. Berck dispose de cinq hôpitaux qui emploient 3 000 personnes.

La grande pianiste Clara Haskil, interprète inoubliable de Mozart, y a séjourné une longue période jusqu'en 1918, pour soigner une scoliose.

Je suis allé à Berck avec mon premier garçon, Mathieu, il était mou. Il n'arrivait pas à tenir sa tête droite, comme si son cou était en caoutchouc. Tandis que les enfants des autres se redressaient arrogants, pour réclamer à manger, Mathieu restait allongé. Il n'avait jamais faim, il fallait une patience d'ange pour le faire manger, et après, il vomissait sur l'ange.

Une école de peinture s'est créée à Berck. Edouard Manet, résidant à Boulogne-sur-Mer, a peint *Le Bateau goudronné*. Eugène Boudin a peint la plage.

Yves Allégret a tourné avec Gérard Philipe *Une si jolie petite plage* dans les ruines de villas berckoises bombardées.

Le Scaphandre et le Papillon de Julian Schnabel a été tourné à Berck, l'histoire vraie de Jean-Dominique Bauby, homme enfermé en lui-même, avec le subtil Mathieu Amalric.

Paul Claudel a visité un parent malade à Berck et a écrit *Les Allongés*. Bernanos a écrit son roman *Sous le soleil de Satan* devant le ciel crépusculaire de Berck.

La plasticienne Annette Messager y est née.

Bergues

Bergues est une commune du Nord, située à 10 kilomètres de Dunkerque, une petite cité au charme pittoresque.

Bergues est entouré de fortifications étoilées refaites par Vauban au XVIIe siècle. L'enceinte de Bergues a été préservée dans sa quasi-totalité, avec quatre portes et plusieurs tours. Bergues a conservé l'aspect d'une petite ville flamande, avec ses rues sinueuses, ses vastes places, ses demeures ocre-jaune, son beffroi. C'est le beffroi qui donne l'heure aux habitants, il a cinquante cloches. Toutes les demi-heures, le carillon chante « Le mari complaisant ».

Les Berguois ne s'en plaignent pas, ils sont habitués : « Le carillon, on l'entend quand on veut. »

Bergues, avec ses nombreux canaux, est surnommé « la petite Bruges du Nord ».

Alphonse de Lamartine a été élu député de Bergues en 1833. A cette époque, seuls les bourgeois pouvaient voter. Pour commémorer son élection, un géant est inauguré en 1913. C'est « L'électeur de Lamartine », un bourgeois du XIXe siècle, habillé d'une redingote, coiffé d'un chapeau haut de forme, sans oublier son parapluie, appelé « berguenard ». Le géant ne se promène pas dans les rues de la ville : de mi-juin à mi-septembre, on peut le voir assis devant la façade de l'hôtel de ville.

Réputé à Bergues, Le Brueghel est un estaminet flamand dans l'une des plus anciennes maisons de la ville, une très belle maison qui date de 1597, un intérieur inspiré d'un tableau du peintre du même nom, qui nous plonge dans la Flandre d'antan, avec ses plats typiques de la région.

Le carnaval de Bergues a lieu au mois de mars avec le jeté de fromage de Bergues et la saucisse de Bergues, les deux spécialités de la ville, du balcon de l'hôtel de ville.

Berlouffes

La fête des Berlouffes se déroule chaque année en septembre à Wattrelos, depuis 1977. Berlouffe signifie « chiffon » en patois.

Cette fête historique commémore un tragique épisode de l'histoire locale. En 1566, pendant les guerres de Religion, éclate une révolte au cours de laquelle des protestants retranchés dans l'église Saint-Maclou, se jettent du clocher de l'édifice en flammes. Le bilan est de 150 morts.

Au programme de la fête des Berlouffes, beaucoup d'animations : épreuves sportives, cortège de géants et du personnage Berlouffe… et un vide-grenier, l'un des plus grands de France. Moins connu que la braderie de Lille, cet authentique vide-grenier attire les vrais chineurs de la région. Seuls les particuliers ont le droit de s'installer.

La fête se termine par la mise à feu du géant Berlouffe et le jet de petites poupées de chiffon depuis le clocher de l'église.

Dans le nord de la France et en Belgique, beaucoup de villes aiment lancer des objets, comestibles ou non, du haut de leur église, de leur hôtel de ville ou de leur beffroi. Cette coutume peut avoir une origine historique, elle peut aussi être un symbole de communion entre le peuple et ses gouvernants.

A Ypres, ce sont des chats en peluche. Au Moyen Age, on jetait des chats vivants perçus comme des animaux diaboliques. A Comines, on jette des cuillères en bois lors de la fête des Louches. Selon la légende, un seigneur emprisonné dans une tour de son château a l'idée de lancer par la fenêtre une cuillère marquée de son sceau pour se faire repérer.

A Armentières, on jette des nieulles, des petits biscuits ronds et sablés, durant la fête des Nieulles, tradition vieille de cinq siècles environ. Les comtes de Luxembourg auraient jeté des petits pains au peuple en signe de joie.

Des Pichous, petits pains, à Tournai, des andouilles à Aire-sur-la-Lys, des couques à rogins, petites brioches aux raisins, à Tourcoing, des harengs à Dunkerque…

Bernanos, Georges

Bernanos est né en 1888, il passe sa jeunesse dans le Pas-de-Calais, à Fressin.

Il participe à la guerre, et sera blessé plusieurs fois. Il veut être écrivain, ses débuts sont difficiles, il doit travailler dans une compagnie d'assurances.

En 1926 paraît *Sous le soleil de Satan*, qui a tout de suite du succès, et deviendra en 1987 un superbe film de Pialat avec Depardieu.

Encouragé par son succès, Bernanos peut enfin, à 39 ans, écrire à temps plein. En 1927 *L'Imposture*, en 1928

La Joie, qui obtient le prix Femina, en 1936 *Journal d'un curé de campagne*, adapté au cinéma, en 1951, par Robert Bresson, en 1943 *Monsieur Ouine*.

« Qu'importe ma vie ! Je veux seulement qu'elle reste jusqu'au bout fidèle à l'enfant que je fus. Oui, ce que j'ai d'honneur et ce peu de courage, je le tiens de l'être aujourd'hui mystérieux qui trottait sous la pluie de septembre, à travers les pâturages ruisselants d'eau, le cœur plein de la rentrée prochaine, des préaux funèbres [...]. De l'enfant que je fus et qui est à présent pour moi comme un aïeul. [...] Rien ne fera jamais de moi un déraciné, je ne vivrai pas cinq minutes les racines en l'air, je ne serai déraciné que de la vie. Tant que je vivrai je tiendrai au pays comme à l'enfance, et lorsque la sève ne montera plus, les feuilles tomberont d'un seul coup. »

Le souvenir de Bernanos est lié aux personnages qu'il a fait vivre dans l'Artois, Mouchette, l'abbé Donissan, le curé d'Ambricourt, Chantal de Clergerie. Ils vivent dans les paysages de l'Artois, Boulogne, Lumbres, Desvres, Montreuil, Aire-sur-la-Lys, Fruges, Etaples, Hesdin.

Bernanos est un catholique fervent, et ses personnages sont confrontés sans cesse au bien et au mal.

Il a une maison de vacances à Fressin, « le Château », il y passera tous ses étés à se gaver de livres, à galoper, à chasser et à écrire.

« Il n'en reste pas moins vrai qu'après trente ans d'absence les personnages de mes livres se retrouvent d'eux-mêmes aux lieux que j'ai cru quitter. Ici ou ailleurs, pourquoi aurais-je la nostalgie de ce que je possède malgré moi, que je ne puis trahir ? Pourquoi évoquerais-je avec mélancolie l'eau noire du chemin creux, la haie qui siffle sous l'averse, puisque je suis moi-même la haie et l'eau noire ? Chemins du pays d'Artois, à l'extrême automne, fauves et odorants comme des bêtes, sentiers pourrissant sous la pluie de novembre, grandes chevauchées des nuages, rumeurs du ciel, eaux mortes ! J'arrivais, je poussais la grille, j'approchais du feu mes bottes, rougies par l'averse. L'aube venait bien avant que fussent rentrés dans le silence de l'âme, dans ses profonds repaires, les personnages fabuleux encore à peine formés, embryons sans membres, Mouchette et Donissan, Cénabre, Chantal, et vous, vous seul de mes créatures dont j'ai cru parfois distinguer le visage, mais à qui je n'ai jamais osé donner de nom, cher curé d'un Ambricourt imaginaire. »

Bertram, Abel

Peintre né à Saint-Omer, en 1871.

Il est le fils d'un transporteur, il étudie les arts à Lille, à l'école des beaux-arts, avec le peintre Pharaon de Winter, puis à Paris dans l'atelier de Léon Bonnat.

A 30 ans, il emménage dans le Ponthieu en gardant un atelier à Paris.

En 1927, il habite boulevard Gouvion-Saint-Cyr et s'installe définitivement à Paris. Il retourne régulièrement à Saint-Omer.

Il peint dans un style fauve très tempéré les paysages de Picardie sous des ciels gris et des horizons brumeux, des nus, des marines.

On peut voir au musée Boucher-de-Perthes d'Abbeville une vue sur le port de Gravelines et le phare de Petit-Fort-Philippe.

Au musée d'Art moderne de la ville de Paris, paysage de verdure, nu assis, barque sur la rivière, et chaumière au bord de l'eau…

Au Petit Palais, la baie de Somme.

Dans *Le Grand Echo du Nord*, monsieur Achille écrira : « Monsieur Bertram mérite d'être mis hors de pair, il représente pour les artistes du Nord la peinture de plein air et la réaction contre je ne sais quoi de rance dans les coloris qui commence à nous ridiculiser singulièrement. »

Bétremieux, Elise

Elise Brétemieux, née en 1988, est une éditrice de livres artisanaux.

Elle a fait des études littéraires et en même temps a pris des cours de reliure. En juin 2012, elle crée sa maison d'édition à Lille, Les Venterniers. Dans l'argot français, un venternier est un voleur qui s'introduit dans les maisons par la fenêtre. C'est un mot qu'elle trouve dans le premier livre qu'elle édite : *Au cageot d'argot*, un long poème en argot de Pierre Audran.

« Je ne m'attendais pas à ce que l'accueil soit aussi positif, dès le premier ouvrage. Je ne pensais pas en faire une activité commerciale. Et puis le regard des gens sur mon travail m'a portée. »

En janvier 2015, elle ouvre L'Atelier des Venterniers à Saint-Omer, une partie librairie, une partie atelier.

Elise Brétemieux fabrique elle-même ses livres. Elle imprime, massicote, plie, relie, façonne, du fil, une aiguille… des heures de travail. « Tout est fait main. Au départ, ce n'était pas forcément un choix. Je n'avais pas de structure, pas d'imprimeur, je n'avais pas d'autre alternative que de fabriquer mes livres moi-même. Et puis c'est ce qui a plu. C'est devenu le concept des Venterniers, une maison d'édition artisanale. Ça correspond à ce que je véhicule : un produit un peu rare, pas stéréotypé, pas un livre de plus dans la production pléthorique. »

Elle fabrique ses livres au fur et à mesure, chaque livre est unique, elle ne publie que les manuscrits qui l'ont vraiment séduite et convaincue. « Je pense au lecteur qui se dira peut-être : “Si quelqu’un a passé autant de temps sur ce livre, c’est qu’il en vaut vraiment la peine.” »

En six ans, quarante livres ont été publiés par les Venterniers. C’est raisonnable quand on connaît les chiffres astronomiques de livres publiés par an et qu’on se souviens de Saint-John Perse qui écrivait : « Chaque nouveau livre, c’est la mort d’un arbre. » On s’inquiète pour la forêt française.

Betteraves

Qu’est-ce que je fais au fin fond du Pas-de-Calais ?

Le ciel est bas, il pleuviote, la terre est couverte de betteraves jusqu’à l’horizon, il y en a des milliers. Il va falloir toutes les arracher.

Le tracteur, dont on a bloqué le volant avec un sandow, avance droit en tirant sa remorque au milieu des rangées de betteraves déterrées.

L’arrachage des betteraves se fait mécaniquement, mais il faut les ramasser manuellement.

De chaque côté, quatre hommes suivent, avec des fourches, ils récoltent les betteraves et les jettent dans la remorque. Je fais partie du cortège, je suis un des quatre.

Au lycée Voltaire, dans la classe de préparation à l’IDHEC, on ne m’a pas appris le maniement du fourchet. Je m’en sers mal. Il faut toujours prendre les betteraves par le dessous en présentant les dents tangentes au sol et les pointes en l’air. Il m’arrive souvent d’enfoncer les dents dans la betterave, elle reste accrochée, il faut que je m'arrête et que je la détache à la main. Je perds du temps. J'ai de la terre plein les doigts, le manche de mon fourchet est glissant. Le tracteur continue à avancer. Mes collègues progressent, réservés et silencieux, comme des paysans de Millet.

Ça ressemble à un enterrement. Ça pourrait être le mien.

J'en ai marre, qu'est-ce que je fais sous ce ciel gonflé d'eau qui s'égoutte dans mon cou comme une serpillière ?

Moi qui rêvais d'être Fellini, moi qui voyais le monde à travers un viseur de caméra, moi qui passais mon temps à la Cinémathèque devant les films russes, pourquoi je suis là ?

Aujourd'hui, le metteur en scène a une fourche dans les mains, il ramasse des betteraves.

Leur culture occupe près d'un dixième de la surface agricole dans les Hauts-de-France.

Une fois récoltées, les betteraves sont transportées dans des sucreries, c'est dans la région qu'il y a le plus de sucreries. Elles produisent du sucre, du sucre glace, du sucre candi, du sucre perlé… de la cassonade et de la vergeoise.

Dans le Nord et en Belgique, on dit cassonade. La vergeoise est le terme utilisé dans le reste de la France.

Inventée par le Belge Karl Graeffe, la cassonade est issue de la betterave sucrière. C'est un sucre moelleux provenant du sirop de betterave. Recuit une fois, le sirop donne de la cassonade blonde. Deux fois, de la cassonade brune. Elle a un parfum de caramel, une texture moelleuse.

La cassonade est partout : pour caraméliser la crème brûlée, accompagner crêpes et gaufres, confectionner les spéculoos, dans la carbonnade flamande, dans la tarte au sucre, dans les Babeluttes du Nord, les caramels mous…

Les gens du Nord sont des becs sucrés.

Bettignies, Louise de

Elle sera surnommée la « Jeanne d'Arc du Nord ».

Espionne durant la Première Guerre mondiale, son pseudo sera Alice Dubois, ce ne sera pas Alice au pays des merveilles.

Louise de Bettignies naît à Saint-Amand-les-Eaux en 1880. Elle fait ses études secondaires à Valenciennes. Ses cousins la décrivent ainsi :

« Louise était blonde, frêle d'apparence, avec un visage mobile et des yeux perçants qui semblaient fureter de toutes parts. »

« Louise montrait déjà un caractère vif, enjoué. Oui, Louise était très gentille, très intelligente et faisait preuve de beaucoup de personnalité. »

En 1898, Louise part en Angleterre poursuivre des études supérieures. En 1903, à la mort de son père, elle revient à Lille et poursuit ses études à l'université de lettres.

Puis elle part voyager en Europe et devient préceptrice dans de grandes familles. Grâce à ses voyages, elle parle plusieurs langues : anglais, allemand, italien.

Rentrée à Lille en 1914 et d'abord recrutée par la Croix-Rouge comme infirmière, elle est contactée par l'Intelligence Service britannique et devient agent de renseignements sous le pseudonyme d'Alice Dubois. Intrépide, elle prend la tête d'un vaste réseau d'espionnage dans le nord de la France, « le réseau Alice », composé d'une centaine de personnes. Avec son air enjoué, l'air de rien, elle fait beaucoup, elle sauve plus d'un millier de soldats britanniques pendant les neuf mois de son activité.

En octobre 1915, elle est arrêtée par les Allemands et condamnée en mars 2016 à la prison à perpétuité. Elle est enfermée à la prison de Siegburg, près de Cologne. Les conditions de détention sont très difficiles et elle tombe malade. Elle décède en septembre 1918.

Elle a 38 ans. Elle est enterrée dans un cimetière allemand. En février 1920, son corps est rapatrié, avec les honneurs militaires, au cimetière de Saint-Amand-les-Eaux.

En hommage à Louise de Bettignies, une statue est inaugurée à Lille en 1927, et plusieurs villes de France ont donné son nom à des rues, places et surtout à des écoles, où sa vie et son exemple apprendront aux garçons un peu machos à ne pas croire que seuls ils sont les durs et que les filles jouent à la poupée, parlent chiffon et pleurent beaucoup.

Sur le mur de sa maison natale, on peut lire : « Dans cette maison est née une combattante de l'ombre, résistante de la Première Guerre mondiale. »

Beurre

Dans le Sud, on utilise l'huile d'olive, dans le Nord, on préfère le beurre. Quand j'étais petit, un jour, on m'a demandé ce que j'aimerais emporter à manger, sur une île déserte. Sans hésiter, j'ai répondu : « Du pain et du beurre. »

Je me souviens de la couleur du beurre au printemps quand les vaches étaient remises dans les pâtures.

Il était jaune d'or. On croyait, nous les enfants, que c'était parce que les vaches mangeaient des boutons d'or. L'hiver il était blanc parce que les vaches mangeaient de la neige, il n'était jamais bleu, les vaches n'aimaient pas les fleurs de lin.

Sur la livre de beurre, il y avait en relief des fleurs et des vaches.

Pendant la guerre, il y avait des restrictions alimentaires, certains ont fait leur beurre avec le marché noir, d'autres n'avaient plus de beurre à mettre dans les épinards.

Heureusement, papa rapportait des choses à manger sur le porte-bagages de son vélo. Ses clients cultivateurs lui donnaient un poulet, des œufs et parfois du beurre, papa était fier de les rapporter à la maison.

Une fois, on lui avait donné une livre de beurre, il l'a mise sur son porte-bagages. On était au début de l'après-midi, il faisait très chaud. Le soir, le beurre avait entièrement fondu, et il avait graissé la chaîne du vélo.

Au souper, en mettant de la margarine sur nos tartines, on pensait au vélo.

Je me souviens avoir tourné pour la télévision un documentaire qui s'appelait « Le gras qui tue ». C'était à l'époque où le cholestérol était l'ennemi public numéro 1, le beurre était évidemment son complice. J'avais imaginé un polar diététique. Deux gansters, Franck Lipid (Georges Géret) et Jo Cholestérol (Jean-François Balmer), faisaient du trafic de beurre dans leur propriété de Fat Castle…

Avec le temps, le cholestérol semble moins à la mode et a perdu de sa nocivité. En revanche, le gluten qui tue se porte bien.

Bistrot

Le mot « bistrot » viendrait du mot « mastroquet » ou de « bistouille », ou des deux, on voit double, quand on a bu.

Si Cadet Roussel a trois maisons, papa avait trois bistrots où il avait ses habitudes ; deux à Arras et un à Louez-lès-Duisans. Il y passait tous les jours. C'était pratique, on savait où le trouver.

Les patients n'allaient plus à la maison, ils se rendaient directement au café.

Papa s'installait dans le bistrot, c'était un peu chez lui.

Les patrons de bistrots, ils aimaient bien mon papa. Je me souviens, une fois, il y en a un qui a dit que la mort du docteur Fournier, ce serait une grande perte.

Un jour, le patron d'un des cafés où papa avait ses habitudes a fait de gros travaux dans son bistrot, il a acheté un nouveau comptoir. Tout le monde a dit que c'était le docteur Fournier qui avait subventionné les travaux. Je ne savais pas ce que ça voulait dire, subventionner, j'ai regardé dans le dictionnaire, ça voulait dire aider financièrement. Pourquoi maman elle n'a pas ouvert un bistrot pour être aidée financièrement par papa ?

Un dimanche, papa m'a emmené dans un bistrot, il m'a offert l'apéritif, comme à un grand, j'avais 11 ans, c'était vraiment dimanche. J'ai pris un Martini parce que c'est sucré. Il y avait un petit morceau de peau de citron qui flottait dedans. On me l'a servi dans un verre très épais qui faisait comme une loupe et donnait l'impression qu'il y avait beaucoup de Martini. J'étais fier d'être seul avec papa ; tout le monde venait lui dire bonjour, et il me présentait.

Je me sentais bien, j'avais un peu chaud aux oreilles, je trouvais tout le monde très gentil, sûrement à cause du Martini. On est bien, dans un bistrot, on s'occupe de vous, quand on a envie de quelque chose, il suffit de le dire tout haut, et ça arrive devant vous, comme dans les contes de fées. Papa, il était capable de dire vingt fois dans la journée « un Byrrh », et vingt fois il y avait un Byrrh qui arrivait.

Ce jour-là, papa s'est intéressé à moi, il m'a demandé ce que je voulais faire comme métier, j'ai répondu comédien. Il a dit : « C'est pas un métier », et il a redit : « Un Martini. »

Blériot, Louis

Louis Blériot est né à Cambrai, il est le premier à avoir traversé la Manche en avion.

A trente ans, il réalise ses premiers avions. En 1906, il entreprend la construction de son projet le plus ambitieux : le Blériot. Les premiers essais sont calamiteux, trente-deux échecs lui valent le surnom de « roi de la casse ». Finalement, il aboutit à la version finale, le Blériot XI.

Le journal anglais le *Daily Mail* lance un défi : la traversée de la Manche en avion.

Blériot va le relever.

Avec son Blériot XI, il va tenter un exploit qui paraît déraisonnable. Le 25 juillet 1909, il décolle du hameau « Les Baraques », qui fait partie de la commune de Sangatte.

Trente minutes plus tard, il se pose sur une falaise près de Douvres. Il a gagné, il est devenu un héros, il entre à jamais dans l'histoire mondiale de l'aviation.

Le hameau « Les Baraques » s'appellera plus tard « Blériot-Plage ».

Blériot est aussi l'inventeur du char à voile, ses aéroplages circulent sur les immenses plages de la Manche et de la mer du Nord. Hardelot est un haut lieu du char à voile.

Blockhaus

Dans les Hauts-de-France, pendant la Seconde Guerre mondiale, plusieurs milliers de blockhaus ont été construits.

Beaucoup ont été détruits, d'autres laissés à l'abandon. Quelques-uns ont été restaurés.

A Leffrinckoucke, près de Dunkerque, on peut voir sur la plage un blockhaus miroir. Un artiste plasticien de Dunkerque, qui se nomme Anonyme, en a fait une œuvre d'art, du land art. En 2014, aidé par des étudiants en art, il commence à coller sur le béton des morceaux de miroirs qu'il trouve dans les déchetteries, dans les miroiteries ou que lui apportent des particuliers. « Je cherchais vraiment à donner de la mobilité à ces monuments qui n'ont pas bougé depuis soixante-dix ans. Je voulais réussir à les transformer, leur donner quelque chose d'aérien. »

Aujourd'hui, à la place des éclats d'obus, les 350 mètres carrés de béton sont recouverts d'éclats de miroirs. L'artiste a nommé son œuvre *Réfléchir*. Réfléchir le ciel, le soleil, la mer, et réfléchir à l'absurdité de la guerre.

Le blockhaus d'Eperlecques, au nord de Saint-Omer, est devenu un musée, témoin de la Seconde Guerre mondiale. C'est le plus gros blockhaus du nord de la France, une masse de 100 000 mètres cubes de béton. Il servait au lancement de missiles vers l'Angleterre. Il est classé Monument historique depuis 1985.

A Tourcoing, c'est un bunker de 180 mètres carrés transformé en galerie d'art. Un rêve de longue date de Sylvie Ballereau, une passionnée d'art. « Le défi de transformer ce bâtiment associé à la guerre et aux souvenirs douloureux en un lieu paradoxalement accueillant me passionne. » Ce bunker, ancien centre d'écoute de l'armée allemande, devient un lieu d'art contemporain, un lieu pour exposer autrement, « à contre-courant de l'ambiance froide et aseptisée de certaines galeries contemporaines ».

A Audresselles, entre Boulogne-sur-Mer et Calais, c'est le Ch'ti Blockhaus. Un blockhaus de 360 mètres carrés aménagé en gîte, face à la mer.

« C'est devenu un lieu atypique et original, très agréable à vivre… »

Danke Xhön.

Bonpain, L'abbé

L'abbé Bonpain a donné, dans les années 1950, son nom à l'un des plus beaux dahlias de France.

Il méritait bien une fleur, le bon abbé, il a été le résistant le plus populaire du Nord. Beaucoup de rues et de places y portent son nom.

René Bonpain est né à Dunkerque, en 1908, il a été ordonné prêtre et nommé vicaire à Rosendaël, un quartier de la ville.

Le jour de sa nomination et remercie ses parents : « Je veux être toujours bon comme du bon pain. »

Il choisit la pauvreté et s'occupe en priorité des pauvres.

Après la débâcle de 1940, il s'engage dans la résistance, il met en place un moyen de communication clandestin, grâce à une mallette à double fond qu'il appelait « la Paulette ».

En juin 1942, il est condamné à mort.

Il est fusillé au fort de Bondues le 30 mars 1943 et est enterré au cimetière de Dunkerque. Il avait 34 ans.

Il a laissé un souvenir inoubliable à ceux qui l'ont connu.

L'abbé Bonpain était si bon qu'il aurait mérité de s'appeler l'abbé Brioche.

Bonduelle

Quand c'est bon, c'est Bonduelle.

Louis Bonduelle est né en 1802, à Bousbecque, au nord de Lille.

L'histoire commence en 1853, avec Louis Lesaffre. Ensemble, ils créent à Marquette-lez-Lille une distillerie de grains de genièvre puis se lancent dans la levure, achètent une sucrerie.

Leurs descendants ne s'entendent pas, les Bonduelle et les Lesaffre se séparent, ils vont suivre chacun leur chemin.

Pour les Bonduelle, tout commence en 1926, dans le village de Renescure, près de Saint-Omer. Ils mettent en boîte des petits pois. En 1957, ils obtiennent un grand succès populaire avec une trouvaille. Ils lancent le mélange petits pois-carotte. Le orange et le vert ne s'épousent-ils pas ? En 1968, ambitieux et n'ayant pas froid aux yeux, ils développent la surgélation. En 1990, ils commercialisent le légume frais et mettent la salade en sachet.

C'est actuellement la sixième génération des Bonduelle à la tête de l'entreprise.

Dès 1960, ils s'étendent hors de nos frontières et deviennent le leader mondial du légume prêt à l'emploi.

Les Bonduelle sont devenus des grosses légumes.

Bonington, Richard Parkes

Peintre anglais né en 1802 et mort en 1828.

En dix ans, il a eu le temps de faire une œuvre exceptionnelle où les côtes du Nord occupent une belle place.

Son père peintre, professeur de dessin puis fabricant de dentelle s'établit à Calais en 1817. Bonington prend des leçons de peinture auprès du peintre François Louis Thomas Francia. Il apprend le paysage sur le motif à l'aquarelle.

En 1918, il va rencontrer Eugène Delacroix qui deviendra son ami. Au Louvre, il fait des copies des paysages hollandais et flamands.

Il entre à l'Ecole des beaux-arts de Paris, dans l'atelier du peintre Gros. Leurs relations seront conflictuelles, et Bonington abandonne la préparation de ses diplômes. « Avec toute sa fraîcheur d'âme, il regarde la nature et la traduit sans emphase ni affectation. Ses paysages sont vrais, au point qu'on peut les reconnaître. Ses ciels ne sont pas des toiles de fond éclairées de l'extérieur, c'est du plafond de nuages qu'il a peint, que tombe la lumière[1]. »

Il est devenu très tôt un spécialiste des paysages côtiers du Nord. Il est le premier qui ose montrer la nature telle que nous l'avons sous les yeux. Malgré la brièveté de sa vie (il est mort de la tuberculose à 25 ans), sa réputation et sa postérité sidèrent : Corot, les peintres de Barbizon, les impressionnistes… Et tous ceux qui ont été influencés par la lumière de Bonington, ses audaces chromatiques et la fluidité de sa touche.

1. J'emprunte cette citation à Maurice Godin, 1950 (NdA).

Bonnaffé, Jacques

Il est né en 1958 à Douai, il est comédien et acteur de cinéma.

Lui qui fut élevé dans un milieu bourgeois d'enseignants et n'avait pas le droit de parler le patois en famille s'est bien rattrapé…

Il se consacre à la poésie et aux lectures publiques pendant treize ans, interprétant en patois et mettant en scène les auteurs du Nord et Cafougnette…

« Mon rapport au Nord s'est composé d'allers-retours, impossible de vraiment m'arracher, même après avoir fait l'acteur au cinéma et sur les grandes scènes. Aujourd'hui, je me prépare à vivre dans le Nord, à Roubaix. A Douai comme à Denain, il y a un humour solide qui vient de l'immobilité, ça peut se concevoir, c'est un humour faussement con, une histoire de gars qui font l'con et finalement disent des merveilles en parfaite innocence. A 30 ans, j'ai commencé à bricoler des spectacles patoisants, j'avais un goût pour les littératures ouvrières. J'ai fait un spectacle, devenu culte, avec Catherine Jacob, *Paris-Nord, attractions pour noces et banquets* puis une tournée Cafougnette qui a duré treize ans. Je cherchais la poésie dans les écritures du Nord. J'ai fait, avec Jacques Darras, de nombreuses lectures et un spectacle qui a duré deux ans. Nous avons de bons poètes, il faut juste des porteurs pour mieux les faire connaître, et un peu d'audace pour les mettre en jeu. Réinventer la place d'Arras et les jeux-partis des trouvères, les fondements du théâtre fabliaux et farces. Ouh là, c'est mi qui suis parti, cha va trop loin. J'ai une émission de poésie sur France Culture. Aujourd'hui je m'intéresse aux efforts magnifiques, faits dans la région Nord, par tous ceux qui se battent contre les idées reçues. »

Jacques Bonaffé est un artiste exigeant, un comédien qu'on ne peut pas oublier et c'est une raison de plus pour aimer le Nord.

Il a failli être mon père dans l'adaptation de mon livre *Il a jamais tué personne, mon papa*. Le film ne s'est pas fait et c'est bien dommage, j'aurais bien aimé l'avoir comme père…

Bonnes mamans du Nord, Les

Nous avions deux grands-mères du Nord. On les appelait « Bonne maman ». Il y avait Bonne maman d'Arras et, plus au nord, Bonne maman de Lille. Bonne maman de Lille était la mère de notre père, elle s'appelait Angélique, un prénom qui ne lui allait pas très bien, elle aurait pu s'appeler Autoritaire.

Elle a eu une vie dure, elle a été veuve à 30 ans. Son mari est mort à la guerre, à 28 ans, son fils, Paul, avait alors 6 ans.

Ma grand-mère a élevé seul son garçon, un fils modèle, un étudiant modèle. Plus tard, quand il sera docteur, il est devenu moins modèle.

Elle a terminé sa vie à Arras, rue de Jérusalem.

Le mercredi, on allait déjeuner chez elle, elle nous faisait des crépinettes et des frites, et des tartes, elle mettait la pâte directement sur la cuisinière, pas dans une tourtière.

Bonne maman d'Arras s'appelait Delphine, elle était la mère de notre mère. On l'a toujours connue habillée en noir, ou, les jours de fête, en gris. Elle aimait beaucoup Dieu et tout le clergé catholique, depuis le pape jusqu'au petit curé de campagne.

Dans la maison d'Arras, on a vu défiler beaucoup de prêtres et de religieuses. Quand des religieuses venaient la voir, elle retournait vers le mur une petite statue du Manneken-Pis pour que les religieuses ne voient pas son zizi.

Bonne maman avait un confesseur, le chanoine Vittel, parfois il venait à la maison avec Jésus, pour lui donner la communion. Il portait Jésus à la ceinture, dans une pochette brodée avec des fils d'or.

Quand on le croisait dans l'escalier, il fallait se mettre à genoux et baisser la tête, pieusement (je m'aperçois en l'écrivant qu'il suffirait d'ajouter un « t » pour écrire « piteusement »).

Mon papa n'était pas toujours très poli avec Bonne maman. Quand il était fatigué, il l'appelait « grenouille de bénitier » et il menaçait de la jeter par la fenêtre. Ça nous faisait rigoler, mais il ne fallait pas le montrer.

Il lui disait aussi : « Allez coucher avec vos chanoines. » On ne comprenait pas ce que ça voulait dire, mais, à voir sa tête, Bonne maman devait comprendre, elle faisait le signe de croix pour chasser le diable.

Elle faisait dire des messes pour que papa arrête de boire. Il l'a su et il lui a dit que, au lieu de donner de l'argent aux curés, elle ferait mieux de le donner à lui. Il dirait la messe lui-même.

Il devait penser au vin de messe.

Boon, Dany

Daniel Hamidou, dit Dany Boon, humoriste, acteur, réalisateur, scénariste et producteur, est né en 1966 à Armentières. Il est le Ch'ti le plus célèbre de France.

Il grandit dans une famille modeste. Son père Ahmed Hamidou est originaire de Kabylie, sa mère est française. A l'école, il subit les moqueries de ses camarades à cause de son accent, de son milieu social et de ses oreilles. Très jeune, il connaît le racisme des Français envers les Kabyles, le racisme des Arabes envers les Kabyles. Sa mère est souvent triste, elle a été rejetée par sa propre famille. Le jeune Ch'ti veut avant tout ramener le sourire sur le visage de sa mère. « Je me sentais obligé de tout faire pour ne plus la voir souffrir, alors je la faisais rire. »

Il y a cinquante ans, à Arras, rue de la Paix, je faisais comme Dany Boon. Je voulais faire rire ma mère du Nord qui était très malheureuse. Mon numéro était « La demande en mariage ». Je me déguisais en 1900, genre Charlot. Je mettais un canotier et je demandais tante Julie en mariage. Je faisais des révérences, je lui faisais les yeux doux, je lui baisais les mains. Parfois elle m'accordait sa main. Ça faisait beaucoup rire ma mère, et j'étais heureux de la voir rire, elle en avait bien besoin. Le mot « mariage » n'aurait pourtant pas dû la faire rire…

Le père de Dany Boon rêve d'un fils employé à la SNCF. Lui veut devenir artiste. A 15 ans, il part étudier les arts graphiques en Belgique. Pour gagner sa vie, il fait le mime un peu partout dans les rues… A 23 ans il arrive à Paris, se produit sur plusieurs scènes. Il dépeint avec tendresse la détresse de ses personnages. Son premier succès vient, en 1993, avec son one-man show à la ritournelle désormais célèbre « Je vais bien, tout va bien, je suis gai, tout me plaît », une série de sketchs qui utilisent la méthode Coué pour aborder la dépression, le suicide, la peine de mort…

Son dernier spectacle : *Dany de Boon des Hauts-de-France.*

Parallèlement, il poursuit une carrière d'acteur au théâtre et au cinéma. Il se lance dans la réalisation. Son deuxième film sort en 2008 : *Bienvenue chez les Ch'tis*, qui devient le plus grand succès du cinéma français. Suite au film, Bergues est devenu une ville touristique, et la vente de maroilles a explosé.

Si certains lui reprochent parfois une vision un peu caricaturale et réductrice des gens du Nord, le chaleureux Dany Boon reste le Ch'ti préféré des Français.

Boucher de Perthes, Jacques

Jacques Boucher de Perthes est considéré comme « le père de la préhistoire », l'un des fondateurs de l'étude de la préhistoire.

Il naît en 1788 dans les Ardennes. Quand son père est nommé directeur des douanes, sa famille s'installe à Abbeville, dans la Somme. Jacques, l'aîné de sept enfants, n'est pas un bon élève, il s'ennuie à l'école. Son père le fait alors entrer aux douanes comme commis et lui confie plusieurs missions à l'étranger. De retour en France, il se consacre à l'écriture, poèmes, romans, chansonnettes, théâtre… mais sans succès.

A 37 ans, il revient à Abbeville, succède à son père et commence à s'intéresser à l'archéologie régionale grâce à son ami Casimir Picard. Il suit d'abord les fouilles menées dans la région, puis, passionné, il se lance personnellement dans la prospection du sous-sol dans la vallée de la Somme.

Il découvre des outils en silex, taillés par la main de l'homme, à côté d'ossements de grands mammifères disparus, preuve que les mammouths et les humains étaient contemporains. Jusque-là, on ne parlait pas d'hommes ayant vécu avant l'Antiquité, seulement des animaux. Il s'attire les foudres des scientifiques qui réfutent sa théorie.

Peu de temps avant sa mort, ses idées sont enfin reconnues. Les scientifiques admettent que l'origine de l'homme remonte à des temps bien plus anciens que ceux décrits dans la Bible. Ils commencent à se rendre compte de l'importance de l'œuvre de Jacques Boucher de Perthes.

C'était un homme intelligent, courageux, tenace, mais trop précurseur pour ses contemporains. Toute sa vie il s'est battu pour faire accepter sa théorie de l'« homme antédiluvien ».

Il meurt en 1868 et est enterré au cimetière d'Abbeville. Une rue, le lycée et un musée portent son nom.

La vallée de la Somme est devenue un des berceaux de l'archéologie. Entre Abbeville et Amiens, un village-musée de la préhistoire a été reconstitué : le parc de Samara, nom gaulois de la Somme. Il met en scène de manière ludique et pédagogique les travaux archéologiques menés dans la vallée de la Somme, à la suite de Jacques Boucher de Perthes. Il ne faut jamais désespérer des mauvais élèves.

Boucq, François

François Boucq est un dessinateur et auteur de BD, l'un des plus grands.

De l'avis de ses confrères, c'est un ovni du dessin. On dit de lui : « C'est un monsieur. »

Il est né à Lille en 1955. Enfant, il est plus intéressé par le dessin et les arts martiaux que par les études.

Il part à Paris et commence sa carrière dans la caricature politique. Il travaille pour *Le Point*, *L'Expansion*, *Le Matin de Paris*.

Il revient à Lille, où il habite toujours. « Ici, il y a à la fois un climat de vivacité et une sorte de tranquillité qui me correspondent mieux que la frénésie parisienne. »

Son premier album sort en 1980, *Cornet d'humour*, fait en collaboration avec son ami de toujours Philippe Delan, auteur. Depuis, plus d'une cinquantaine d'albums sont parus. Il travaille avec Alejandro Jodorowsky pour sa série *Bouncer*, un agent de sécurité dans un saloon. Avec Yves Sente pour *Le Janitor*, un thriller contemporain. Il est auteur et dessinateur des *Aventures de Jérôme Moucherot*, un agent d'assurances dans un monde qui ressemble à une jungle… Il dessine certaines couvertures de *San-Antonio* de son ami Frédéric Dard.

Il a un style fouillé, dense, très décalé, entre réalisme cru et humour absurde.

Il pratique le kendo et y trouve une similitude avec son activité : « Dans le kendo, tu n'as pas le droit à l'hésitation. Quand tu dois porter un coup, tu le portes. C'est pareil dans le dessin : un trait doit être juste. »

Il obtient en 1998 le Grand Prix de la ville d'Angoulême et, en 2007, le prix Albert-Uderzo pour l'ensemble de son œuvre.

Boudin, Eugène

Attention, Eugène Boudin est un passager clandestin, je l'ai embarqué de force dans ce *Dictionnaire amoureux du Nord* où, géographiquement, il n'avait pas sa place. Mais il a peint la Côte d'Opale et des pêcheuses à Berck, c'est une bonne raison.

Il est né en 1824 à Honfleur.

Il a été l'un des premiers peintres à peindre sur le motif, pas dans un atelier, car il aimait être dehors. Il était toujours bronzé parce qu'il installait toujours son chevalet au bord de la mer.

Son père était marin sur la ligne Le Havre-Hambourg, sa mère était femme de chambre sur les bateaux.

A 10 ans, il est mousse sur le vapeur qui fait Le Havre-Honfleur. Puis il est commis chez un imprimeur, et assistant chez un encadreur.

A 20 ans, il crée une boutique d'encadreur, où il expose des tableaux de ses clients. Il rencontre des artistes, des peintres de l'école de Barbizon, Constant Troyon, Eugène Isabey, et même le poète Charles Baudelaire.

Attiré par ce milieu, il se met à dessiner avec tellement de plaisir qu'il abandonne le commerce pour une carrière artistique, à laquelle Jean-François Millet l'encouragera.

Il suit des cours à l'école municipale de dessin du Havre et se consacre à la peinture.

Il reçoit, du conseil municipal du Havre, une bourse de 1 200 francs par an pour aller étudier la peinture pendant trois ans à Paris.

Il étudie dans l'atelier d'Eugène Isabey et au Louvre où il est élève copiste. Il fait des paysages d'après les Flamands et des natures mortes pour les bourgeois de l'époque.

Il passe ses hivers à Paris et ses étés en Normandie, à Honfleur.

Sa première exposition à Paris a lieu en 1857, il a 33 ans, il vend une vingtaine de toiles à une vente aux enchères au Havre.

En 1859, il expose sa première toile au Salon de Paris. Il est remarqué pour ses atmosphères, ses ciels tendres et mouillés, chargés de nuages mouvants, il est le père de l'impressionnisme, il est apprécié et encouragé par Baudelaire et Gustave Courbet.

Claude Monet dira : « Si je suis devenu peintre, c'est à Boudin que je le dois, il m'a appris à voir, il disait que ce qui est peint directement et sur place a une force de vivacité et de touche qu'on ne retrouve pas dans l'atelier. »

Pour cela aussi, nous serons éternellement reconnaissant à Eugène Boudin.

Bourgeois de Calais, Les

Cette œuvre de Rodin est un hommage rendu à six bourgeois qui, pendant la guerre de Cent Ans, se sont sacrifiés pour sauver la ville de Calais et ses habitants. Ils ne faisaient pas partie des bourgeois que Brel a stigmatisés, six cents ans plus tard (« Les bourgeois, c'est comme les cochons, plus ça devient vieux, plus ça devient con »).

C'est le maire Omer Dewavrin qui a commandé l'œuvre à Rodin, qui était déjà célèbre.

Pour réaliser sa sculpture, Rodin s'est servi d'informations puisées dans les chroniques de Jean Froissard, homme du Nord né à Valenciennes.

Rodin n'est pas un tailleur de pierre, mais un modeleur, ses personnages sont d'abord façonnés à la main dans l'argile. Rodin cherche plus à représenter avec sincérité ses modèles qu'à plaire, et toujours il émeut. Pour ce monument, il a réalisé de nombreuses études en terre, s'attachant à traduire au mieux l'expression et les sentiments des personnages, le désespoir, la honte, la résignation…

Le premier projet ne fut pas accepté, la deuxième maquette suscita peu d'enthousiasme.

Le plâtre original fut achevé en 1889 et Camille Claudel participera à l'œuvre. L'inauguration a eu lieu à Calais, en 1895. La sculpture représente six personnages, pieds nus, en chemise et corde au cou. La statue est en bronze, elle pèse 1 814 kilos.

Après l'inauguration, Rodin a en fait fondre trois autres et les a vendues. Après sa mort, le musée Rodin a limité le nombre d'éditions originales à douze exemplaires.

Les Bourgeois sont dans le monde entier : à Copenhague, Londres, Paris, Philadelphie, Tokyo, New York, Séoul…

Les six bourgeois de Calais méritent de sortir de l'anonymat, on doit connaître leur nom : Jean d'Aire, Eustache de Saint Pierre, Pierre et Jacques de Wissant, Jean de Fiennes, Andrieu d'Andres.

Bourle

La bourle est un jeu de boules mais avec un « r » en plus, un air froid, peut-être le « r » qu'il y a dans « Nord » et qu'il n'y a pas dans « pétanque ».

C'est un jeu très ancien. Le plus vieux document relatant la pratique du jeu de bourle remonte au Moyen Age. Il interdisait de jouer dans les rues de Lille sous peine d'amende ou de castagne de verges.

On jouait dans les cercles paroissiaux, quelquefois avec le curé, ou à l'arrière des estaminets. Le jeu ne s'est ouvert aux femmes qu'après la Seconde Guerre mondiale.

Aujourd'hui, la bourle est restée très populaire dans la métropole lilloise et en Flandres.

Il se joue dans une bourloire, une piste de jeu incurvée de 20 à 28 mètres de long sur 3 mètres de large. Autrefois, la bourloire était réalisée avec de l'argile, de la bouse de vache et de la farine de seigle.

Le jeu ressemble à la pétanque, mais sans cochonnet. La bourle est un gros disque en bois très dur, de 30 centimètres de diamètre, son poids pouvant varier de 1,5 à 8 kilos. Dans la bourloire, il faut faire rouler délicatement les bourles pour qu'elles s'approchent le plus près possible de l'étaque, un disque de cuivre de 3 centimètres, enfoncé au ras du sol.

Bourler signifie « tituber » en picard. Cependant, ce ne sont pas toujours les joueurs qui titubent, mais la bourle qui se déplace en zigzaguant et bourlingue sur la bourloire.

Autrefois, le jeu se pratiquait en plein air, aujourd'hui, la plupart des pistes sont couvertes. Avec sept bourloires, Wattrelos est la capitale de la bourle. Des tournois sont régulièrement organisés, et plusieurs écoles de bourle existent grâce à des bénévoles qui souhaitent que les jeunes prennent la relève.

Bray-Dunes

Bray-Dunes est le village le plus septentrional de France. Il est presque à la frontière belge et a été créé de toutes pièces en 1883 par un armateur de Dunkerque. La France n'est qu'à 2 kilomètres à pied de La Panne. C'est au camping du Perroquet qu'on passe la frontière, la France commence ici, sous forme d'une clôture posée dans le sable.

Bray-Dunes a été le lieu de résidence d'une grande personnalité du monde littéraire, Joseph Bédier.

Il n'a pas eu besoin de moi pour entrer dans le dictionnaire, il y était déjà : « Médiéviste français né à Paris en 1864 et mort en 1938 au Grand-Serre, Drôme. Il occupa la chaire de littérature française du Moyen Age au Collège de France. Son adaptation de *Tristan et Yseult* reste célèbre dans les universités du monde entier. »

En 1913, époque à laquelle le village était réduit à quelques maisons de pêcheurs sur des dunes à perte de vue, la mode des bains de mer commençait, et les édiles, pour inciter les futurs touristes, proposaient des terrains à bas prix. Joseph Bédier fit construire une villa, appelée « Saint-Florent ». Elle était de style floral Art nouveau et existe toujours, malgré les deux guerres qu'elle a subies.

C'est dans les années 1930 que les descendants de Joseph Bédier, qui mourra en 1938, ont pu profiter de la villa. J'ai la chance d'être l'ami d'une de ses petites-filles, Françoise Bettiol, et elle garde des souvenirs très vifs de ses vacances à Bray-Dunes. « Tous les ans, mes parents nous y emmenaient au mois de juillet. Sur la digue il y avait seulement une dizaine de maisons. Entre ces maisons et le village, il y avait des dunes, des dunes, des dunes… Elles faisaient notre joie. Nous les dévalions en courant, en tombant sur le derrière… Il y avait des concours de châteaux de sable organisés par les chocolats Delespaul Havez. »

Dans les dunes ou à même la plage, la Seconde Guerre mondiale a aussi organisé des concours de châteaux, mais en béton. Les blockhaus.

Là où la Belgique a choisi de faire table rase de ce passé chargé de mauvais souvenirs, Bray-Dunes, comme les communes voisines, a préféré conserver ces reliques.

« J'entends encore le bruit de nos pelles que l'on traînait sur la digue, je n'ai pas oublié les bains de mer dans l'eau glacée, avec notre grand-mère qui adorait l'eau froide. Mon grand-père Joseph m'intimidait, il ne venait jamais sur la plage, il travaillait dans sa chambre, parfois il allait pêcher dans le canal de Furnes, il rapportait des petits poissons blanchâtres que personne, sauf lui, ne voulait manger car ils sentaient le mazout. Quand mes parents venaient, ils allaient, à pied, par la plage en Belgique à La Panne. Je me souviens encore du goût des cramiques et des Charlots tout roses, qu'ils nous rapportaient de Belgique. »

Breton, Jules

Il est né en 1827 à Courrières.

Si certains sont peintres en bâtiment, lui fut peintre paysan.

Il est né dans une famille bourgeoise, son père était maire de Courrières, bourg du bassin houiller du Pas-de-Calais. Il perd sa mère à 4 ans. Il étudie la peinture d'abord en Belgique puis à Paris dans l'atelier de Ingres et Horace Vernet.

Il se marie à 31 ans, il a une fille, Virginie, qui deviendra peintre.

Dans ses tableaux, il célèbre les travaux des champs, ses glaneuses sont réputées jusqu'aux Etats-Unis, et il sera admiré par Van Gogh, qui commence alors à peindre.

« Je suis un paysan qui peint des paysans, je les peins parce que je les aime. Mes amis prétendent qu'il y a un peu de poésie dans ma peinture et un peu de peinture dans ma poésie. Dans l'une et l'autre il y a du moins beaucoup d'amour, j'entends d'amour de la nature et de la vérité… je voudrais que mon art soit bienfaisant. »

En plus de peindre, il écrit des poèmes qui sont appréciés par les grands écrivains de l'époque : José-Maria de Heredia, Leconte de Lisle, et même Victor Hugo. Il était poète et paysan. Quand le paysan trime, le poète rime.

Quand j'étais jeune, j'ai voulu faire poète et paysan, j'ai été cultivateur dans le Pas-de-Calais, par amour.

Par amour de la nature, surtout par amour de la fille du fermier.

Son père aurait été poissonnier, j'aurais été capable d'être poissonnier.

C

Café

Eun' goutt' ed'jus.

Dans les maisons du Nord, il y avait toujours sur la cuisinière une cafetière où le café chantait.

On offrait toujours une tasse de café aux visiteurs.

« Tous les jours, les femm' dins les corons, chacun leu tours, ch'invit' à leu maison, à peine qué sn' homm i a tourné l'coin de l'rue, qu'a mon Simon in bo eun' goutt' ed'jus. Depuis hier, on n'a à raconter, et cha va mieux in buvant sin café. »

Ce n'était pas de l'arabica, ni du robusta ou du Blue Mountain, c'était del chirloute, et à la fin de la journée del pisse ed' baudet, à cause de toute l'eau qu'on avait rajoutée. On le prenait sucré, al chuchette.

« Viens donc boire eun' goutt' ed'jus, eun' goutt' ed'jus, eun' goutt' ed'jus, profite qu'i est cor su ch'fu. »

Après avoir fini son café, on ne peut pas refuser une petite bistouille, c'est de l'alcool, souvent du genièvre. On le verse dans la tasse encore chaude, ça réchauffe et ça permet de voir le ciel gris devenir bleu, et on part à la mine le cœur plus léger.

Carnaval de Dunkerque

Quand on pense que les gens du Nord sont taciturnes et renfermés, il faut aller au carnaval de Dunkerque pour s'en dissuader.

Pendant trois mois, les bandes et les bals se succèdent les week-ends de janvier à avril, bal des corsaires, carnaval des seniors, bal des acharnés, bal enfantin, bal des gigolos et gigolettes, bal du printemps…

Son origine remonte au XVIIe siècle.

Avant de partir pour de longs mois de pêche en Islande, les armateurs offraient une fête de tous les diables aux marins pêcheurs.

Les carnavaleux sont déguisés, ils se déplacent avec le « berguenaere », un haut parapluie multicolore.

Le tableau de James Ensor *Carnaval en Flandre* en donne une étonnante image.

Un moment fort du carnaval, le lancer de harengs : les carnavaleux s'arrêtent devant l'hôtel de ville où le maire et le conseil municipal qui sont au balcon leur jettent des harengs.

J'ai moi-même jeté des harengs sur la foule, à l'occasion d'un documentaire que France 3 réalisait sur le carnaval.

Carpeaux, Jean-Baptiste

Il est né en 1827 à Valenciennes dans une famille d'ouvriers. Tout petit, il aime dessiner et veut être, contre la volonté de son père, sculpteur.

Il monte à Paris en 1838 et entre en 1844 à l'Ecole des beaux-arts, ayant comme maître François Rude.

Son *Hector implorant les dieux en faveur de son fils Astyanax* lui vaut le prix de Rome.

En 1854, son grand prix de sculpture lui ouvre les portes de la Villa Médicis pour quatre ans.

Il voyage en Italie et découvre Michel-Ange, un de ses modèles. Pendant son séjour romain, il réalise *Ugolin*, représentation saisissante du héros muré avec ses fils et qui va dévorer ses enfants avant de mourir de faim. L'œuvre est au musée d'Orsay. De retour à Paris, il décore le pavillon du Flore et l'opéra Garnier. Son allégorie « la danse » orne la façade.

Il devient un artiste officiel, il a été en même temps le portraitiste de Napoléon III et un artiste qui ne supportait pas les règles de l'Académie. Il était un précurseur, passionné de la vie et du mouvement, il a fait danser les statues et sourire la pierre.

Il tombe amoureux de son modèle Amélie Clotilde de Montfort, il l'épouse et auront trois enfants.

La fin de sa vie est triste, à cause de la guerre les commandes diminuent.

Il meurt à 48 ans d'un cancer.

Sa carrière aura été fulgurante, elle a duré une quinzaine d'années.

Il lègue une partie de ses œuvres au musée de Valenciennes.

Rodin dira de lui qu'il a fait les plus beaux bustes de notre temps.

Il est enterré à Valenciennes.

Au musée d'Orsay, à côté de ses œuvres charmantes, musicales et souvent souriantes, on entrevoit dans son dernier autoportrait une grande tristesse.

Carpentier, Georges

Boxeur, il est né en 1894 à Liévin.

Il est le premier Français à avoir été champion du monde de boxe anglaise.

Il est fils du patron d'un petit estaminet, semble condamné à la vie des petites gens du bassin minier, mais il a une passion pour la boxe. Il pratique d'abord la boxe française et, à 13 ans, il est champion de France junior.

Il commence la boxe anglaise, et à 17 ans il devient champion de France des welters.

A 18 ans, il est champion d'Europe des poids moyens. En 1914, il devient champion du monde des poids lourds de race blanche.

Pendant la guerre, il est aviateur, il reçoit la croix de guerre et la médaille militaire.

En 1920, il devient champion du monde des mi-lourds en battant Battling Levinsky.

Il arrête la compétition six ans plus tard.

Il est l'un des sportifs les plus fortunés. Il mène une vie mondaine, élégant gentleman, il fréquente l'Aga Khan, Raimu, Charlie Chaplin, Mistinguett, La Belle Otero…

Sur sa photo qu'il dédicace à ses admirateurs il a fait imprimer « homme du monde ».

Il est mort le 27 octobre 1975, ses obsèques ont eu lieu à l'église de la Madeleine.

Le boxeur de Liévin est devenu un héros national. Il incarnait le panache, la raison, le cœur et le peuple.

Casadesus, Jean-Claude

Il est le fils de Gisèle Casadesus.

Né en 1935, c'est un chef d'orchestre de renommée internationale.

Jeune, il aime le tango, la valse viennoise et Bach.

Il a commencé par être percussionniste, puis a étudié la composition et la direction d'orchestre. Il a eu deux maîtres : Pierre Dervaux et Pierre Boulez.

En 1960, il fonde un orchestre de variétés, et enregistre « Les filles de mon pays ». Etonnant parcours, d'Enrico Macias à Pierre Boulez.

Il devient directeur musical du Théâtre du Châtelet où il accompagnera Luis Mariano, puis chef permanent à l'Opéra de Paris et à l'Opéra-Comique.

En 1976, il fonde l'Orchestre national de Lille, qu'il dirige jusqu'en 2016.

Il parcourt le monde entier avec son orchestre. Il a porté la musique partout. Il l'a fait entendre à un public qui ne lui est pas acquis : dans les usines, les prisons, les écoles. Beaucoup d'enfants du Nord lui doivent l'amour et l'apprentissage de la musique.

« Il n'y a pas de délinquance dans les écoles de musique. Pourquoi ? Parce que, quand vous avez un désir d'accomplir, vous n'avez pas le temps de faire des bêtises. Ce désir intense permet d'enrayer certaines tentations de délinquance, certains glissements vers le désespoir que des crises successives, le chômage surtout ont secrétés. »

Sur ce sujet, avec les productions Cercle bleu, ma femme, Sylvie Durepaire, a réalisé avec lui pour la télévision un documentaire émouvant, *L'Enfant et l'Orchestre*.

On raconte que, lors des manifestations de Mai 68, pendant une pause de l'orchestre de Lille, Victor Clowez, son chef irascible, est allé aux toilettes. Un CRS avait laissé sa mitraillette sur un lavabo, Victor l'a prise et, de retour dans la salle de répétition, il a posé la mitraillette sur son pupitre et a repris la répétition. Il paraît que, de leur vie, les musiciens n'ont jamais si bien joué…

Jean-Claude Casadesus n'a jamais eu besoin de mitraillette, il préférait un rameau d'olivier.

Il est aujourd'hui directeur artistique de Lille Piano(s) Festival et président de l'Ecole supérieure de musique et de danse des Hauts-de-France.

« La musique permet de transformer le banal en sublime… »

Il a voulu être l'homme qui déclenche les orages avec ses doigts.

Catho, La

L'université catholique de Lille a été fondée en 1875, la faculté de médecine en 1876.

Ma mère a fait des études de lettres à la Catho. A 18 ans, elle était devenue une belle jeune fille. Elle se préparait une belle vie. Elle a obtenu une licence en lettres et un poste de professeure de français.

Sa photo a dû être prise dans la cour d'école, pendant la récréation. Nous sommes à Lens, à l'institution Sainte-Ide où ma mère donne des cours de français. Son visage émerge au-dessus d'une nuée de filles. Elle a l'air recueillie, les yeux mi-clos, avec un sourire extatique. On dirait qu'elle va s'envoler. Mince, fragile et légère comme un archange de Puvis de Chavannes.

Mon père a fait ses études de médecine à la Catho, brillamment, et a été lauréat de la faculté.

Sur la porte de notre maison, il y avait une plaque en cuivre, il était écrit dessus « Docteur Paul Fournier, lauréat de la faculté ». Lauréat, ça veut dire qui a remporté un prix dans un concours. On était fiers, nous ses enfants, c'était certainement un concours de docteurs parce que papa c'était le meilleur docteur. La preuve, quand les autres docteurs ne trouvaient pas la maladie d'un malade, on appelait papa, et souvent il trouvait.

En dessous il y avait écrit « Ex-externe des hôpitaux de Lille ». Il n'y avait écrit que des choses bien sur papa, alors que tout le monde ne disait pas que des choses bien.

Il a écrit une thèse, « Torsion du pédicule de la rate, en position ectopique ». Il l'a dédiée à mère, qui était sa fiancée. Elle aurait certainement préféré un poème, mais elle n'avait pas épousé un poète. Avec Verlaine, il n'avait en commun que l'alcool. Verlaine, c'était l'absinthe, mon père, c'était le Byrrh.

Cazin, Jean-Charles

Peintre sculpteur et céramiste, il est né en 1841 à Samer, dans le Pas-de-Calais. Il y a passé son enfance, puis ses parents ont déménagé à Boulogne-sur-Mer.

A 21 ans, il entre à l'école de dessin de Lecoq de Boisbaudran, à Paris. Un an plus tard, il est nommé professeur de dessin d'architecture à Tours. A 27 ans, il devient conservateur du musée de Tours et directeur de l'école de dessin.

En 1872, il part pour l'Angleterre avec son épouse et son fils. Il fait de la céramique et peint des sujets bibliques, sans succès.

Retour à Paris en 1875, où il expose *Souvenir de dunes* au Salon des refusés.

Avec son tableau *Tobie et l'Ange*, qui se trouve au palais des Beaux-Arts de Lille, il obtient une médaille de première classe.

Fuyant les honneurs, il retrouve le Pas-de-Calais dans sa grande propriété d'Equihen.

Il retourne à Paris, où il travaille avec son ami Puvis de Chavannes aux fresques du Panthéon et de la Sorbonne.

Il revient à une peinture plus moderne, sentimentale, poétique et pleine de charme, des paysages de sa région natale. Ses crépuscules sont célèbres et qualifiés par les critiques « d'heure Cazin. »

Ses toiles se vendent à Paris, dans les musées nationaux, aux Etats-Unis.

Plusieurs de ses tableaux sont au musée d'Orsay. Une cinquantaine de ses toiles sont au musée de Samer qui porte son nom.

Il a également donné son nom à une rue de Boulogne, et à son lycée professionnel.

Grâce à lui, les visiteurs de grands musées américains, Cleveland, Boston, New York, Washington… peuvent, sans voyager, découvrir nos paysages du Pas-de-Calais.

Cerf-volant

En 1987, à Berck, les amateurs de grands espaces et de nature se rassemblent sur son immense plage pour faire voler leurs drôles d'oiseaux en toile. Le rendez-vous devient une tradition et se renouvelle chaque année depuis trente ans.

C'est en 1887 qu'y fut prise une des premières photos aériennes par cerf-volant.

Ces rencontres sont devenues incontournables sur la Côte d'Opale. Elles réunissent 700 000 personnes.

Au printemps, pendant une dizaine de jours, passionnés de vent et de mer peuvent admirer des centaines de cerfs-volants géants et voir des créatures surréalistes s'élever dans les airs, animaux marins, pieuvres géantes… Le cerf-volant trouve ses origines en Extrême-Orient, et très certainement en Chine où il serait né il y a trois mille ans. Etroitement lié à la religion et à la mythologie, il servait à attirer l'attention des esprits, et avait souvent la forme d'un oiseau.

Dans le ciel, les drônes ont tendance à remplacer les cerfs-volants. Dommage, les araignées remplacent les mouettes…

Chaalis

Une abbaye royale et des collectionneurs de renom.

Le domaine de Chaalis se situe au centre de la forêt d'Ermenonville, dans l'Oise.

C'est en 1136 que Louis VI fonde l'abbaye de Chaalis, en souvenir de son cousin, Charles le Bon, assassiné à Bruges. L'abbatiale et la chapelle sont édifiées au XIIIe siècle. L'abbaye connaîtra un grand rayonnement spirituel et intellectuel durant tout le Moyen Age.

« Un paradis investi par des troupes de saints et animé par des eaux de toutes sortes », Jean de Montreuil.

Au XVIe siècle, de nombreux aménagements sont faits pour embellir Chaalis. La chapelle Sainte-Marie est décorée de superbes fresques de Francesco Primaticcio, peintre italien.

Au XVIIIe siècle, un abbé entreprend d'importants travaux mais, faute de crédit, ils ne seront pas terminés, c'est la faillite, et l'abbaye est vendue.

En 1850, madame de Vatry achète le domaine. Elle le réaménage entièrement.

« Châalis… Est-ce que cela existe encore ? Mais mon enfant, on a vendu le château, l'abbaye, les ruines, tout ! Seulement, ce n'est pas à des personnes qui voudraient les détruire… ce sont des gens de Paris qui ont acheté le domaine et qui veulent faire des réparations. La dame a déclaré qu'elle dépenserait quatre cent mille francs », Gérard de Nerval, dans *Les Faux Saulniers*.

Elle transforme en château la construction du XVIIIe siècle, remet le parc en état et restaure la chapelle, notamment ses fresques.

« Nous redescendîmes pour voir la chapelle, c'est une merveille d'architecture. L'élancement des piliers et des nervures, l'ornement sobre et fin des détails révélaient l'époque intermédiaire entre le gothique fleuri et la Renaissance. Mais, une fois entrés, nous admirâmes les peintures qui m'ont semblé être de cette dernière époque », Gérard de Nerval.

Madame de Vatry organise de nombreuses fêtes et réceptions. Chaalis est fréquenté par des musiciens, des peintres, des écrivains (Théophile Gautier, Gérard de Nerval…).

En 1902, Nélie Jacquemart-André, peintre et collectionneuse d'art, rachète le domaine. « J'espère que j'aurai Chaalis, c'est mon plus vif désir », « Chaalis, je le désire beaucoup », « un lieu de repos et d'activité, cela est bon et sain car je ne suis qu'une pierre roulante ». Elle consacre au domaine les dernières années de sa vie.

Elle y installe une partie de sa collection d'œuvres d'art, l'une des plus importantes de son temps. Elle décède en 1912 et lègue tous ses biens à l'Institut de France et demande d'ouvrir au public l'abbaye et son hôtel parisien, l'autre musée Jacquemart-André.

Chaalis est un site d'art et d'histoire dans un parc romantique de plus de 1 000 hectares. On peut admirer les vestiges de l'abbatiale, la chapelle Sainte-Marie, la roseraie et le château-musée : peintures, sculptures, mobilier, tapisseries, œuvres d'art (Boucher, Giotto, Houdon, Van Loo, Largillierre, Oudry…) et un espace Jean-Jacques Rousseau.

Chantilly

Le domaine de Chantilly se trouve au cœur de la forêt, dans l'Oise.

Construit au milieu des eaux et de la verdure, le château, un des joyaux du patrimoine français, a appartenu à plusieurs dynasties princières : les Montmorency, les Condé et le duc d'Aumale. Ils ont eu à cœur de l'entretenir et de l'embellir au fil des siècles. C'est un ensemble exceptionnel de l'architecture du XIXe siècle inspirée par celle de la Renaissance.

En 1830, le duc d'Aumale, fils du roi Louis-Philippe, hérite du domaine. Il constitue une fabuleuse collection de livres précieux, de tableaux et d'objets d'art qu'il expose dans le château. Il appelle cet ensemble le « musée Condé », en hommage à ses illustres prédécesseurs. La galerie de peintures anciennes est la deuxième collection la plus fournie après le Louvre. Plus de 800 peintures, près de 4 000 dessins, des œuvres de Raphaël, Poussin, Watteau, Ingres…

Le cabinet des Livres, l'un des plus prestigieux au monde, regroupe une collection de 19 000 livres rares.

Le parc, d'une superficie de 115 hectares, regroupe le jardin à la française dessiné par André Le Nôtre au XVIIe siècle, le jardin anglo-chinois de la fin du XVIIIe siècle et le jardin anglais du XIXe siècle.

Les Grandes Ecuries, chef-d'œuvre architectural du XVIIIe siècle, sont un véritable palais pour les chevaux. Il abrite le musée du cheval. Toute l'année, des spectacles équestres y sont proposés.

A Chantilly tout est bon.

Et, cerise sur le gâteau, la délicieuse crème Chantilly.

Chapelles de marins

La chapelle de Cayeux-sur-Mer a été construite dans les années 1860 grâce à des cotisations prélevées par les marins sur leur part de pêche.

Elle est construite en brique et la tourelle, surmontée d'un clocheton, abrite une cloche qui vient du château de Prouzel. Le tympan du portail est orné d'une sculpture qui représente l'arrivée miraculeuse à Boulogne-sur-Mer de Notre-Dame de la mer. La Vierge se tient debout encadrée par deux anges. Sur le bateau, on voit une banderole sur laquelle est écrit : « Notre-Dame de la mer vous protège. »

Plus bas, une seconde scène représente de nombreux personnages, ils sont quarante-six, des évêques, un abbé, des enfants de chœur et, de chaque côté, des groupes de marins avec des enfants : ils sont à genoux, ils ont le visage tourné vers la Vierge.

A l'intérieur de la chapelle, il y a des statues en bois, la Sainte Vierge avec des rames et saint Joseph. Suspendu au milieu de la nef, il y a un ex-voto constitué d'un voilier et de filets de pêche.

La chapelle des marins de Saint-Valery-sur-Somme est en baie de Somme, sur les hauteurs du Cap Hornu (à ne pas confondre avec le cap Horn).

Elle donne sur la baie de Somme et propose une vue superbe.

Elle est de style néogothique, elle est construite en pierre avec des damiers de pierre blanche et de silex.

Le clocher est surmonté d'un goéland en métal, perché sur la croix, ayant pour mission d'indiquer le sens du vent.

Ce qu'il fait avec bonne volonté et courage. Dans la région, il y a beaucoup de vent.

A l'intérieur, des vitraux racontent la vie de saint Valery. Les murs intérieurs sont couverts d'ex-voto de marins qui remercient. Au pied de la chapelle, il y a une fontaine miraculeuse dite « de la fidélité », réputée pour sauvegarder la fidélité des couples.

Elle est souvent à sec…

Charitables de Béthune

Depuis 1188, les membres de la Confrérie des charitables de Béthune enterrent bénévolement hommes et femmes, riches ou pauvres.

Une épidémie de peste avait dévasté la région, on ne voulait plus soigner les malades, enterrer les morts, de peur de la contagion. Une nuit, saint Eloi apparaît en songe à deux maréchaux-ferrants, Gauthier et Germon. Il leur demande de fonder une « karité », une charité ou confrérie. Les deux hommes se rencontrent devant la source de Quinty, entre Béthune et Beuvry, et créent la Confrérie des charitables de Saint-Eloi pour soigner les malades et inhumer les corps.

Aujourd'hui encore les charitables assurent gratuitement le portage, la cérémonie et la mise en terre. « Qu'on soit jeune, beau, riche, indigent, croyant, pas croyant, c'est rassurant de se dire qu'on sera accompagné dans la mort par eux », dit Marie-France, une habitante de Béthune, qui compte sur eux.

Les charitables portent costume noir, chemise blanche, bavette bleue, nœud papillon blanc et bicorne noir. Ils sont doyen, prévôt, chéri, mayeur, ou confrère. Depuis huit siècles, ils répètent les mêmes gestes et prononcent les mêmes paroles.

Chaque année, en septembre, a lieu « la procession à naviaux » (les navets étaient utilisés pour se protéger des maladies). Elle évoque la rencontre de Gauthier de Béthune et de Germon de Beuvry. Chaque charitable porte une baguette blanche ornée de buis, de thym et de fleurs, qui sont censés éloigner le mal.

Les charitables ont une autre mission, celle de l'aide aux plus démunis. En juin, ils font le tour de la ville pour « la quête des petits plombs ». Une distribution de petits pains est faite. Dix mille petits pains sont fabriqués par plusieurs boulangers. Certains habitants gardent leur petit pain précieusement pour se sentir protégés. Avec ces dons, ils distribuent des colis aux personnes dans l'urgence. Les charitables sont toujours bien accueillis, leur dévouement fait l'admiration des habitants. C'est une institution dans la ville.

Les associations des charitables officient dans une trentaine de communes autour de Béthune.

Il est rassurant de mourir près de Béthune. « Mourez, nous ferons le reste », nous disent les charitables.

Cheval boulonnais

Il n'a pas de coiffe comme les boulonnaises. Il a des grosses pattes et des gros sabots, il les garde toujours, même pour dormir. Il est costaud et pacifique, il tire les charrues et charrettes sans jamais se plaindre.

Il n'aime pas les mouches qui organisent des congrès autour de ses yeux.

« Le cheval de madame Dufour était blanc comme le cheval d'Henri IV sauf au bout, sa queue était gris-jaune comme la moustache d'un fumeur, pourtant il ne fumait pas.

Le chignon que madame Dufour avait au-dessus de la tête avait la même couleur et la même forme que la queue de son cheval.

Madame Dufour était maraîchère à Achicourt dans la banlieue d'Arras. Toutes les semaines elle venait à la maison avec sa voiture à cheval vendre ses salsifis et toutes sortes de légumes.

Sa voiture à cheval ressemblait à la charrette des cow-boys. Elle était recouverte d'une grande bâche noire qui faisait comme un tunnel tout noir où elle mettait ses légumes.

Pendant que madame Dufour discutait avec Bonne maman dans la maison, on allait caresser le cheval qui s'appelait Bijou et chasser les mouches qui ne faisaient rien qu'à l'embêter. Quelquefois, un gros tuyau noir comme un tuyau d'arrosage sortait de son ventre. Et il arrosait les pavés. Parfois il soulevait sa queue et laissait tomber des boules de crottin qui se cassaient et fumaient sur le pavé.

Quand il était parti, on devait ramasser le crottin pour Bonne maman, elle le mettait sur ses rosiers. »

Chevrettes du terril

Une chèvrerie-fromagerie sur un terril.

Julien Graf, originaire de Douai, travaille pendant huit ans dans un bureau d'études en environnement. Sa femme Paola, colombienne, anime des ateliers artistiques et pédagogiques. Julien rêve de changer de vie et de devenir berger : « Je fermais les yeux et je me voyais à la tête d'un troupeau de chèvres, en berger. Je ne me l'explique pas, mais rien que d'en parler, ça me donne encore le frisson. »

Ils franchissent le pas et partent apprendre le métier en Haute-Savoie, avec l'intention de s'y installer. Après deux années d'apprentissage, ils reviennent dans le Nord. « On est remontés dans le Nord-Pas-de-Calais, parce que le Nord nous manquait. »

Ils s'installent sur le terril des Argales, à Rieulay, dans le Pas-de-Calais. Les premières biquettes arrivent en mars 2014, et la chèvrerie, au pied du terril, est terminée en 2015. Dès le printemps, Julien, accompagné de son chien Fax, emmène les chèvres gambader sur le terril. C'est la transhumance. Les biquettes se nourrissent des broussailles. Elles permettent l'entretien de la végétation de cette réserve naturelle.

« La végétation du terril est adaptée à la chèvre qui trie, choisit une alimentation variée et riche en buissons et arbustes. Ce sont des débroussailleuses écologiques. »

Les biquettes s'appellent Jour de fête, Jolie Mademoiselle, Lady Press-lait, Mawie-Théwèse, et Mer du Nord…

Julien et Paola fabriquent et vendent leurs fromages bio : crottins, bûchettes, fromage blanc… Un couloir d'observation permet de voir, de caresser les biquettes, d'assister à la traite.

Le terril des Argales est le plus grand terril plat du Nord-Pas-de-Calais, avec une superficie de 140 hectares.

C'est un exemple réussi de reconversion d'une friche minière, une nouvelle destination touristique avec plage, plan d'eau, sports nautiques, chemins de randonnée à pied, à vélo… « De la gaillette à la chevrette » est une randonnée avec ascension guidée du terril et descente avec le troupeau de chèvres et le chevrier.

Chicorée

La chicorée est une culture spécifiquement nordiste, un des symboles de la région Nord-Pas-de-Calais. C'est une plante dont on ne garde que les racines qui sont ensuite séchées et torréfiées. En grains, soluble ou liquide, la chicorée a un goût fin et délicat entre noisette et caramel.

La chicorée est découverte dès l'Antiquité. Les Grecs et les Egyptiens lui prêtent toutes sortes de vertus. Elle est utilisée dans l'alimentation et dans la composition de médicaments.

En 1858, Jean-Baptiste Alphonse Leroux, originaire de Bretagne, rachète une manufacture à Orchies, dans le Nord. L'usine produit alors du chocolat, du tapioca, de la moutarde et de la chicorée. En 1871, l'entreprise Leroux se spécialise dans la chicorée et abandonne ses autres productions. Leroux devient leader sur le marché de la chicorée. La chicorée Leroux, c'est « Bienfaits pour moi ! ».

La chicorée connaît un véritable essor durant les guerres : le café se faisant rare, la chicorée le remplace dans les foyers français.

En 1925 apparaissent les premières affiches publicitaires qui sont aujourd'hui de véritables objets de collection. Après la Seconde Guerre mondiale, sur l'air de « Tout va très bien, madame la marquise », l'orchestre de Ray Ventura réécrit la chanson.

Tout va tout doux, madame la marquise
Ça va tout doux, ça va tout doux
Nous n'avons plus, ça, c'est vraiment la crise
Plus du tout d'chicorée Leroux…

Leroux fait entrer la publicité dans le sport, puis à la télévision. La saga des jumeaux Marc et Dominique durera dix ans, la chicorée « un trésor de bienfaits ».

De tradition, on ajoute quelques grains de chicorée dans le café qui passe. La chicorée a su aussi s'intégrer dans la cuisine régionale : crème d'endive à la chicorée, crème brûlée à la chicorée… Toute l'histoire de la chicorée est racontée dans la Maison Leroux qui abrite le musée de la Chicorée à Orchies.

J'ai encore souvenir de la douce odeur de chicorée, quand, enfants, on traversait Orchies à vélo.

Ch'ti Day

Le Ch'ti Day a lieu chaque année le 6 décembre. C'est le rendez-vous des Ch'tis dans le monde entier. Ce jour-là, les Ch'tis se retrouvent pour faire la fête. Au programme, musique ch'ti, plats ch'tis : carbonade, moules-frites ou tarte au maroilles avec une bonne bière…

Le Ch'ti Day est fêté dans le Nord-Pas-de Calais, et aussi à travers les régions de France et dans de très nombreuses villes du monde : Montréal, Shanghai, Mexico, Singapour… pour les Ch'tis expatriés.

Le Ch'ti Day a été créé par Ch'Tribu, une association et un réseau international des Ch'tis du monde.

« Communiquer, échanger, partager, valoriser, promouvoir », telle est l'ambition de cette association. Elle veut développer la notoriété et l'attractivité de la région, faire exister le Nord-Pas-de-Calais dans le monde.

Leurs sept commandements :

— Ta fierté tu afficheras
— Ta solidarité tu manifesteras
— Ton goût de la fête tu communiqueras
— Ton esprit pionnier tu cultiveras
— Tes amis du monde entier tu recommanderas
— Ta région tu développeras
— Beaucoup de plaisir tu prendras

Claudel, Camille et Paul

Camille et Paul Claudel sont nés dans le Tardenois, une région au sud de Soissons, dans l'Aisne. Ils passent leur enfance dans une campagne rude, au contact des paysans, au rythme des fêtes liturgiques et des travaux agricoles. « Quel beau pays ! Quel rude et sévère pays à l'écart de tout ! Quel vieux pays, un des plus vieux de notre Gaule immémoriale », écrira Paul Claudel.

Camille et Paul ont la même passion pour les balades, dans la campagne, dans la forêt. Leur terrain de jeux favori est la « Hottée du Diable » et ses rochers de grès monstrueux.

Cette région inspirera leur œuvre.

Camille Claudel (1864-1943), sculptrice, naît à Fère-en-Tardenois. Camille est très belle, c'est un être entier, passionné, volontaire, d'un tempérament fougueux que célébrera son frère.

« L'éclat triomphal de la beauté et du génie », « un front superbe surplombant des yeux magnifiques ».

Très jeune, elle se passionne pour la sculpture.

Elle sera l'élève, la muse et la maîtresse d'Auguste Rodin. Une relation passionnée et destructrice.

« L'œuvre de ma sœur, ce qui lui donne un intérêt unique, c'est que tout entière, elle est l'histoire de sa vie. »

En 1913, à la demande de sa famille, elle est internée dans le Vaucluse pour troubles mentaux, où elle restera trente ans, jusqu'à sa mort.

Elle écrit à son frère Paul : « Quel bonheur si je pouvais me retrouver à Villeneuve, ce joli Villeneuve qui n'a rien de pareil sur la terre. »

Artiste de génie, elle ne connaîtra la reconnaissance qu'après sa mort.

Elle laisse des chefs-d'œuvre : *La Vague*, *L'Age mûr*, *La Jeune Fille à la gerbe*... Une œuvre d'elle se trouve à La Piscine de Roubaix.

Paul Claudel (1868-1955), dramaturge, poète, diplomate, naît à Villeneuve-sur-Fère. Il voit le jour dans l'ancien presbytère du XVIIIe siècle où s'est installée la famille.

Paul est très croyant, la foi l'enveloppe tout entier. « En un instant mon cœur fut touché et je crus. Je crus d'une telle force d'adhésion [...], d'une telle certitude ne laissant place à aucune espèce de doute que, depuis, tous les livres, tous les raisonnements, tous les hasards d'une vie agitée n'ont pu ébranler ma foi. »

Sa foi et son enfance inspireront son œuvre : *L'Annonce faite à Marie*, *L'Otage*, *Le Soulier de satin…*

Il entre à l'Académie française en 1946.

Clève, Jenny

« Eune acteuse frinsèse d'théâte et d'chinéma. »

Une star du Nord, comédienne de grand talent, qui est toujours restée fidèle au Nord.

A un journaliste parisien qui lui demandait d'un air accablé pourquoi elle était restée dans le Nord elle répondit : « A cause du climat. »

Elle est né en 1930 à Roubaix, où elle a fait le conservatoire.

Elle est l'épouse de Claude Talpaert, comédien disparu en 2016, avec qui elle a eu quatre enfants.

Elle a été au conseil municipal de Tourcoing de 1989 à 2001. En 2002, elle a eu « la brouette d'or » de la ville de Tourcoing.

Elle a tourné dans une trentaine de films de cinéma, avec Patrice Chéreau, Bertrand Blier, Joseph Losey, Dino Risi, Jean Becker…

Et plus d'une centaines de films pour la télévision.

Elle a joué au théâtre sous la direction de Jacques Rosner, Patrice Chéreau.

Elle a terminé sa carrière professionnelle à la télévision en animant sur FR3 une émission sur la cuisine, « Goûtez-moi ça », avec Pierrot de Lille.

Malgré son talent et sa notoriété, elle est demeurée simple et accessible, acceptant parfois des petits rôles.

Elle est une vraie personnalité du Nord, chaleureuse, pleine d'humour et de tendresse. Elle a su donner au patois du Nord ses lettres de noblesse et son élégance.

Cogghe, Rémy

Peintre né en 1854 à Mouscron, en Belgique, à la frontière avec la France, dans une maison de brique au coin de la rue de Tourcoing et de la rue de Froidchamps.

Quand il a 13 ans, ses parents déménagent à Roubaix, ils sont ouvriers. Un industriel, Pierre Catteau, remarque le talent du jeune Rémi (alors avec un « i ») pour le dessin, il l'aide à s'inscrire aux cours de peinture des écoles académiques de Roubaix.

En 1876, il a 22 ans, il entre à l'Ecole des beaux-arts de Paris dans l'atelier du peintre Alexandre Cabanel. En 1880, il obtient la médaille d'or au prix de Rome belge avec son tableau *Les Aduatiques vendus à l'encan*.

Il voyage pendant cinq ans en Europe, puis s'installe à Roubaix, au 22 de la rue des Fleurs. Il peint beaucoup de portraits et des scènes de la vie quotidienne. Notamment *Jeu de bourles en Flandres*. En 1889, il obtient une médaille au Salon des artistes français pour son célèbre tableau *Le Combat de coqs*.

La Piscine de Roubaix possède peut-être son plus beau tableau, *Portrait de Mme Cogghe, mère de l'artiste*.

Il meurt en 1935, et est enterré à Roubaix.

Colliez, Simon

Un ch'ti chanteur. Ch'est un canteu. I vit à Cauchy-à-l'Tour. Célèbre dans le Nord-Pas-de-Calais.

Simon Colliez est né en 1949 à Cauchy-à-la-Tour, commune du Pas-de-Calais, près de Béthune. Il fait d'abord partie d'un groupe qui allait de bal en bal. En 1982, une chanson de sa composition passe sur l'antenne d'une radio de Cauchy. « Louis par chi, Louis par là ».

Louis par chi, Louis par là.
Louis viens chi, Louis viens là.
Ramone par chi, ramone par là.
Gratte me par chi, gratte me par là.
Achtique me chi, achtique me là.
Fais briller chi, fais briller là.
Ptit Loulou, ptit Louis toudis là.

C'est un très grand succès et le début d'une carrière en solo : il se consacre alors uniquement à la chanson. Premier disque, première scène à Auchel en 1983.

Depuis, Simon Colliez a enregistré près de 200 titres dans 20 albums. Des centaines de milliers d'albums vendus. Il écrit et compose des chansons en patois qui racontent la vie et l'histoire de la région, des histoires de famille, de corons. « Mi ch'parle patois », « Cante el'fosse », « Si te viens dins l'Nord », « Ch'est toudis des frites »…

« C'est vrai que j'aime bien parler de la vie de tous les jours. Les gens s'y retrouvent, visiblement ça leur fait plaisir. »

Simon Colliez fait partie du patrimoine régional. Il fait salle comble dans toute la région. « Je me sens bien comme ça. En 1993, j'ai même refusé un contrat chez Virgin. Je produis moi-même mes chansons et j'ai eu peur de partir en contrat avec eux. » Il travaille dans son studio à Cauchy-à-la-Tour, avec son accordéon, et collabore avec son ami d'enfance Bertrand Cocq, auteur et aussi ardent défenseur du patois.

Sa plus grande fierté a été sa participation à l'album du chanteur Renaud *Renaud cante el'Nord*, en 1993.

Combat de coqs

Le combat de coqs consiste à faire s'affronter deux coqs domestiques préparés au combat. C'est une pratique très ancienne, sûrement depuis que les coqs existent. Aujourd'hui, cette pratique est interdite dans de nombreux pays. En France, elle est encore tolérée dans les Hauts-de-France et en outre-mer : à La Réunion, en Martinique, en Guadeloupe, dans les localités où une tradition ininterrompue peut être établie.

Les coqueleux sont des éleveurs de coqs. Ce sont des passionnés, ils ne vivent que pour leurs coqs, ils ne pensent qu'à ça. Ils leur donnent une alimentation spécifique, une nourriture saine, variée, abondante. Ils les entraînent quotidiennement, développent leur ardeur et leur adresse, qualités indispensables à la victoire au combat. Les coqs sont d'abord élevés en groupe et peu à peu ils sont enfermés dans des cages individuelles. Une solitude complète décuple leur agressivité.

Les premiers combats commencent vers l'âge de 1 an. Ils se déroulent dans une salle appelée gallodrome.

Les coqueleux mettent les coqs face à face, les excitent et les lâchent dans le ring, au milieu des cris des parieurs. Les deux coqs s'affrontent dans un parc cerclé d'une barrière grillagée pendant six minutes. Ils se battent à coups de bec et d'ergots coupés et armés d'un aiguillon tranchant. « Des hommes gesticulent, se parlent avec les doigts. Un langage des signes, une langue qui fait loi. Vancappel, attentif, suit de près les débats car son coq, aujourd'hui, livre son dernier combat. Il tiendra trois minutes debout, sang dans la gave avant de s'en aller, de mourir apaisé, et de ne plus chanter au mont des Oliviers », Gérard Dhesse.

J'ai souvenir d'avoir vu un coqueleux qui avant le combat, après avoir bu du genièvre, l'avait recraché dans le bec de son coq pour l'exciter.

Pour les amateurs de combats de coqs, c'est un très beau spectacle familial. Pour les défenseurs des animaux, c'est un acte de barbarie.

La construction de nouveaux gallodromes est aujourd'hui interdite, et les combats de coqs tendent à disparaître. « Quand un gallodrome ferme, il n'y a personne pour le reprendre. C'est pas rentable et ça n'intéresse pas les jeunes », nous confie Jean-Louis, coqueleux.

Tant mieux pour les coqs.

Compiègne

Compiègne, cité royale et impériale, se situe dans l'Oise, au confluent de l'Aisne et de l'Oise.

Le palais de Compiègne, bâti par Louis XV et Louis XVI, est réaménagé par Napoléon Ier et Napoléon III. Avec Versailles et Fontainebleau, c'est l'une des trois plus importantes résidences royales et impériales françaises.

Napoléon III et l'impératrice Eugénie y séjournent régulièrement en automne pour la chasse. Ils organisent les fameuses « séries de Compiègne ». Chaque semaine, ils accueillent une centaine d'invités, l'élite de la société : têtes couronnées, politiques, artistes, scientifiques…

C'est là, par un après-midi pluvieux, que Mérimée compose sa fameuse dictée pour distraire le couple impérial et ses convives. Napoléon III aurait fait 75 fautes, l'impératrice Eugénie 62, Alexandre Dumas 24, l'ambassadeur d'Autriche, Metternich, 3.

Le parc actuel du château de Compiègne, créé par Napoléon Ier, est un jardin remarquable. L'impératrice Marie-Louise se plaint que la vue, depuis la terrasse du château, n'est pas dégagée, bouchée par la forêt. Par amour pour son épouse, Napoléon Ier fait abattre des arbres et crée une superbe allée longue d'un peu plus de 4 kilomètres et large d'une soixantaine de mètres qui part du château et va jusqu'au milieu de la forêt.

Pour lui faire une surprise, il laisse une bande de plusieurs arbres qu'il fait abattre pendant la nuit, pour ouvrir la trouée. A son réveil, elle découvre l'allée des Beaux-Monts.

La forêt de Compiègne est l'une des plus belles forêts de France. A l'automne, elle est belle comme un incendie. Une forêt de hêtres et de chênes, parsemée d'étangs et d'arbres remarquables, l'if de Saint-Pierre-en-Chastres, plus de 900 ans, le chêne de Saint-Jean, près de 800 ans, le cèdre Marie-Louise… La forêt est sillonnée par plus de 1 000 kilomètres de routes et de sentiers. On compte 310 panneaux aux carrefours pour s'y orienter. Sur chacun d'eux se trouve un trait rouge qui indique la direction du palais, une idée de Napoléon III pour que l'impératrice Eugénie ne se perde pas.

La route Eugénie, longue de 13 kilomètres, relie le palais de Compiègne à Pierrefonds. On y découvre des villages pittoresques : Saint-Jean-aux-Bois, Vieux-Moulin, le pavillon de chasse Eugénie, les étangs Saint-Pierre…

Dans la forêt de Compiègne, le brame du cerf est une institution. Chaque année, en septembre, sont organisées des sorties nocturnes pour écouter le brame. Au nord de la forêt se trouve la clairière de l'Armistice, un endroit discret capable d'accueillir deux trains. L'armistice de 1918 est signé le 11 novembre à 5 h 15, entre les Alliés et les Allemands dans un wagon du train du maréchal Foch. Vingt-deux ans plus tard, la clairière est le théâtre d'un nouvel armistice, celui du 22 juin 1940, parodie du précédent. A la demande de Hitler, désireux de laver l'humiliation de 1918, il est signé dans le même wagon, replacé au même endroit. Le wagon sera emporté en Allemagne et brûlé en 1945.

Aujourd'hui, on peut visiter un wagon similaire, l'intérieur est reconstitué comme en 1918. Le musée de l'Armistice retrace l'histoire des deux grands conflits mondiaux.

J'ai fait mes classes à Compiègne, dans l'armée de l'air, j'ai perdu mon fusil dans la forêt, pendant les manœuvres.

Je crains de ne pas laisser une trace dans l'histoire…

Corot, Camille

Il a parcouru la France en marchant, en quête d'émotions visuelles, il a peint 3 000 tableaux, il a montré une France idéale, dans laquelle le Nord fait bonne figure (*Le Havre, la mer du haut des falaises*, *Souvenir de Mortefontaine*, *Le Beffroi de Douai*, *Près d'Arras*, *Dunkerque, vue du port de pêche*, *Souvenir de Coubron*, *Les Bûcheronnes…*).

En 2013, une exposition exceptionnelle, « Corot dans la lumière du Nord », réunit, au musée de la Chartreuse, à Douai, 130 de ses œuvres.

Douai qui a donné son nom à un lycée.

Les jeunes Douaisiens ont pu ainsi entendre le nom de ce grand peintre, et peut-être avoir la curiosité de découvrir ses œuvres.

Peintre parisien, Corot a découvert le Nord en 1851, grâce au peintre arrageois Constant Dutilleux. Il découvre la région, sa population et les artistes peintres du coin avec lesquels il se liera d'amitié.

Il est de plus en plus attiré par une peinture qui doit plus à l'imagination qu'à l'observation.

La réalité, dont il fait des croquis, devient un prétexte à des paysages rêvés, baignés d'une lumière argentée, une grisaille lumineuse unique, qui leur donnent une infinie poésie.

Il annonce l'impressionnisme.

Loin de l'artiste tourmenté et égocentrique, il était un homme très généreux, il donnait sans compter pour aider les autres. A Daumier, devenu aveugle et sans ressources, il a offert une maison, et à la veuve de Millet de l'argent.

Il est mort à 78 ans. Il a bien fait de venir sur terre.

Si un généreux donateur me proposait de m'offrir un tableau, je crois que je choisirais : *Près d'Arras. Les Bûcheronnes*. Il est au musée d'Orsay, il permet à tous les visiteurs de constater que ch'Nord, ché biau.

Côte d'Opale

C'est à Edouard Lévêque, peintre touquettois, écrivain, botaniste, que le littoral du Nord-Pas-de-Calais doit son nom de Côte d'Opale.

En 1911, il écrivait : « Y a-t-il dans la nature quelque chose qui possède cette diversité de coloration sans cesse changeante ? Oui, il y a l'opale, cette pierre précieuse aux tons laiteux, qui jette tour à tour la série des éclats de vert et de rouge. Qu'à la Côte d'Azur, la Côte d'Emeraude et la Côte d'Argent vienne s'ajouter désormais la Côte d'Opale, la nôtre. »

De la frontière belge à la baie de l'Authie, sur près de 140 kilomètres, s'étend un paysage étonnant, encore sauvage. De vastes et longues plages de sable fin, parmi les plus belles de France, souvent sur plus de 10 kilomètres de long, un chapelet de dunes avec leurs oyats, de hautes falaises escarpées font tout le charme de la Côte d'Opale.

C'est une côte sublime, vivante, stimulante, changeante selon les couleurs du temps.

« Qui accuse de monotonie les plages du Nord n'a pas vu les fluctuations incessantes des lumières entre mer et ciel, plutôt que des couleurs, les nuances du gris, du bleu, du vert, du noir aussi », écrit Pierre Dhainaut, poète et écrivain.

La Côte d'Opale a inspiré de nombreux peintres : Eugène Boudin « le roi des ciels », Edouard Manet, Francis Tattegrain... des écrivains : Michel Quint, Nathalie Ribault (*Carnets de la Côte d'Opale*), Maxence Van der Meersch...

« Cette région est merveilleuse. Elle a quelque chose qui émeut. Ses dunes sauvages, sa mer, les soleils couchants devant lesquels je reste en extase, les bois aux essences variées, le souffle puissant de la tempête, l'air vivifiant du grand large, tout cela est pour moi une nourriture dont j'ai besoin », Maxence Van der Meersch.

Le site des deux caps, Blanc-Nez et Gris-Nez, fait partie des Grands Sites de France depuis 2011. Ce site offre beaucoup de sentiers de promenade. Du cap Blanc-Nez, on peut apercevoir les côtes anglaises.

De pittoresques villages de pêcheurs, devenus des stations balnéaires très prisées : Wissant, Audresselles, Ambleteuse, Wissant, Audinghen, le village de Raoul de Godewarsvelde qui chante :

Tout près du cap Gris-Nez, quand j'ai fini d'pêcher
On s'retrouve chez Léonce, on est onze
On mesure les poissons, en vidant des canons
Et l'on pass' vit' le cap, car ça tape

Bientôt plus d'cap Gris-Nez, encore moins d'cap Blanc-Nez
Ce qu'on voit, c'est nos nez tout roug'

« Quand la mer monte »

Bruno Dumont y a tourné *Ma loute* dans la baie de la Slack, et *P'tit Quinquin* à Ambleteuse et Audreselles.

La Côte d'Opale est fréquentée par une population nombreuse et mélangée, les Groseille et les Le Quesnoy s'y cotoient.

Les Le Quesnoy plutôt au sud, les Groseille au nord.

« Même allongés sur le sable, à moitié nus devant la mer, ils restent différents. Monsieur Le Quesnoy porte un bermuda en lin, monsieur Groseille un short en solde.

Au soleil monsieur Le Quesnoy bronze, monsieur Groseille rougit. Sur la plage monsieur Groseille dort la bouche ouverte en écoutant son transistor, monsieur Le Quesnoy sous un parasol de toile écrue, scrute la mer avec des grosses jumelles noires, il regarde son grand fils qui fait su ski nautique, monsieur Groseille regarde son grand fils qui fait le con.

Quand une mouette défèque en plein vol, ça ne tombe jamais sur monsieur Le Quesnoy, toujours sur monsieur Groseille.

Monsieur Le Quesnoy est au Touquet, monsieur Groseille à Malo-les-Bains. »

Coucy-le-Château

Coucy-le-Château est une commune située dans l'Aisne, à l'ouest de Laon. Elle est connue pour les impressionnants vestiges de son ancienne cité fortifiée. Située sur un promontoire, elle surplombe les vallées de l'Oise et de l'Ailette.

Coucy était la principale place forte médiévale du nord de la France. La forteresse date du XIIIe siècle, c'était le château d'une puissante famille de Picardie, les sires de Coucy. Enguerrand III, sire de Coucy, voulant rivaliser avec les rois de France, en fait l'une des plus remarquables forteresses de l'Occident médiéval avec un donjon haut de 54 mètres, le plus beau d'Europe.

« Roi ne suis, ni prince, ni duc, ni comte aussi. Je suis le sire de Coucy. » Telle était sa devise.

La forteresse fut partiellement démantelée à partir du XVIIe siècle, mais conserva des restes considérables. Avant la Grande Guerre, le château de Coucy était le troisième site le plus visité après Versailles et le Mont-Saint-Michel.

Pendant la Première Guerre mondiale, les Allemands ont occupé la ville de Coucy pendant trois ans. Au moment de la quitter en 1917, ils se sont acharnés, sans raison militaire, à détruire le site et en particulier l'énorme donjon, à l'aide de 28 tonnes d'explosifs.

La cité fortifiée de Coucy-le-Château conserve de son glorieux passé ses remparts flanqués de demi-tours rondes, son chemin de ronde, trois portes fortifiées. Une promenade sur les remparts permet de découvrir la gloriette, le jardin médiéval, l'église, un parc animalier et de superbes panoramas.

Une association créée en 1972 a pour but de sauvegarder et de mettre en valeur le château et le site de Coucy-le-Château. Beaucoup de chantiers sont organisés.

Depuis 1990, un superbe son et lumière est proposé, au mois de juillet, dans la cité médiévale, avec plus de 300 bénévoles, un spectacle qui fait revivre les riches pages de l'Histoire. Et, au mois d'avril, le temps d'un week-end, ce sont les Seigneuriales de Coucy, une grande foire médiévale et un marché artisanal.

Coulonneux

Le colombophile est une personne qui aime les pigeons, mais attention, en tout bien tout honneur…

Les colombophiles étaient nombreux dans le Nord, dans les corons il y avait beaucoup de pigeonniers. La colombophilie est un sport populaire et démocratique qui ne coûte pas cher, un pigeon mange moins qu'un cheval.

C'était le passe-temps favori des mineurs, ils organisaient des concours de pigeons voyageurs. Les pigeons étaient lâchés loin de chez eux et on notait l'heure de leur retour dans le pigeonnier. On se servait d'une boîte avec une horloge dans laquelle on devait introduire la bague du pigeon, on l'appelait « constateur », car elle constatait l'heure d'arrivée du pigeon.

L'entrée du pigeonnier était munie d'une sonnette qui retentissait quand le pigeon rentrait. Il arrive encore, à d'anciens coulonneux, de dire, pour rire, quand le téléphone sonne : « Tiens, un coulon su l'rappe. »

Court-métrage sur le Nord

Lors de la sortie du film *Germinal*, le conseil régional du Nord-Pas-de-Calais avait lancé un appel d'offre pour la réalisation d'un court-métrage qui devait passer avant le film *Germinal*.

« Ce court-métrage devra être un "contrepoint" à la vision historique de *Germinal*. Il devra aussi contribuer à faire exploser les clichés et les idées préconçues qui entourent encore l'image de la région Nord-Pas-de-Calais et devra ainsi surprendre les spectateurs français par la découverte d'une autre vision de la région. » J'ai déposé un projet, il a été retenu, mais, faute de budget, il n'a jamais été tourné.

J'ai retrouvé le scénario.

IMAGE

Vues aériennes, ciel bleu, images de la mosaïque multicolore des champs, les collines de l'Artois, le Boulonnais verdoyant, la côte gris-bleu, le cap Gris-Nez, le massif ardennais vert foncé…

SON

Sous un ciel bas et lourd, le Nord déroule 12 400 kilomètres carrés de désolantes platitudes. Terre ingrate, paysages d'une monotonie accablante.

IMAGE

Vues aériennes des belles villes du Nord, Arras, Bergues, Lille, Boulogne, Hesdin, Montreuil, Laon.

SON

Les villes du Nord alignent le long de ruelles nauséabondes aux pavés gras leurs corons noirs, litanie de petites maisons sombres où s'entassent les familles nombreuses.

IMAGE

Travelling sur les façades pimpantes des maisons de pêcheur de la Côte d'Opale, façades du XVIIe du Vieux-Lille, les maisons des places d'Arras…

SON

L'homme du Nord est taciturne, obligé de trouver son oxygène dans les brouillards fuligineux des cités industrielles, il s'économise et parle peu, son regard est triste. A la loterie de la vie il pense avoir tiré le mauvais numéro : « Pourquoi je suis né dans le Nord ? », et ses poings se serrent pour une dérisoire révolte.

Courageux, il fait contre mauvaise fortune bon cœur, il siffle quelques petites bistouilles et part au travail en chantonnant « Le p'tit quinquin ».

IMAGE

Foule bigarrée de gens joyeux se rendant au travail. Des jeunes, des moins jeunes, des hommes, des femmes élégantes s'engouffrent dans le métro de Lille…

SON

Les populations laborieuses du Nord travaillent au centre de la terre, chaque matin l'homme descend dans la mine dont il ressort le soir, noir et fourbu.

Il rejoint le triste logis où une femme, vieillie avant l'âge, l'attend, devant l'éternel plat de pommes de terre.

IMAGE

Une jeune femme charmante, dans une cuisine ultramoderne, prépare un repas.

SON

La femme du Nord a été belle, mais les maternités successives l'ont usée. Ses mains, jadis fines et blanches, sont crevassées et violettes, séquelles des incessantes lessives faites à l'eau froide, qu'on va chercher par tous les temps, au fond de la cour.

IMAGE

Une jeune femme sous la douche rince ses cheveux, elle savonne des enfants turbulents…

SON

Alors que des mioches malingres aux yeux fiévreux s'accrochent à sa jupe de mauvaise laine, son regard bleu se noie dans les larmes. Elle écarte le rideau troué qui pend devant la vitre maculée de chiures de mouche, et regarde le ciel.

Des nuages lourds et menaçant se traînent dans la lumière livide d'un jour triste.

IMAGE

Jardin d'enfants, école maternelle, groupe d'enfants qui poussent un bateau sur les plages du Nord, pêchent des crevettes, font des châteaux de sable.

SON

Rappelée à la réalité par les cris des enfants affamés qui pleurent, elle quitte à pas lents la fenêtre.

Pourquoi dans le Nord on a beaucoup d'enfants quand on n'a pas beaucoup d'argent ?

Les hommes et les femmes du Nord n'ont pas beaucoup de distractions, ils vont rarement aux cinéma, ça coûte cher, et les films sont parfois interdits aux mineurs, alors faire des enfants, n'est-ce pas la seule distraction qui ne coûte rien ?

IMAGE

Des familles nombreuses épanouies se promènent sur la grand-place de Lille, font du shopping dans les beaux magasins, s'installent à la terrasse des cafés…

SON
Musique, Charles Trenet chante « Y a de la joie ».
En surimpression, avant le générique de fin :

Croyez ce que vous voyez,
pas ce qu'on vous raconte.

Coutteure, Ronny

Ronny est né à Wervicq en 1951.

Il fait ses études à Tourcoing. En 1970, il passe un bac littéraire et suit des cours de théâtre à Paris.

En 1974, il revient dans le Nord. Il joue dans *Candide* de Voltaire, au Théâtre populaire des Flandres, sous la direction de Cyril Robichez.

Il aime la bière et la littérature du Nord.

Il sait être irrésistible en même temps que bouleversant.

J'ai souvenir de lui dans un film de 1976 de Maurice Failevic *Journal d'un prêtre ouvrier* où il était prodigieux de naturel et vous arrachait des larmes.

J'ai souvenir de ses prestations désopilantes dans *Merci Bernard* et *Palace*, de Jean-Michel Ribes.

Je lui ai confié le rôle principal d'un petit film que je tournais pour la télévision, *La Sirène des Grisards*. Nous avons tourné au cap Gris-Nez, au Cran aux œufs. C'était l'histoire d'un pêcheur qui un jour ramenait dans son filet une sirène et s'en amourachait.

Une histoire d'amour surréaliste, que Ronny, avec son naturel, arrivait à rendre crédible.

Le scénario avait été écrit par deux auteurs du Nord, Serge Martel et Pierre Dupriez.

Il est mort volontairement le 21 juin 2000 à Fretin.

Sa bonhomie légendaire devait cacher une grande détresse.

Ce bon vivant avait le mal de vivre…

Crevettes

La pêche à la crevette grise se pratique sur les longues plage de sable. Une activité à laquelle on aime s'adonner en famille ou entre amis.

Autrefois, la pêche à la crevette était surtout pratiquée par les femmes et les anciens, c'était un complément alimentaire.

La pêche se fait en poussant le long filet dans l'eau jusqu'à la taille, en Belgique on le tire.

Oostduinkerke, sur la côte belge, est la dernière ville au monde où l'on pêche avec un cheval de trait belge, le brabançon.

Une pratique ancestrale qui date du XVIe siècle, inscrite au patrimoine immatériel de l'Unesco et qui attire beaucoup de monde.

Les crevettes grises en Belgique, c'est le caviar de la mer du Nord.

Depuis 2005, à Leffrinckoucke, près de Dunkerque, a lieu au mois d'août le championnat du monde de décorticage de crevettes grises. Il s'agit de décortiquer le maximum de crevettes en dix minutes.

Cent vingt concurrents s'affrontent. Un événement qui attirent des touristes venus de partout.

C'est Nicole, une Nordiste, qui détient le record du monde, 186 grammes de crevettes décortiquées en dix minutes. Elle a d'ailleurs gagné dix fois ce championnat.

Cela suscite des jalousies.

« Certains disent que c'est truqué, que je triche, que je suis amie avec le maire. » Pendant le concours, on entend parfois des commentaires du genre « Elle est dopée », raconte son mari. C'est lui qui supervise l'entraînement de sa championne, c'est son coach.

En 2017, la championne est détrônée par une autre Nordiste, à deux crevettes près.

« Je n'attendais que ça ! Je vais avoir droit à une petite année de repos ! », a annoncé Nicole, soulagée.

Critérium des as

Chaque année, après le tour de France, il y avait à Arras le Critérium des as. Les as, c'étaient les coureurs du Tour de France.

Papa, il était docteur des cyclistes, et il nous emmenait dans les courses.

Un jour, au Critérium des as, grâce à lui, on a pu serrer la main des champions. Il y avait Apo Lazaridès, Raphaël Géminiani, Jean Robic, Brambilla, Rik Van Stenbergen... Il nous a fait dédicacer leur photo, Yves-Marie, il a eu René Vietto, moi, j'ai eu Guy Lapébie.

Je me souviens encore des cuisses des coureurs. Elles étaient énormes, pleines de muscles et bronzées.

Quand je regardais les miennes, toutes blanches et maigres, des cuisses de poulet, j'avais honte, c'est pour ça que je voulais tellement mettre des pantalons.

Un jour, César Marcelak, un coureur cycliste, est venu à la maison pour consulter papa. Il est venu à vélo, il a laissé son vélo devant la maison. C'était un vélo brillant et léger comme une plume.

Ce jour-là, il a oublié sa musette, on a regardé ce qu'il y avait dedans. Il y avait une banane.

Avec mes frères, on voulait devenir des champions, on a demandé à maman de nous acheter des bananes.

Une année plus tard, en juin 1948, on a écouté à la radio la retransmission du championnat de France. C'est César Marcelak qui a gagné, ce jour-là papa a pleuré. Il était sensible, mon papa, surtout quand il avait des Byrrh dans le coco.

D

Dauby, Jean

Poète, il est né à Aulnoy-lez-Valenciennes en 1919.

Il a été instituteur, professeur, journaliste, il a mis son énergie à faire connaître le patrimoine valenciennois.

Au musée des Beaux-Arts de Valenciennes, il a effectué de nombreuses visites guidées.

Historien de la langue picarde, spécialiste du rouchi, le patois de Valenciennes, il a écrit *Le Livre du rouchi*.

Il a sorti de l'ombre les œuvres de Jules Mousseron, Georges Fidit et Séraphin Jurion (pas Lampion).

Il sera l'animateur du centre Froissart, et le rédacteur en chef de la revue poétique *Froissart*.

Il se veut un poète populaire, accessible à tous. Ses œuvres restent marquées par l'expérience qu'il a faite des camps de prisonniers, pendant la Seconde Guerre mondiale. *Les Ecrasés*, *Je te dirai l'homme*, *Psaumes pour la nuit qui vient*. Il a publié *Tout Cafougnette*, une réédition commentée des textes de Mousseron.

Dans *Mineur de fond* d'Augustin Viseux (Plon), il a publié les poètes de la mine.

Son action a été reconnue par tous.

« Je suis heureuse de saluer Jean Dauby, l'homme des chemins fraternels, le poète attentif à toute poésie », Andrée Chédid.

Déclarations d'amour au Nord
De deux lecteurs de *La Voix du Nord*

Tout petit déjà j'étais émerveillé par le ciel de ma région. Il y a beaucoup de belles choses dans le Nord qui sont aussi dans d'autres régions… Mais notre ciel, nos nuages, notre vent et nos couchers de soleil, cela, personne ne peut ni les copier ni nous les prendre. Ils sont bien à nous et uniques.

Une personnalité américaine de passage au Touquet aurait dit : « Vous avez le plus beau ciel du monde. »

Nous avons une richesse inestimable au-dessus de nos têtes. Les peintres flamands ont mis en valeur ces magnifiques paysages.

Quelqu'un des Capenoules avait dit une fois : « Le Midi, la mer d'huile, le soleil de plomb, c'est bien beau, mais trois ou quatre jours, il nous manque la vie du ciel du Nord. »

« Nord, je t'aime… Nord, tu me rends fort », Michel Raymond, 73 ans, Lozinghem.

« Mon Nord, mon or !

« Moi qui ai eu la chance de traverser la planète entière, je ne peux me détacher et oublier cette terre qui m'a toujours semblé promise, j'y suis né et là sont mes racines. Et pas dans n'importe quelle ville, pas dans la ville la plus joyeuse, la plus belle, je pense une des plus vraies, Roubaix.

« Quand il fait 14 °C le 15 août dans le Nord, on va au sommet du cap Blanc-Nez, on prend une rafale de vent en pleine gueule, on regarde les côtes anglaises et on se dit : il faisait bon aujourd'hui.

« Je ne pourrais jamais te dénigrer, chère terre natale, j'aurais toujours dans un coin de ma tête et au fin fond de mon cœur toutes ces images qui ont décoré ma jeunesse et construit ma vie, construit ce que je suis devenu.

« Des enfants multicolores à Roubaix dans mon école et au parc. Des soirées inoubliables à Tourcoing sur fond de fraternité avec effluves de merguez, la vieille ville de Boulogne, Arras la splendide, Lille et son âme, les longues et larges plages vivifiantes aux ressacs gris vert, de Dunkerque à Berck en passant par Calais. Les campagnes, les terrils, les gens, l'Histoire avec un grand H…

« Rassure-toi, terre sacrée de là-haut, ignore les préjugés, ignore les clichés, si tu as été si convoitée au fil des siècles, au fil des guerres, ça n'est pas pour rien », Frédéric Minnebo, conducteur de train sous la Manche.

Degans, Xavier

Xavier Degans, artiste peintre, aquarelliste, lithographe, sculpteur, est né à Dunkerque en 1949.

Enfant, lors d'un séjour prolongé à l'hôpital, il découvre le dessin, la peinture et la « sculpture » avec de la pâte à modeler. Sa mère se souvient : « Il faisait voler ses petits doigts, mettait deux coups d'ongles, et des yeux d'oiseaux s'ouvraient dans la pâte… »

De retour chez lui, il dessine sans relâche. Ce n'est pas un bon élève, il ne fait bien que ce qu'il aime, le dessin. « Il n'était pas sot, Xavier, c'était un rebelle. Il dessinait énormément et de façon extraordinaire… si on ne lui imposait rien », Robert Deniel, son instituteur.

A 17 ans, il entre dans l'atelier de Roger Chapelain-Midy à l'Ecole des beaux-arts de Paris. Il obtient la médaille d'or de la ville de Paris avec son tableau *La Naissance de Vénus de Malo.*

Il voue une admiration sans bornes à Dalí. Cela devient une obsession, il veut le rencontrer. Lors d'une visite de Dalí dans la capitale, Xavier se paie le culot d'aborder le peintre : « Maître, je vous attends depuis l'âge de 5 ans. » « J'ai dû avoir les bons mots. J'ai été invité à me rendre chez lui à l'hôtel Meurice. » Il montre deux de ses tableaux à Dalí. « Diaboliquement habile », dira le maître. Xavier devient un des familiers de Dalí qui l'invite, en Espagne, à participer à un grand tableau, *La Pêche au thon*, un des derniers chefs-d'œuvre du peintre. Dalí influencera la peinture de l'artiste.

Après ses études, il revient à Dunkerque et se met à peindre avec ardeur, des portraits, des marines, des paysages… Il expose ses toiles dans le sous-sol d'une librairie à Dunkerque, c'est un vrai succès.

Le thème de la solitude revient souvent.

« Je me sentais très seul étant jeune, j'étais dans mon monde, incompris par les miens, et j'errais dans le port ou sur la plage. »

Il commence à être connu et expose dans toute la France et à l'étranger. Il expose dans la galerie de Raphaël Mischkind à Lille. A 28 ans, il obtient le prix Léonard-de-Vinci.

Il aborde les thèmes de l'angoisse de la mort, du temps qui passe, de la fragilité des hommes, du dérisoire de la vie, mais qu'il peint avec humour et jubilation. Les paysages ont une place de choix dans l'œuvre de l'artiste.

« Le premier regard sur un tableau de Degans vous coupera le souffle. C'est en tout cas ce qui m'est arrivé », Bernard Azzaretti, comédien, professeur d'art dramatique à Dunkerque.

La lumière a une grande importance. « L'univers de Degans devient magique lorsque la réalité se pare des artifices du rêve et, devenue vision, s'enveloppe d'un habit de lumière », Raphaël Mischkind. Sa peinture évolue au fil des années. Il est aussi fasciné par Vermeer. Un de ses tableaux : *L'Introspection de Vermeer*.

Degans se soucie peu de sa notoriété. Il n'aime pas les honneurs, les récompenses. Son œuvre, plus de 3 500 toiles, est dispersée dans des collections privées et publiques. Il habite sur la digue de Malo-les-Bains devant la mer du Nord qu'il a si souvent peinte. « Comment ne pas s'émerveiller devant ces ciels du Nord, miraculeux de violence et de tendresse mêlées ? », Bernard Azzaretti. Aujourd'hui, il expose dans une petite galerie chez lui.

« Xavier Degans est comme cette mer du Nord, qui le réveille chaque matin à Malo-les-Bains : imprévisible et sincère », Jeff Levalleux, journaliste à *La Voix du Nord.*

Degroote, Annie

Annie Degroote est native du Nord (Hazebrouck). Ecrivaine, elle a reçu le grand prix des lettres de la Société des arts et des lettres de la ville de Lille.

La plupart de ses romans, une vingtaine, se situent dans le Nord, elle explore avec passion l'histoire de la région.

« Un peu comme une funambule, entre passé et présent, chacun parlant de l'autre, entre la rigueur historique que je m'impose et la part d'imagination romanesque… A travers l'histoire, j'aime lancer des passerelles entre hier et aujourd'hui, entre attachement aux racines et ouverture à la différence. »

Annie met en éclairage le passé avec des personnages tels l'abbé Lemire, Watteau, Yolande de Flandre, des lieux, Le Royal Picardie, des métiers, les maîtres verriers et les créateurs de géants.

Avec un patronyme flamand, Degroote signifiant « Le grand ». Née à Hazebrouck, « le marais aux lièvres », elle ne pouvait échapper à la Flandre. Ses ancêtres y sont implantés depuis le Moyen Age, Jan De Groot était bourgeois d'Ypres en 1440.

« Oui, je suis de ce bout de terre méconnue, qui remue d'autant le voyageur qu'il ne s'y attend pas. Comme tous les Nordistes, il s'est gravé en moi dès l'enfance, et y a laissé son empreinte avec tendresse et fierté.

« Je sillonnais les monts des Flandres en vélo. Que l'on ne me dise pas que la Flandre manque de relief.

« Le géant Tisie Tasie m'effrayait délicieusement, je me sentis très fière d'être sa marraine. Je me souviens que je levais mes petits bras pour crier "Jean Bart", je me sens fière de la flèche de l'église revenue sur son clocher grâce à mon père.

« La Flandre est méconnue, or dans les siècles passés elle fut très riche et convoitée.

« Je me sens bien dans le Nord, avec les carillons, les vélos, les ciels… »

Degros, Jean

Jean Degros, joueur international et entraîneur de basket, est une figure sportive connue et reconnue qui a marqué l'histoire du club de Denain. Il est né en 1939 à Pecquencourt, entre Douai et Denain. C'est un gamin du pays, petit-fils de mineur, très attaché à ses racines ch'tis. Il aime bien jouer au foot, mais son père lui dit que c'est trop dangereux.

« Mon père était instituteur à l'école Voltaire à Denain. C'est là que tout a commencé. » Pendant la récréation, les élèves jouent au basket, à l'AS Denain Voltaire. Le club de basket est créé par Jean-Marie Degros, son père, en 1947. Sept garçons habitant la même rue font partie du club, tous des copains. Jean Degros occupe le poste de meneur. C'est un meneur de caractère, reconnu pour sa fameuse coupe en brosse et ses dribbles époustouflants. Il va contribuer à porter haut les couleurs du club de Denain. Le club gagne la coupe de France en 1960 et entre définitivement dans l'histoire du basket français.

« C'est le début d'un grand parcours. » Il devient champion de France en 1965. L'équipe emmenée par Jean Degros avait une âme de guerrier, on les appelait « les frondeurs ».

Jean Degros sera sélectionné 149 fois dans l'équipe de France dont il sera le capitaine pendant sept ans. Son plus beau souvenir, ce sont les jeux Olympiques de Rome en 1960, il a pu y rencontrer les grandes stars du basket américain.

Il arrête de jouer à l'âge de 39 ans et devient entraîneur.

Une rue à Lesquin et onze salles de sport portent le nom de Jean Degros, à Marcq-en-Barœul, Comines, Pecquencourt, Denain… « Le basket, à Denain, c'est plus qu'une institution, c'est un sport ancré dans le cœur des Denaisiens. Alors, quoi de plus naturel que de lui attribuer le nom de Jean Degros ? », Patrick Leroy, maire de Denain.

Dentelle

Malgré leurs gros doigts, les gens du Nord savent faire dans la dentelle. Celle de Calais-Caudry a une renommée mondiale.

Elle est tissée à Calais puis à Caudry depuis deux cents ans.

Jusqu'au début du XIXe siècle, la dentelle se fait à la main, un travail au fuseau. Les premiers métiers à tisser Leavers, héritage de l'âge d'or de la dentelle anglaise, arrivent clandestinement en 1816 à Calais. « Les métiers Leavers, c'est de la mécanique de précision, comme la Rolls-Royce, qui paraît-il ne tombe jamais en panne », déclare la directrice marketing à Caudry. C'est le seul métier capable de reproduire le travail à la main des dentellières. Cette dentelle Leavers n'est produite nulle part ailleurs.

Intimement liée à l'âme du chic à la française, indissociable de l'élégance et de la féminité, elle se prête aussi à la créativité du design et de la décoration.

La dentelle est l'un des symboles du raffinement de la haute couture française. La dentelle de Calais-Caudry fascine les créateurs, Dior, Givenchy, Chanel…, séduit les plus grandes stars internationales, Hillary Clinton, Michelle Obama, Melania Trump, l'épouse de George Clooney, Kate Middleton…

La dentelle de Calais-Caudry a été oscarisée en 2014 pour les costumes du film *Gatsby le Magnifique*, l'adaptation du roman de Francis Scott Fitzgerald, avec Leonardo DiCaprio, magnifique dans le rôle de Gatsby.

Le musée de la dentelle à Caudry et la Cité de la dentelle et de la mode à Calais illustrent l'histoire de la dentelle à la main, du XVIe au XIXe siècle, retracent l'histoire de l'industrie dentellière du XIXe siècle à nos jours.

Ma sœur garde précieusement un bonnet de baptême en dentelle qui a été fait par une grand-tante, à une époque où, le soir, au lieu de regarder la télévision, on faisait de la dentelle.

Il a servi à toute la famille. Je l'ai même eu sur la tête.

Déprez, Louis

6 janvier 1921, à Lières, petite commune du canton d'Auchel, dans le Pas-de-Calais, naissance de Louis. Il pèse 5,5 kilos.

Son père Paul a 31 ans, il est mineur de fond, sa mère Laure a 32 ans, petite femme de 1,50 mètre qui pèse 45 kilos, moins de neuf fois le poids de Louis.

Paul, le père, a été un poilu de 14-18, il a connu les tranchées à Verdun, il se souvient : « On se battait au corps à corps. »

Il quitte la mine et s'installe comme marchand de poisson à Norrent-Fontes.

A 10 ans, il voulait être footballeur, le vélo l'attire aussi. Il est passionné par le Tour de France. Son favori, c'est Antonin Magne.

Quand Louis dit à sa mère : « Je ferais le tour de France », elle lui répond : « Tu as le cul bien trop lourd. »

Dans le village, Louis a un grand ami, Paul Brocvielle, le marchand de vélos. Paul raconte l'histoire du cyclisme aux gamins du village. Louis boit ses paroles, il retient plus facilement le nom des coureurs que les tables de multiplication et les règles de grammaire.

Son père décide de créer une cressonnière.

Il vend son cresson sur les marchés de Lens et Hénin-Liétard.

Louis quitte l'école à 13 ans pour le rejoindre.

Il choisit d'aller à vélo ravitailler en cresson les hameaux d'Auchel, de Marles, Bruay, jusqu'à Saint-Pol-sur-Ternoise.

Chaque matin, il charge 60 kilos de cresson sur son vélo et fait un circuit de 60 kilomètres.

Avant de quitter Saint-Pol, le vélo plus léger, Louis n'oublie jamais d'échanger à la pâtisserie trois bottes de cresson contre trois millefeuilles.

Le dimanche, il joue au football.

Pour imiter sa nouvelle idole, René Vietto, meilleur grimpeur du Tour de France 1934, il lui faut un vélo de course. « Achète-le avec tes économies », lui disent ses parents. A 15 ans, il achète son premier vélo de course et commence les compétitions.

En 1937, il est classé meilleur débutant des Flandres.

En 1942, il épouse Edwige Pluchard en l'église de Lillers. Il devient coureur professionnel en 46.

Il deviendra le coéquipier des plus grands, il participera cinq fois au Tour de France.

Il est mort en 1999 à Lillers.

Desplechin, Marie

« Je suis née et j'ai grandi dans un monde qui a disparu. Les usines ont fermé les unes après les autres. Les vitrines des commerçants ont été drapées de rideaux, et les boutiques logent des familles. On fait désormais des courses dans les hypermarchés, et il faut prendre sa voiture pour aller chercher du pain.

Les parvis des églises sont déserts le dimanche. Les cinémas ont fermé, des musées se sont ouverts. La vieille société industrielle a mis la clé sous la porte, et ses héritiers travaillent dur à entretenir ce qui reste du patrimoine. »

Marie Desplechin, journaliste et écrivaine, est née à Roubaix en 1959. Aînée d'une fratrie de quatre, elle y a passé toute son enfance. « Ce que j'ai de meilleur en moi s'est constitué dans mon enfance », dira-t-elle. Grands-parents, oncles, tantes, cousins, tous habitaient Roubaix.

« C'était une famille du Nord, les gens avaient toujours vécu là. Une ambiance de tribu avec un côté pesant et un autre extrêmement joyeux. »

Durant sa jeunesse, Marie lit beaucoup. « La lecture a été et reste le plus grand bonheur de ma vie… Je lisais n'importe quoi. La lecture m'apprenait à voir, à douter, à aimer. La lecture m'a aiguisée. »

Elle fait des études de lettres et de journalisme puis travaille dans la presse et la communication. Elle vient à la littérature un peu par hasard.

Dès 1993, elle publie des livres pour la jeunesse, *Le Sac à dos d'Alphonse*, *Rude Samedi pour Angèle*. Elle a écrit de très nombreux ouvrages, pour enfants et adolescents, qui mélangent humour et tendresse. « J'ai choisi la littérature jeunesse parce que je m'y sentais bien. » Six de ses ouvrages font partie de la bibliothèque idéale pour la jeunesse. *Verte*, *Satin grenadine*, *Séraphine*… Elle est l'une des romancières préférées des ados. Ils sont capables de quitter leur smartphone pour elle…

En 1995, elle rencontre son premier succès avec un livre pour adultes, *Trop sensibles*, recueil de huit nouvelles, huit femmes confrontées au choix dans l'amour.

Puis son premier roman *Sans moi*, une histoire de solidarité et d'amitié féminines. Grand succès en France et à l'étranger. En 2005, elle reçoit le prix Médicis essai pour *La Vie sauve*.

« Ses livres s'adressent tour à tour aux petits et aux grands. Mais tous ont une part d'enfance qui reste, selon l'écrivaine, le moteur de la création », *Télérama*.

Elle a écrit près de soixante-dix livres et travaille aussi comme journaliste pour différents magazines et participe à l'écriture de scénarios de film.

Son frère Arnaud est un remarquable réalisateur de films.

Le dernier livre de Marie s'intitule *La Rue de l'Ours.* Il est illustré par Serge Bloch.

Desrumaux, Martha

Martha Desrumaux, ouvrière, syndicaliste, résistante, déportée, féministe, est une figure emblématique du Nord. Une pasionaria à l'accent ch'ti.

Elle naît le 18 octobre 1897 à Comines, dans le Nord, dans une famille modeste. Elle commence à travailler à 9 ans. D'abord comme domestique dans une famille bourgeoise près de Lille, puis très vite ouvrière dans une usine textile à Comines.

A 13 ans, elle adhère à la CGT et, à 15 ans, aux Jeunesses socialistes. Elle lutte pour améliorer le salaire et les conditions de travail des ouvrières du textile.

En 1917, c'est l'exode, elle part travailler à Lyon et mène sa première grève. Elle a 20 ans, ne sait encore ni lire ni écrire, mais c'est elle qui signe (avec une croix ?) le protocole d'accord qui met fin au conflit, c'est une victoire. Elle comprend que c'est le collectif qui peut aider au règlement des conflits.

Elle consacrera sa vie à organiser des luttes contre l'exploitation des ouvriers dans les usines et pour défendre la cause des femmes.

Elle adhère au PCF en 1921. Le comité régional du parti dira d'elle : « Excellente militante, dévouée, active, excellente agitatrice. Remplit ses fonctions avec conscience et dévouement. »

Elle part pour Moscou pendant seize mois pour suivre des cours à l'Ecole internationale Lénine. Les débuts sont difficiles : « Des heures assise à lire et à écrire. Au début, j'en avais mal au poignet, j'en aurais pleuré. » A l'issue de son séjour, un rapport l'évalue ainsi : « Camarade intelligente. Elle est enthousiaste et d'un dévouement illimité pour le parti. Bonne pour le travail de masse dans les milieux textiles du Nord. Confiance absolue. »

De retour en France, elle est le fer de lance de toutes les luttes ouvrières dans le Nord-Pas-de-Calais. Elle sera l'une des organisatrices de la marche des chômeurs de Lille à Paris, 240 kilomètres à pied, pour réclamer du travail et du pain. En 1936, elle participe aux accords de Matignon, elle est la seule femme.

Durant la Seconde Guerre mondiale, elle entre dans la Résistance française. Elle est arrêtée en 1941 et déportée en 1942 dans le camp de concentration de Ravensbrück. Durant sa détention qui dure trois ans, elle organise avec Geneviève de Gaulle-Anthonioz et Marie-Claude Vaillant-Couturier une résistance dans le camp pour aider les plus faibles.

« Il peut paraître vain de parler de résistance dans un camp de concentration. Il est vrai que l'immense masse des détenues était amorphe, affaiblie... Mais il est certain aussi que de cette masse se dégageait une sorte de bouée qui surnageait et à laquelle les faibles se raccrochaient. »

« Martha galvanisait les jeunes femmes par son ardeur, son courage et ses mots réconfortants. Elle nous apportait l'espoir et nous permettait de tenir un peu plus », dira une ancienne déportée qui avait alors 11 ans.

Libérée en avril 1945, elle reprend ses activités au sein de l'union départementale de la CGT du Nord, elle est élue au conseil municipal de Lille en mai et députée du Nord en octobre.

En 1954, elle quitte ses responsabilités syndicales, elle s'occupe de la défense des déportés et continue à militer pour l'émancipation des femmes. Elle décède le 30 novembre 1982.

« Toute sa vie n'a été que luttes pour un monde meilleur et juste. »

Aujourd'hui l'association des Ami.e.s de Martha se bat pour que cette femme du Nord entre au Panthéon : « Martha Desrumaux, ce serait une ouvrière au Panthéon. »

Deulin, Charles

Il est né le 5 janvier 1827 à Condé-sur-l'Escaut, il était romancier, journaliste et critique dramatique.

Son père, culottier illettré, lui donne le prénom de Charlemagne, ce qui lui vaudra les railleries de ses camarades. Il le raccourcira en Charles.

Il fait ses études au collège de Valenciennes, dont il sort bachelier ès lettres avec le prix d'honneur. Il devient alors secrétaire d'un notaire valenciennois ami du sculpteur Carpeaux.

Après avoir fugué en compagnie de la fille d'un commerçant, il quitte Condé.

Il s'installe à Paris. Il collabore au *Figaro*, au *Monde illustré*, à *La Gazette du Nord*, au *Journal littéraire*, il écrit des contes.

Son premier recueil, *Contes d'un buveur de bière,* est bien accueilli.

Son roman *Les Amours de petite ville. Chardonnette* est un hommage à Condé, sa ville, un vrai roman du Nord qui découvre les liens forts que les personnages entretiennent avec les villes et villages de la région. Les enfants connus de Condé sont célébrés, le musicien Josquin des Prés, la Clairon, la plus grande tragédienne de son temps, et les inconnus de la campagne, le carioteux, fabricant de rouet, le baqueteux, batelier, le censier, fermier, la lavandière, le carbonnier, mineur.

La vie des Condéens de Deulin est rythmée par les ducasses, les braderies, les pèlerinages, les processions religieuses.

Deulin a su mêler le rouchi à ses textes, en l'expliquant et en le traduisant. Il a su donner à ce patois ses lettres de noblesse.

Les *Contes d'un buveur de bière* sont encore utilisés dans les écoles.

Devernay, Yves

Organiste et compositeur, il est né dans le Nord, à Tourcoing, le 9 mai 1937.

Son père était médecin et musicien amateur, il avait lui-même construit un orgue. Son oncle Edouard était organiste amateur à l'église Notre-Dame-des-Victoires à Trouville.

Il fut d'abord élève de Jeanne Joulain au conservatoire de Roubaix, puis à 21 ans il est entré au Conservatoire de Paris dans la classe de Rolande Falcinelli.

A 24 ans, il eut un premier prix d'orgue, il étudia avec Marie-Claire Alain, et fut souvent lauréat dans des concours internationaux.

A 28 ans, il était titulaire des orgues de l'église Saint-Christophe de Tourcoing.

Il fut professeur d'orgue aux conservatoires de Valenciennes et de Roubaix.

A 48 ans, il est nommé organiste de la cathédrale Notre-Dame de Paris, à la suite de la disparition de Pierre Cochereau.

Il est mort à Tourcoing, il avait 53 ans.

Une plaque commémorative est placée à l'entrée du cimetière de Mouvaux, où il repose.

Chez lui, une grande technique était associée à un talent certain pour l'improvisation. Il a aussi composé deux concertos pour orgue et un *Dialogue* pour piano et orgue.

Diligent, André

Homme politique du Nord. Il est né en 1919 à Roubaix, un 10 mai, il disait « le jour des catastrophes ».

Sa famille est profondément catholique. Il a fait ses études à Roubaix avant d'entrer à la faculté libre de droit de Lille.

Il est avocat et commence une carrière politique au lendemain de la Seconde Guerre mondiale. Mobilisé, il est affecté à Marrakech. Il rentre en France en 1942, il fait de la résistance. A la libération, il devient commissaire régional chargé de Radio-Lille.

En 1975, il est actionnaire du groupe Nord Eclair puis président de son conseil d'administration. Il est avocat à Roubaix et défend Mamadou N'Diaye, guérisseur renommé, accusé par l'ordre des médecins.

Il est le père d'une fille handicapée, Anne.

Il disait que c'était de cela qu'il parlait surtout avec de Gaulle : le handicap de leurs filles.

Il est député en 1958, et élu sénateur en 1965.

Puis, en 1979, député européen.

Il devient maire de Roubaix en 1983.

Il affrontera pendant plusieurs années la direction de *La Voix du Nord*, dont le titre était à l'origine celui d'un journal clandestin des résistants, pour leur rendre justice et les accepter dans ses actionnaires du journal. Ce long combat lui vaudra de ne jamais être cité dans *La Voix du Nord*, heureusement, il y avait *Nord Eclair*, pour lequel il n'était pas un inconnu.

C'était un bon vivant, il avait beaucoup d'humour. L'historien du Nord Pierre Pierrard l'appelait « le primitif flamand ».

Dodeigne, Eugène

Eugène Dodeigne est né en Belgique en 1923, il a vécu et travaillé à Bondues.

Il est mort à Linselles en 2015.

Son père, sculpteur de monuments funéraires, lui a appris le métier. D'abord influencé par Brancusi, il privilégie les volumes lisses. Puis il s'inspire de Giacometti et de Germaine Richier. Ses formes humaines taillées à vif, souvent massives, sont recueillies et expressives. Les visages sont souvent esquissés, les coups de la gouge restent visibles. C'est la masse qui compte. Il travaille une pierre qui vient de Belgique, la pierre bleue de Soignies.

Il connaît une reconnaissance internationale à 40 ans.

Ses œuvres peuplent beaucoup de villes et de musées du Nord : à Roubaix, à La Piscine, *L'Homme des neiges*, à Marcq-en-Barœul, à la Fondation Prouvost, le *Groupe de dix figures*, au palais des Beaux-Arts de Lille, le *Groupe des cinq*, au jardin des sculptures du LAAC, à Dunkerque, *Les Pleureuses*. En 1999, il apparaît dans le nouveau parc de sculptures du jardin des Tuileries à Paris.

Il est mort un 24 décembre.

Peut-être pour échapper aux fêtes de fin d'année…

Dubois, Pierre

Ecrivain, conteur et conférencier, il est né en 1945 à Charleville-Mézières.

Il passe son enfance dans la forêt ardennaise.

A 7 ans, il découvre les nombreuses légendes locales et prend conscience que la forêt est vivante.

Ses parents déménagent à Valenciennes, il doit quitter à regret sa forêt à laquelle il continue de rêver dans sa maison du Nord.

Il lit beaucoup, regarde des images, écoute de la musique et imagine des histoires.

Son père, dessinateur industriel, ne voit pas d'un très bon œil ce trop-plein d'imagination. Sa mère, en cachette de son père, l'emmène, le jeudi, au cinéma. Il voit les grands films en Technicolor, *Robin des bois*, les *Tarzan*, *Ivanhoé*, qui le font rêver.

Il est un très mauvais élève. Tout ce qu'on lui apprend à l'école ne l'intéresse pas.

Il cultive son jardin secret, dévore les bandes dessinées.

Il a une passion pour les livres, même les dictionnaires.

On m'a confié, récemment, qu'il rêverait d'écrire un *Dictionnaire amoureux du merveilleux*.

Adolescent, il commence à dessiner, à écrire, à inventer des histoires. Il veut être écrivain.

Ses professeurs lui reprochent son imagination débordante. Il continue à lire avec passion, il découvre l'écrivain belge Jean Ray, qui l'entraîne dans le fantastique.

Provocateur, il s'habille en noir pour témoigner de son mal de vivre.

Il entre aux Beaux-Arts de Valenciennes, il dessine, il écrit toujours.

A 15 ans, il rédige à la plume d'oie un manuscrit sur parchemin qu'il veut faire éditer par Jean-Jacques Pauvert.

Il arrête ses études, se consacre à l'écriture et à l'illustration, et rencontre l'écrivain Claude Seignolle qui va l'initier au « merveilleux ».

En 1967, il quitte Valenciennes. Toujours habillé de noir et un corbeau sur l'épaule, il parcourt la France pour recueillir les légendes locales.

Il se prend de passion pour les fées et les lutins.

Grâce à un libraire de Lille, il entre à Radio-Lille, qui lui commande une série d'émissions sur la sorcellerie et les légendes locales.

La série durera trente ans, avec un succès jamais démenti.

Pour se qualifier, il invente un mot : « elficologue ». Il étudie les elfes, les nains, les gnomes, les farfadets… enfin, tout ce qui touche à la féerie, le merveilleux, le fantastique.

Son œuvre littéraire est importante. En 1992, il publie chez l'éditeur Lionel Hoëbeke *La Grande Encyclopédie des lutins*.

Puis *La Grande Encyclopédie des fées*, en 1996.

Et, en 2003, *La Grande Encyclopédie des elfes.*

Plus de nombreux autres ouvrages, bandes dessinées, pièces de théâtre, romans fantastiques...

Ce géant habite toujours le Nord. Il ne passe pas inaperçu. Habillé en pirate et toujours en noir, il continue à « enchanter » son public.

Dumas

A Villers-Cotterêts, dans l'Aisne, le musée Alexandre-Dumas retrace la vie et l'œuvre de trois générations de la célèbre famille Dumas.

Général Dumas (1762-1806)

Thomas Alexandre Davy de La Pailleterie, dit le général Dumas, est né à Saint-Domingue, aujourd'hui Haïti. Il est le fils d'un noble normand et d'une esclave noire d'origine africaine, Marie-Cessette Dumas. Il s'installe définitivement en France avec son père en 1776. Cet enfant métis né esclave aura un destin fabuleux, il deviendra à 31 ans général de division de l'armée française et fera une brillante carrière pendant la Révolution française.

C'est le premier général dans l'armée française à avoir des origines africaines et qui sera un héros républicain.

En 1792, il épouse Marie-Louise Labouret à Villers-Cotterêts. Il aura deux filles et un fils, Alexandre, le futur écrivain.

« Le plus grand des Dumas, disait Anatole France, c'est le fils de la négresse, c'est le général Alexandre Dumas de La

Pailleterie, le vainqueur du Saint-Bernard et du Mont-Cenis, le héros de Brixen. Il offrit soixante fois sa vie à la France, fut admiré de Bonaparte et mourut pauvre. Une pareille existence est un chef-d'œuvre auquel il n'y a rien à comparer. »

A la fin de sa vie, il se retire à Villers-Cotterêts et vit modestement. Il décède en 1806. Son fils Alexandre a alors 4 ans.

Alexandre Dumas (père) (1802-1870)

« Je suis né à Villers-Cotterêts, petite ville du département de l'Aisne, située sur la route de Paris à Laon, à deux lieues de La Ferté-Milon, où naquit Racine, à sept lieues de Château-Thierry, où naquit La Fontaine » (*Mes Mémoires*).

« Je suis né le 24 juillet 1802, rue de Lormet, dans une maison appartenant aujourd'hui à mon ami Carlier, qui voudra bien me la vendre un jour, pour que j'aille mourir dans la chambre où je suis né, et que je rentre dans la nuit de l'avenir au même endroit d'où je suis sorti de la nuit du passé » (*Mes Mémoires*).

Il vivra à Villers-Cotterêts jusqu'en 1822 avec sa mère. Mais les années seront difficiles pour la veuve et son fils. A 20 ans, il part pour Paris pour échapper à la pauvreté et débute une carrière littéraire. Il commence à connaître le succès en 1824 avec l'un de ses vaudevilles, *La Chasse et l'Amour*. Il écrira plus de 300 œuvres dont *Les Trois Mousquetaires, Vingt Ans après, Le Comte de Monte-Cristo, La Reine Margot.*

Il aura un fils (naturel) qui s'appellera aussi Alexandre, qui sera romancier et dramaturge, et qui connaîtra, comme son père, un grand succès, notamment avec *La Dame aux camélias* et deux pièces de théâtre : *Le fils naturel* et *Un père prodigue.*

L'homme après l'enfant vénérera son père d'un amour idolâtre. Il écrira : « Mon père est un grand enfant que j'ai eu quand j'étais tout petit. »

Ce père aura une grande influence sur son œuvre.

Il subira souvent les sarcasmes racistes de ses contemporains.

« Mon père était un mulâtre, ma grand-mère était noire et mon arrière-grand-père était un singe. Vous le voyez, ma famille commence là où la vôtre finit », rétorquera-t-il à l'un de ses contradicteurs.

Il décède en 1870 à Puys, près de Dieppe. Sa dépouille est transférée au Panthéon en 2002.

Dumont, Bruno

Il est né en 1958 à Bailleul.

Il prépare l'IDHEC mais échoue au concours d'entrée, un point commun que j'ai avec lui.

Il suit à Lille des études de philosophie, puis enseigne la philosophie à Hazebrouck.

En 1993, il réalise un court-métrage, *Paris*, et écrit pour la télévision des documentaires.

En 1997, il réalise *La Vie de Jésus* (prix Jean-Vigo).

Puis *L'Humanité*. Viendront ensuite *Flandres*.

Et *Camille Claudel*, avec Juliette Binoche.

Il réalise pour Arte la série *P'tit Quinquin*.

En 2016, il réalise *Ma loute*, comédie policière où Juliette Binoche et Fabrice Luchini se déchaînent.

Son regard sur l'humanité n'est pas tendre, il choque, il dérange. Son impassibilité apparente rend ses œuvres bouleversantes et irrésistibles. Avec lui, la connerie devient féerie.

Certains de ses personnages semblent échappés des tableaux de Brueghel, ou peints par Jérôme Bosch et être des grotesques antiques.

Il combine la farce et le tragique.

Il filme merveilleusement les paysages du Nord.

Il arrive à donner du relief au plat pays.

Bonne surprise, la désopilante série *P'tit Quinquin* va avoir une suite. *CoinCoin et les Z'inhumains*, diffusé en septembre 2018 sur Arte.

Duquesne, Jacques

Journaliste et écrivain, Jacques Duquesne est né à Dunkerque en 1930.

Son grand-père travaillait à l'fosse de Carvin.

« Voici un siècle, il faisait des kilomètres à pied, matin et soir, pour aller s'enfoncer dans la terre : la mine lui permettait de gagner chaque jour un franc de plus qu'il en eût reçu dans une filature ou dans une savonnerie. »

Il appartient à la JEC, Jeunesse étudiante chrétienne, il monte à Paris, il travaille à *La Croix* comme grand reporter, puis à *Panorama chrétien* et à *L'Express*.

Il participe à la fondation du magazine *Le Point* dont il devient le rédacteur en chef, il est ensuite directeur des publications de *La Vie*.

De 1985 à 1990, il sera PDG du *Point*.

« Peut-être faut-il avoir quitté le Nord pour mesurer la force des liens qui nous y ramènent ? J'écrirais presque que cette région est comme le bonheur : on ne sait son prix que quand on l'a perdu. »

Il a écrit une vingtaine de livres, des scénarios pour la télévision.

Maria Vandamme, tiré de son roman qui avait obtenu le prix Interallié, a rencontré un très grand succès et a obtenu un Sept d'or en 1989.

Homme chaleureux au grand cœur, il a plein d'humour et les yeux qui pétillent.

Si on évaluait sa richesse humaine, il serait milliardaire.

En 1999, il a écrit *Dieu expliqué à mes petits-enfants*.

J'aurais bien aimé l'avoir comme grand-père, il donne envie de croire au bon Dieu.

Dutilleux, Henri

Musicien français né en 1916 et mort en 2013.

Il est l'arrière-petit-fils de Constant Dutilleux, peintre de l'école d'Arras. Il a passé son enfance dans le Nord.

En 1926, il entre au conservatoire de Douai, où il suit des cours d'harmonie.

En 1933, il entre au Conservatoire de Paris, en 1938, et obtient le premier prix de Rome avec sa cantate *L'Anneau du roi*

Son œuvre est orchestrale, internationalement connue, et jouée dans le monde. Le concerto pour violoncelle *Tout un monde lointain*… nous plonge dans un monde onirique qui est celui de l'imaginaire baudelairien.

Il s'en est expliqué longuement. L'œuvre fut dès sa création pleinement acceptée par le public.

Elle est devenue de plein droit un classique du XXe siècle que Rostropovitch, son commanditaire, a interprété avec intensité.

Son chef-d'œuvre absolu est *Les Métaboles*, où son lyrisme flamboyant et son écriture raffinée donnent l'une des partitions d'orchestre les plus jouées. L'interprétation par Charles Munch et l'orchestre national de l'ORTF en 1967 est exceptionnelle.

E

Ecole d'Arras

Si pendant les guerres Arras a fabriqué des héros, la paix revenue, ce sont souvent les artistes qui ont participé à son rayonnement.

Il y a eu les poètes, il y a eu les peintres.

En même temps que de nombreux peintres se réunissaient à Barbizon, l'école d'Arras apportait sa contribution à une époque où les peintres de paysage, entre fin du romantisme et avènement de l'impressionnisme, se cherchaient.

L'école d'Arras rassemble autour de Camille Corot Charles Desavary, né à Arras, Constant Dutilleux, né à Douai, arrière-grand-père du compositeur Henri Dutilleux, Alfred Robaut, né à Douai, Gustave-Henri Colin, Désiré Dubois, Xavier Dourlens, Henri Arthur Bonnefoy, né à Boulogne-sur-Mer, et Eudes de Retz.

Au XIXe, Arras devient un foyer artistique actif, il y a de nombreux cours de dessin et de peinture dans les écoles et collèges, une académie, un musée.

Les paysages des peintres de l'école d'Arras baignent dans la lumière du Nord.

Sans toujours être à la hauteur du maître Corot, leurs tableaux ont un charme certain, on peut les découvrir au musée d'Arras (*Bord de Scarpe, effet du matin*, de Constant Dutilleux, *La Porte d'eau et le Pont de grès à Arras*, de Charles Desavary).

Endive

L'endive est appelée chicorée de Bruxelles ou chicon, perle du Nord.

La légende veut qu'elle soit née en Belgique en 1850 grâce à un paysan malhonnête qui avait caché ses racines de chicorée sauvage dans sa cave pour échapper à l'impôt sur les récoltes.

Au bout d'un moment, des feuilles auraient poussé, blanches comme les baigneuses qui ont passé leurs vacances à Malo-les-Bains.

Depuis, le nord de la France est devenu la première région au monde de production d'endives, devant la Belgique et les Pays-Bas.

L'endive se cuisine au gratin : endives braisées enveloppées d'une tranche de jambon et nappées de sauce béchamel, pour l'endive ch'ti, on remplace l'emmental par du maroilles. La chtiflette est une tartiflette avec endives et pommes de terre.

L'endive n'a pas une belle vie, elle passe sa jeunesse dans l'obscurité, elle s'ennuie, elle ne peut pas lire et, quand on la sort, c'est pour l'ébouillanter.

Estaminet

A l'origine, c'était un café populaire situé dans le nord de la France et en Belgique, un lieu convivial où l'on se retrouvait après le travail, on fumait, on discutait autour d'une bonne bière. Seuls les hommes y étaient autorisés. « Ce petit estaminet tranquille, avec son arrière-salle déserte, si commode, et les grosses tables de bois mal équarries », Bernanos.

Il pouvait servir aussi comme lieu de rendez-vous pour un syndicat ou des associations locales, les coulonneux, les bourleux…

C'était un lieu de détente pour les ouvriers. Mon papa, qui n'était pas ouvrier mais docteur, ne crachait pas dessus.

Au sorti de la fosse
C'était l'estaminet
Qui défendait la cause
De ce monde ouvrier.

C'est le bistrot du mineur
Où l'on parle ch'timi
Les hommes tout en sueur
Y dégustent leur demi

Henri Raimbaut

Aujourd'hui, il y a un peu plus de 300 estaminets dans le Nord-Pas-de-Calais. Jusqu'au milieu du XXe siècle, ils étaient bien plus nombreux. Peu à peu, ils ont disparu pour renaître à la fin du XXe siècle. Ils sont devenus des auberges, des tavernes, on y sert des plats et boissons typiques de la région. On peut y trouver des jeux traditionnels : le bouchon, le trou-madame, le billard Nicolas, la grenouille…

Ils sont souvent installés dans des maisons typiques, dans d'anciennes fermes ou d'anciennes granges. Tous s'emploient à faire revivre les traditions flamandes. Dans certains estaminets, on se retrouve vraiment au milieu du siècle dernier, avec de grandes tablées.

Le charme d'un estaminet, c'est son cadre, son ambiance, sa simplicité, sa convivialité. Une attention toute particulière est apportée à la décoration pour rendre ces lieux chaleureux : cheminées rustiques, comptoir en bois, objets anciens, vieux ustensiles de cuisine suspendus, carreaux de faïence, branches de houblon séché au plafond, fagots de lin…

Les estaminets, endroits uniques, se trouvent dans les villages, ou perdus en pleine campagne.

A Godewaersvelde, c'est le Met Blauwershof (le repaire des fraudeurs). De Vierpot (le pot-au-feu), à l'ombre d'un moulin, à Boeschepe.

Le Saint Erasme à Sercus, L'Estaminet de l'ancienne maison commune à Hondeghem, la Taverne du Westhoek (à l'ouest de la Flandre) à Quaëdypre… Difficile de tous les énumérer, difficile de retenir leurs noms compliqués, mais, quand on y est allé une fois, on ne les oublie pas…

F

Filles du Nord

J'ai beaucoup aimé les filles du Nord, surtout les blondes, au teint pâle et aux yeux clairs…

J'avais une envie folle de les « embrasser à bouquette » (embrasser sur la bouche).

Il y a eu beaucoup de Miss France chez les filles du Nord.

En 2001, Elodie Gossuin, née à Reims en 1980, qui fut d'abord Miss Picardie.

Elle mesurait 1,78 mètre et pesait 56 kilos.

Ses mensurations : 85/60/85.

En 2007, Rachel Legrain-Trapani, née à Saint-Saulve, près de Valenciennes. Elle mesurait 1,72 mètre et pesait 60 kilos.

Ses mensurations : 90/62/90.

En 2015, Camille Cerf, née à Calais, comme moi, mais cinquante ans plus tard. Elle fut d'abord Miss Nord, elle mesurait 1,80 mètre et pesait 66 kilos.

Ses mensurations : 83/60/90.

En 2016, Iris Mittenaere, née à Lille en 1993. Elle fut d'abord Miss Nord-Picardie puis Miss France, ensuite elle devint Miss Univers

Elle mesurait 1,72 mètre, elle pesait 61 kilos à ce qu'on dit, je n'ai jamais eu la chance de la soupeser.

Ses mensurations : 79/60/ 80.

En 2018, Maëva Coucke, 1,76 mètre, 62 kilos.

Elle est rousse et a 90 de tour de poitrine.

Petit, j'étais nul en maths, je n'aimais pas les chiffres, je préférais les lettres, mais les chiffres de ce genre me plaisaient, ils me faisaient délicieusement rêver.

France 3 Nord-Pas-de-Calais

J'ai rendez-vous à la télévision de Lille. J'ai mis un blazer, une chemise blanche, une cravate écossaise, un pantalon en flanelle, gris. Je suis chic, je ne suis plus le cul-terreux du Pas-de-Calais. Les bureaux se trouvent boulevard de la Liberté, au numéro 36. C'est un gros hôtel particulier du XIXe, pompeux, avec une petite cour d'honneur fermée par une grande grille. La grille est ouverte, je gare ma 2CV dans la cour d'honneur.

J'entre à la télévision par la grande porte.

On me fait attendre dans le hall. Je regarde avec beaucoup d'émotion les gens qui passent.

Je suis impressionné, je reconnais un journaliste que je vois dans le poste tous les jours, peut-être bien Guy Salignon.

Il est plus petit en vrai.

Une demi-heure plus tard, une secrétaire vient me chercher. Elle me conduit au bureau du chef artistique, Bernard Grenié.

Il ne ressemble pas à un directeur, plutôt à un vieil étudiant nonchalant. Il a une clope au bec et les doigts jaunes.

Je parle de mon désir de faire du cinéma, d'écrire des scénarios de réaliser des films.

Je lui raconte ma préparation à l'IDHEC.

Pour me faire bien voir, je lui dis que j'ai reçu une lettre manuscrite de Jean Renoir, que j'ai parlé à Abel Gance…

Il m'écoute, amusé.

Il me propose de me prendre à l'essai pour remplacer la scripte du JT qui part en congé de maternité. Je serais très mal payé mais, pour moi, entrer à la télévision, ça n'a pas de prix. Je vais avoir une chaîne au cou, avec un chronomètre au bout pour minuter les sujets du JT.

Tous les soirs, au journal régional, tout le Nord va voir mon nom au générique. De 1950 à 1964, la télévision régionale faisait partie de la RTF, elle s'appelait Télé-Lille puis FR3 Nord-Picardie, puis FR3 Nord-Pas-de-Calais-Picardie.

J'ai pu côtoyer et travailler avec les réalisateurs Fernand Vincent, Bernard Claeys, Jean Marcellot…

Le nouveau directeur artistique, Francis Antoine, m'a fait confiance. Grâce à lui, j'ai pu réaliser mon premier film : *Des fleurs qui n'ont pas de saisons*. C'était l'histoire d'un homme qui ne se consolait pas de voir les fleurs se faner et mourir.

Il inventait des fleurs en bois, en fer, en pierre…

Après, j'ai collaboré au magazine du *Mineur*.

J'ai eu un prix pour un film que j'avais écrit et qui était réalisé par Jacques Ordinés, *Vent du Nord*.

Le Nord m'a souvent soufflé des idées…

Froissart, Jean

Chroniqueur, il est né à Valenciennes vers 1340.

Il est le plus important des chroniqueurs de l'époque médiévale. Ses chroniques sont l'expression majeure de la renaissance chevaleresque en Angleterre et en France et du début de la guerre de Cent Ans.

Ses chroniques sont conservées dans plus de 100 manuscrits enluminés. Elles sont écrites dans un style vif et imagé, et contiennent beaucoup d'anecdotes, peut-être inventées.

On ne peut pas toujours prendre pour argent comptant ses récits.

Il touche pour les écrire de l'argent donné par ses protecteurs, le roi Edouard III par exemple, mais doit en échange donner d'eux l'image la plus favorable et la plus flatteuse et se garder de critiquer.

Ses chroniques restent malgré tout une source essentielle pour la connaissance du XIVe siècle et l'histoire de la guerre de Cent Ans.

Il n'aurait, paraît-il, jamais été présent lors des batailles, ce qui ne l'a pas empêché de les raconter d'une façon vive et captivante, comme s'il y avait été.

En revanche, il a assisté au baptême de Richard II à Bordeaux, au sacre de Charles V à Reims, au mariage du duc de Berry et de Jeanne d'Auvergne à Riom.

Les mauvaises langues diront que c'était moins risqué d'aller à l'église, plutôt que sur les champs de bataille.

Ses chroniques contiennent près de 1,5 million de mots, bien plus qu'un dictionnaire amoureux. Et beaucoup de belles images en couleurs que des artistes discrets n'ont pas signées.

Elles sont traduites en anglais, en italien, en espagnol, en danois, en néerlandais.

L'auteur parle rarement du peuple dans ses chroniques, il raconte surtout les faits de guerre entre la France et l'Angleterre, quoique, dans les deux derniers livres, il semble avoir eu beaucoup de sympathie pour les plus pauvres des villes de Flandres.

Furet du Nord

Les premiers furets que j'ai rencontrés, c'était dans le Pas-de-Calais, quand j'étais paysan. L'oncle de ma femme en faisait l'élevage, je me souviens qu'ils avaient les yeux vifs.

Le furet du Nord, je le rencontrerai plus tard.

Lieu incontournable à Lille, devenu l'une des plus grandes librairies d'Europe, il accueille plus de 3 millions de visiteurs par an. A l'origine, une petite librairie de 20 mètres carrés, Le Furet du Nord, ouverte par Claire Morel en 1920, rue de la Vieille-Comédie. Le magasin, racheté en 1936 par Georges Poulard, change de lieu dans la rue et garde le nom de Furet du Nord.

Un de ses employés, Paul Callens, passionné de lecture, rachète la librairie d'à peine 50 mètres carrés en 1950. C'est un visionnaire, qui a deux souhaits : l'agrandir et la transformer en libre-service.

En 1953, Pierre Dumayet et Pierre Desgraupes lancent leur émission « Lecture pour tous ».

Paul Callens comprend qu'il faut proposer les livres dans sa librairie. Dès le lendemain, il va lui-même les chercher chez les éditeurs à Paris et les met en vente dès son retour. C'est un succès.

Il est l'un des premiers à organiser des rencontres, des signatures au sein même de sa librairie. Il rêve d'un espace accessible à tous, des livres à portée de main qu'on peut toucher, feuilleter, lire même sans acheter.

Un endroit où les lecteurs peuvent fureter.

« Fureter » signifie s'introduire partout avec curiosité dans l'espoir d'une découverte…

La librairie devient vite trop petite et, en 1959, il s'installe sur la place du Général-de-Gaulle à la place des Galeries Barbès. Elle fait alors 300 mètres carrés.

Au fil des années, il rachète les locaux voisins, la librairie s'agrandit, elle atteint aujourd'hui une superficie de 8 000 mètres carrés sur sept étages. Cent trente-cinq mille titres y sont référencés, un bar à musique, le multimédia, des loisirs créatifs, des espaces lecture, une borne e-book…

Au niveau 1, un espace « Rencontres » accueille régulièrement auteurs et artistes invités à débattre avec le public.

L'enseigne dispose de 19 magasins, 13 dans les Hauts-de-France, 4 en Ile-de-France et 2 en Belgique.

Chaque fois que je sors un livre, Jean-François Callens m'invite à débattre. J'ai la chance de pouvoir venir en parler au Furet, qui m'écoute avec les oreilles de mes potentiels lecteurs. C'est toujours sympathique, un peu l'impression d'être en famille, les lecteurs qui me suivent connaissent mon père, mes enfants, ma femme, ma fille, ma mère du Nord.

Je viens leur donner des nouvelles fraîches et j'essaie de les faire rire…

G

Galoches

On allait à l'école en galoche, on n'avait des souliers seulement le dimanche. C'étaient des grosses bottines en cuir épais avec une semelle épaisse en bois, ça faisait beaucoup de bruit, au début on était gênés et après on courait sur les pavés pour faire le plus de bruit possible. Quand on faisait trop de bruit avec nos galoches, on recevait une taloche.

C'était maman qui réparait nos chaussures. Elle nous mettait des daches et des fers comme aux chevaux, pour que la semelle de bois ne s'use pas trop vite. Parce que, chaque fois que maman demandait de l'argent à papa pour nous acheter des chaussures, il se mettait en colère, il ne savait pas que les pieds des enfants, ils grandissent, mais pas les chaussures.

Garde des mines

C'est une histoire méconnue. Dans le Nord-Pas-de-Calais, à partir de 1949 et pendant plus de quarante ans, une police privée a surveillé de près les mineurs et leurs familles. Ces hommes, souvent d'anciens militaires, étaient en uniforme, coiffés de képis, on les confondait avec des policiers. Ils étaient chargés de faire respecter l'ordre. Ils surveillaient tout, ils savaient tout sur tout le monde : ceux qui s'attardaient trop dans les cafés, ceux qui lisaient les mauvais journaux, leurs activités politiques, les vols de matériel, les bonnes mœurs, mais aussi la bonne tenue des corons.

Chaque coron était surveillé par un garde : le garde des mines. Très souvent, il passait dans les rues, les maisons, et notait tout ce qui n'allait pas. Chaque famille devait entretenir correctement sa maison et son jardin.

Deux fois par semaine, le garde ouvrait une vanne puissante située au bout du coron. Il frappait aux portes, et chaque ménagère devait nettoyer trottoir et caniveau.

Il surveillait aussi les enfants. « 22, v'là ch'garte. » Le terril était le terrain de jeux préféré des enfants. Dès qu'ils entendaient le bruit de la Mobylette du garde, ils se sauvaient dans tous les sens, et le garde, la cinquantaine, souvent enrobé, avait du mal à les rattraper. Mais si, par malheur, le garde en attrapait un, c'était une retenue sur le salaire du papa.

Combien de fois je me suis fait courser… S'ils pouvaient en choper un ou deux, gare à l'amende sur la paie de papa et à la dérouillée qui terminait l'incident.

Le garde se rendait chez ceux qui ne respectaient pas les règles pour les sermonner et, si rien ne changeait, il les signalait à l'ingénieur des mines responsable de la fosse. L'ingénieur intervenait alors et réprimandait le mineur concerné devant tous les autres pour qu'il ait honte et que cela serve d'exemple. Et il avait une amende.

Le garde des mines était craint et respecté par tout le monde. Ce système n'a suscité aucune protestation, aucune révolte chez les mineurs. Cela paraissait normal.

Gare du Nord

La gare du Nord est la première gare du monde en termes de trafic, elle a accueilli 262 millions de voyageurs en 2015, on ne précise pas si c'étaient des voyageurs qui allaient dans le Nord ou qui en revenaient.

La gare a été ouverte en 1846, elle est Monument historique depuis 1975.

Comme beaucoup de gares de l'époque, la façade d'inspiration romaine est en pierre, elle est organisée autour d'un pavillon central formant un arc de triomphe encadré de deux pavillons plus petits. Elle ressemble à l'entrée d'un temple, le temple du progrès, vingt-trois grandes statues surmontent l'entrée. Elles représentent les principales villes desservies. Les statues les plus majestueuses, hautes de 5,5 mètres, surmontent l'édifice et illustrent les destinations internationales : Londres, Berlin, Francfort, Varsovie, Amsterdam, Vienne, Bruxelles. Les destinations nationales sont figurées par des statues plus petites (4 mètres). Les statues de Paris, Boulogne et Compiègne sont du sculpteur Pierre-Jules Cavelier.

Les colonnes de la halle centrale sont en fonte, elles ont été fabriquées en Ecosse, seul pays ayant une fonderie capable de réaliser des colonnes aussi grandes.

J'étais monté à Paris, j'étais fier quand je revenais à Arras. A l'époque, je pensais que les Parisiens étaient plus intelligents que les provinciaux. Je les trouvais élégants, toujours à l'aise, pas empotés comme nous. Je me souviens de tonton Roger, le frère de maman. Il habitait Paris, il était ingénieur de la SNCF. Chaque année, aux vacances, il venait nous chercher à la gare du Nord. On prenait un café dans la brasserie de la gare, j'aimais le décor, tout brillait, les cafetières étaient en argent, les garçons avaient des vestes blanches et, quand ils nous servaient un café-crème, je croyais qu'il y avait de la crème dedans.

Si maman avait su que, soixante ans plus tard, dans cette même gare, il y aurait des grandes photos d'elle, pour la promotion de mon livre *Ma mère du Nord* !

Le 16 novembre 2016 est créé un nouveau buffet, L'Etoile du Nord, dirigé par le chef Thierry Marx.

Gaulle, Charles de

Charles de Gaulle, militaire, résistant, homme d'Etat, écrivain.

Promoteur de la Résistance, fondateur de la Ve République et dix-huitième président de la République, de 1959 à 1969. Considéré comme l'un des dirigeants les plus influents de son siècle. C'était une personnalité hors normes.

Ses parents, Jeanne Maillot et Henri de Gaulle, habitent Paris, mais Charles naît à Lille chez ses grands-parents maternels, Julia et Jules-Emile Maillot, au 9, rue Princesse. Son grand-père possède une fabrique de tulle au 11, rue Princesse. Il décède rapidement après la naissance de Charles. Sa grand-mère, d'origine irlandaise, est une femme très pieuse, d'un caractère strict.

Charles était un enfant turbulent. Sa sœur aînée se souvient : « Charles était un enfant plutôt difficile. Mon père avait beaucoup d'autorité, mais ma mère, en revanche, aucune. Il ne lui obéissait jamais. »

Les cadeaux étaient distribués à la Saint-Nicolas et non à Noël. Charles, à 5 ans, avait demandé un cheval-jupon, mais, comme il n'avait pas été sage, à la place de son cadeau, il trouva une petite note : « Sois sage pendant un mois, et tu l'auras. »

Petit dialogue entre père et fils.

— Es-tu sage ?

— Oui, papa.

— Tu n'opprimes pas Jacques ?

— Mais non, papa.

— Ni Pierre ?

— Non, papa.

— Tiens, voilà 2 sous pour que tu continues à être gentil avec tes frères.

Pendant son enfance, Charles adorait séjourner chez sa « bonne maman ». Avec ses frères et sa sœur, il y retrouvait ses cousins et faisait d'interminables batailles de soldats de plomb, il était toujours le roi de France. Ils appelaient cette maison « le royaume ». Il y a passé de nombreuses vacances, à Pâques, à Noël, à la Saint-Nicolas, lors de la braderie de Lille. Avec les 3 sous que lui donnait sa bonne maman, il se payait des tours de manège à la foire de Lille, à la fin de l'été, et il gardait toujours un peu d'argent pour se payer un gâteau chez Meert. Une fois président, il continuera à se faire livrer, à l'Elysée, les fameuses gaufres à la vanille de son enfance.

Il gardera toujours la nostalgie de ces années. A la fin de sa vie, il confiait : « Avec l'âge, c'est toujours l'enfance qui prédomine, et si je pouvais être moi-même, ce serait probablement rue Princesse où je suis né. »

Installé à Paris, Charles de Gaulle s'est toujours considéré comme un homme du Nord.

Au début de ses *Mémoires*, il se présente comme un « petit Lillois de Paris ». On l'a aussi entendu dire lors de discours : « Nous autres, gens du Nord ».

Le 30 septembre 1944, après la libération de Lille, sur le perron de la préfecture, il proclame : « La voilà donc libérée, la chère, la vieille ville de Lille. Là voilà sortie de l'océan de souffrances et d'humiliations où elle a été plongée, sans avoir jamais rien perdu de sa fierté et de sa dignité, sans jamais avoir failli à l'espérance. »

Il aimait aussi les plages de la Côte d'Opale. Il en aimait « la quiétude de la campagne et des plages ». Enfant, il passait ses vacances d'été à Wimereux. Et, plus tard, avec son épouse et ses enfants, à Wissant.

La maison natale de Charles de Gaulle est ouverte au public depuis 1983. Une demeure bourgeoise du XIXe siècle classée Monument historique. Lieu dédié à l'enfance du petit Charles.

J'ai eu la chance de le côtoyer lors de reportages de télévision. C'était pratique avec lui, on savait toujours où il était, même dans la foule, sa tête était au-dessus des autres.

Je me souviens de l'inauguration de la foire de Lille, il devait couper un ruban qui barrait l'entrée. Une petite fille émue lui avait présenté sur un coussin une paire de ciseaux, il a coupé le ruban, a rendu les ciseaux, et il a dit à la petite fille :

« Heureusement que tu étais là, sinon je ne pouvais pas entrer. »

Géants

L'homme du Nord est grand, encore plus grand que de Gaulle, il peut mesurer 8 mètres.

A Cambrai, on l'appelle Cambin, à Béthune, c'est Gambrinus, Guimauve, à Arras, c'est Colas et Jacqueline, à Dunkerque, c'est Reuze et Dagobert, à Lille, ils s'appellent Lydéric, Phinaert, et Ronny Coutteure, qui, vivant, était déjà un géant.

Il y a environ 500 géants dans le nord de la France, et 1 500 en Belgique. Figures essentielles du folklore, ils représentent leur ville et fédèrent la population depuis le XVIe siècle. Ce sont d'énormes statues mouvantes qui représentent des êtres réels ou fictifs. Seul, en couple ou en famille, ils sont de toutes les fêtes : kermesses, carnavals, braderies. Ils dansent dans les rues, ils rencontrent les gens, ils les embrassent. Ils aiment jouer avec le public, quelquefois ils font peur aux enfants.

Ils sont en osier, portés par une ou plusieurs personnes ou sur roues. Les porteurs de géant sont à l'intérieur, cachés par les habits du géant, on ne voit que leurs pieds. C'est un honneur d'être porteur de géant, un honneur qui se transmet de père en fils.

Les géants, comme nous, naissent, sont quelquefois baptisés, se marient, ont des enfants. Certains meurent, d'autres ressuscitent.

C'est à Douai, la cité des géants, que l'on trouve l'un des plus anciens (1530), l'un des plus connus et le plus grand (8,51 mètre), c'est monsieur Gayant (géant en picard). Avec sa femme madame Gayant et leurs enfants Jacquot, Fillon et Binbin, ils sortent une fois par an pendant les fêtes de Gayant, trois jours début juillet. Monsieur Gayant, 375 kilos et madame Gayant, 250 kilos, sont portés chacun par six hommes.

A Cassel, c'est Reuze Papa et Reuze Maman qui sortent lors des carnavals. Les fêtes de Gayant à Douai et le carnaval de Cassel en avril sont inscrits au titre de chefs-d'œuvre du patrimoine culturel et immatériel de l'humanité à l'Unesco.

Amélie Nothomb est la seule vivante à avoir un géant à son image. Il s'appelle « Amélie, la Géante Majuscule ».

Le géant des Flandres est un superbe lapin qui peut atteindre 7 kilos. Il peut se manger avec des pruneaux.

Genièvre

Le genévrier est un arbuste qui donne des baies de genièvre, ce sont des petites boules noires comme des grains de chapelet. Ce sont avec elles qu'on fait le genièvre, une boisson divine qui vous conduit au Ciel.

C'est l'eau-de-vie du Nord, la boisson des mineurs et des ouvriers du textile, la vodka française.

« C'est une boisson classique dans un pays de tradition, à l'image de son terroir : franche comme le regard bleuté d'une jolie Flamande et limpide comme les ciels délavés après les vents de noroît. »

Le genièvre serait né aux Pays-Bas, un médecin hollandais aurait eu l'idée de distiller les herbes aromatiques dont il bourrait le long nez du masque, qu'il portait pour éviter la peste.

Les premières distilleries sont apparues à Dunkerque à la fin du XVIIIe siècle, il y en eut une soixantaine dans le Nord. Clair et limpide comme l'eau de source, le genièvre cache bien son jeu, on le boit sans appréhension.

Quand les ouvriers en abusent, leur rendement s'en ressent. En 1900, les autorités, inquiètes, sont prêtes à tout, elles dénoncent une boisson perfide. Le préfet va jusqu'à inventer que le genièvre contient du vitriol…

En France, il ne reste que deux distilleries de genièvre, à Houlle et à Wambrechies, dans le Nord.

Le genièvre de Loos titre 42°, celui de Wambrechies, plus sec, titre 49°, et le genièvre de Houlle, avec sa carte noire, tient le haut du pavé.

Certains genièvres sont vendus dans des bouteilles de grès, du plus bel effet, on dirait des bouillottes, comme on mettait avant dans les lits, et quand on n'avait pas de bouillotte, on mettait une brique qu'on avait réchauffée dans le four.

Quand on a bu une bouteille de genièvre, on n'a pas besoin de bouillotte, on s'endort tout de suite.

C'est au genièvre que je dois ma première cuite, j'étais avec un camarade, on avait 14 ans, on s'est servi chacun un bol de genièvre. Je ne me souviens plus de rien.

Je me suis endormi sans dire ma prière du soir.

Gens du Nord

Avant de descendre à Paris (j'écris descendre, volontairement, parce qu'on dit toujours monter à Paris), j'ai passé vingt ans dans le Nord, j'ai rencontré beaucoup de gens du Nord.

Qu'est-ce que je retiens des gens du Nord ?

Qu'ils ont dans leurs yeux le bleu qui manque à leur décor ?

Qu'ils ont dans le cœur le soleil qu'ils n'ont pas dehors ?

Qu'ils ouvrent leurs portes à ceux qui ont souffert ?

Qu'ils n'oublient pas qu'ils ont vécu des années d'enfer ?

Qu'ils courbent le dos lorsque le vent souffle très fort ?

Qu'ils se lèvent tôt, car de là dépend tout leur sort ?

Tout ça c'est beau, mais c'est de la poésie…

Merci, monsieur Macias.

Finalement, les gens du Nord, ils sont comme les autres. Mais en mieux…

Les présidents d'association caritative vous le diront. Mon ami Arnoux Rémusat, qui fut le président de l'association nationale des visiteurs de prison, m'a appris que c'était dans le Nord qu'il trouvait le plus facilement des bénévoles…

Est-ce qu'ils sont fiers d'être du Nord, les gens du Nord ? Avant, il le cachait, mais maintenant, oui, j'espère qu'ils en sont fiers.

Quand on compte le nombre de superbes beffrois, de plages infinies, de ciels gigantesques toujours renouvelés, et de Miss France qu'il y a au mètre carré…

Il y a toudis de quoi être fier, dans le Nord.

Verlaine, un enfant du pays, a parlé de l'homme du Nord : « l'homme, doux et fort, vit prince de la plaine / […] Le peuple est froid et chaud, non sans un fond chrétien ».

Les gens du Nord seraient plus naïfs, plus crédules, ils croient ce qu'on leur dit.

Les gens du Sud seraient-ils plus malins ou plus méfiants ?

Les gens du Nord racontent moins d'histoires, on peut les croire.

Tartarin n'est pas né à Lille.

Les gens du Nord sont réservés, pudiques, ils ont du mal à extérioriser les sentiments qu'ils ressentent. Les gens du Sud, c'est le contraire, ils ne sont pas radins avec les mots, ils sont même capables d'extérioriser des sentiments qu'ils ne ressentent pas. L'homme du Nord utilise l'adjectif qualificatif au degré positif, l'homme du Sud a tendance à l'utiliser au superlatif, parfois sans modération et il nous soûle de mots.

Une déclaration d'amour, dans le Nord, c'est « Je t'aime », dans le Midi, c'est « Je t'adore ».

En écrivant cela, je me demande si je vais encore pouvoir passer des vacances dans le Midi.

Je m'en fous, j'ai horreur de la chaleur.

J'ai connu dans ma maison d'Uzès les souffrances de la pizza dans son four.

Gerberoy

Gerberoy, village de peintres et de roses, est l'un des plus beaux villages de France.

Perchée sur une petite colline, cette paisible bourgade compte moins de 100 habitants qui tiennent à leur douceur de vivre.

Petites ruelles étroites aux pavés mal dégrossis, maisons typiques en brique, silex, bois ou torchis, profusion de fleurs à la belle saison, jonquilles, glycines, roses multicolores… en font un village pittoresque et l'un des sites touristiques les plus célèbres de l'Oise.

Gerberoy ne fut pas toujours un village paisible. Ancienne place forte, il fut le théâtre de nombreux faits de guerre au Moyen Age. Le village est assiégé, pillé, incendié à plusieurs reprises.

« Parmi les roses, la petite ville de Gerberoy se souvient à peine d'avoir été une forteresse redoutable… Elle a subi les assauts, soutenu des sièges, retenti du choc des armures, du cri des mourants, de la ruée brutale des guerriers », écrit René Pinon, historien et président de la Société des amis de Gerberoy, en 1935.

De cette période il ne reste que les ruines du château, les remparts, la collégiale Saint-Pierre.

Ce n'est qu'à partir du XVe siècle que la cité retrouve calme et sérénité. Elle est surnommée « la Belle Endormie ». Pendant la Révolution, la ville est pendant un temps appelée Gerbe-la-Montagne. Les révolutionnaires n'aimaient pas le mot « roy ».

En 1901, le peintre Henri Le Sidaner tombe sous le charme de Gerberoy et s'y installe.

« J'ai connu l'étonnante surprise de pénétrer en l'ancienne petite ville, un peu somnolente, mais imprégnée du charme de son passé », écrira-t-il.

Grâce à lui, le village renaît. Il y attire des artistes, il demande à tous les habitants de planter des rosiers grimpants devant leur maison.

Le village devient pour le peintre une inépuisable source d'inspiration, il peint une centaine de toiles. Il l'appellera son « doux asile ». Il crée de magnifiques jardins à l'italienne dans les ruines du château féodal, avec terrasses, gloriettes, ifs, d'innombrables variétés de fleurs, une réplique du temple de l'Amour du parc du château de Versailles.

Plus tard, on a pu y rencontrer Pierre Dumayet, Alexandre Tarta, tous deux hommes de télévision. Jean Tardieu, écrivain, poète et homme de radio, y achètera une maison, non sans hésitation car son petit jardin était à l'origine un cimetière de moines au Moyen Age.

« Je connais un tout petit jardin du pays de France, au sommet d'un bourg qui fut, au Moyen Age, une ville très disputée, souvent détruite et reconstruite [...], le terrain, retourné et dégagé de ses restes humains, est devenu un clos charmant, plein de fleurs, de pommiers et d'oiseaux [...]. Pendant que mon regard s'évade vers le ciel jusqu'à voir au-delà de lui-même et jusqu'à me délivrer du temps, ma mémoire me ramène aux jours où ce jardin paisible était plus paisible encore, un cimetière, une terre sacrée. »

La rose est devenue l'emblème de Gerberoy. Chaque année depuis 1928, en juin, a lieu la fête des Roses. Un festival de musique est aussi organisé en juin et, depuis 2008, au mois de mai, une fête médiévale commémore la bataille du 9 mai 1435, bataille remportée par les Français contre les Anglais.

Germinal

Germinal est un roman d'Emile Zola paru en 1885, un roman sur « les gueules noires ». C'est le treizième de la série des *Rougon-Macquart*. Il raconte les conditions de vie et la révolte des mineurs à la fin du XIXe siècle dans le nord de la France à travers l'histoire d'Etienne Lantier et de la famille Maheu, tous mineurs.

Toujours désireux de voir de ses propres yeux le spectacle qu'il décrit, Emile Zola décide d'aller visiter les corons du Nord. Il obtient l'autorisation de descendre dans un puits, la fosse Renard de Denain. Il ira jusqu'au bout de son exploration malgré les difficultés.

Les mineurs rendront un vibrant hommage à Zola quand il suivront son cortège funèbre en scandant « Germinal ! Germinal ! ».

Germinal a été porté plusieurs fois au cinéma. En 1993, le film de Claude Berri est la septième adaptation, avec Gérard Depardieu, Miou-Miou, Renaud, Jean Carmet… Plusieurs milliers de figurants dont beaucoup d'anciens mineurs participent au film. C'est un événement qui a marqué la région et qui a permis d'offrir une nouvelle vie à ce site minier de Wallers-Arenberg reconverti aujourd'hui en un site de mémoire mais aussi en studios et pôle audiovisuel. En 2010, ce site est classé Monument historique, et en 2012, au patrimoine mondial de l'Unesco.

L'avant-première de *Germinal*, le 28 septembre 1993 en présence de François Mitterrand, Pierre Maurois et toute l'équipe du film est un événement à Lille.

J'avais eu une place pour cette avant-première, je l'ai donnée à ma sœur Catherine, elle y a assisté et en est repartie avec une « gaillette » (un morceau de houille) dans son sac.

Glaser, Denise

Elle née le 30 novembre 1920 à Arras.

Ses parents avaient un magasin de tissu place du Théâtre. Je me souviens qu'on racontait qu'il s'y passaient de drôles de choses.

Des femmes y entraient mais n'en ressortaient pas toujours, il paraît qu'il y avait une trappe devant le comptoir. Quand on a raconté ça à maman, elle nous a dit que c'étaient des bêtises.

Denise était passionnée par la musique. Entrée à la télévision comme illustratrice sonore, elle réalise son rêve en devenant productrice de « Discorama ». Le réalisateur est Raoul Sangla, jeune réalisateur non conformiste, turbulent et inventif.

Ses interviews de chanteurs, ses longs silences restent dans toutes les mémoires.

La télévision change, l'audience de « Discorama » chute.

Elle s'inquiète de la nouvelle télévision qui favorise les jeux plus que les émissions culturelles, déjà.

La fin de sa carrière fut douloureuse, abandonnée par beaucoup, elle mourra seule, dans une semi-misère, d'un cancer du poumon, le 7 juin 1983.

La romancière Colombe Schneck lui a consacré un livre très sensible.

Godewarsvelde, Raoul de

Raoul est né à Lille en 1928. Il a d'abord été photographe à *La Voix du Nord* puis s'est mis à la chanson, mais a continué son métier de photographe.

Il appartenait au groupe des Capenoules qui se produisait dans la région, ils chantaient des chansons gaillardes du passé. « Capenoule » veut dire « mauvais garçon » en ch'ti.

Il aimait la mer du Nord, il avait une maison au cap Gris-Nez.

Sa voix était puissante et rocailleuse à cause d'une laryngite de comptoir, comme il disait. Sa façon de chanter le patois n'était jamais vulgaire, au contraire elle savait être émouvante, notamment dans son succès « Quand la mer monte », une chanson de Jean-Claude Darnal. Le personnage était attachant, encore plus, quand on connaît sa fin. Il s'est suicidé en 1977, il est enterré à Audinghen, près du cap Gris-Nez.

Les bons vivants ne finissent pas toujours bien.

Moi, je pense à Marie qui est partie.
Quand la mer monte, j'ai honte, j'ai honte
Quand elle descend, je l'attends
A marée basse, elle est partie hélas
A marée haute, avec un autre.

Godin, Jean-Baptiste André

Sur le poêle, on tenait au chaud les crêpes que faisait Bonne maman, dans la fonte du couvercle du poêle était imprimé « Godin », alors on l'appelait Godin.

Godin, c'était le nom de Jean-Baptiste André Godin, né dans l'Aisne, en 1817. En 1840, il crée le poêle Godin en fonte. La fonte diffuse mieux la chaleur, le poêle Godin a un très grand succès. Au début, il a 32 ouvriers, à la fin du XIXe, il en comptera 1 200.

Il crée à Guise, à côté de son usine, un familistère, comportant 500 logements, pour ses ouvriers et leur famille, avec le confort moderne, une école, un théâtre, une bibliothèque, un lavoir, une piscine, un jardin : « le Versailles ouvrier ».

« Nous avons voulu mettre la demeure de l'ouvrier dans un palais, c'est le palais du travail, c'est le palais social de l'avenir. »

Il crée pour ses salariés une protection sociale pour les garantir lors des maladies et des accidents du travail et assure une retraite aux plus de 60 ans. Ils deviennent propriétaires de l'usine et de leur palais social.

Il applique les principes de Fourier le socialiste, des saints-simoniens et du père Enfantin.

J'ai eu la chance de réaliser pour la télévision un film sur la vie de Saint-Simon. Je ne pense pas que ce film ait laissé une trace, mais, en le tournant, j'ai appris des choses passionnantes sur les socialistes utopistes, les saint-simoniens... Le familistère de Godin à Guise, classé Monument historique, est devenu un musée où les ouvriers peuvent venir rêver.

D'un avenir meilleur.

Godin, Noël

Je l'ai rencontré chez Pierre Desproges.

C'est un personnage qu'on ne peut pas oublier, un vieil étudiant un peu timide, réservé, s'exprimant dans un langage très savant et imagé, à la limite précieux. On a de la peine à l'imaginer jetant des tartes à la figure des célébrités de notre époque.

L'entarteur, inventeur et acteur des attentats pâtissiers, c'est lui.

Les entartés sont nombreux. Il commence par Marguerite Duras, puis Maurice Béjart, Jean-Luc Godard, Bernard-Henri Lévy, plusieurs fois, sa tête à tarte préférée. Patrick

Bruel, Philippe Douste-Blazy, Pascal Sevran, Patrick Poivre d'Arvor, Jean-Pierre Chevènement…

Il déclare avoir entrepris une croisade pâtissière en hommage à l'humoriste Alphonse Allais contre des personnalités qui se prennent trop au sérieux…

Il est chroniqueur de cinéma dans un magazine belge, journaliste, écrivain, acteur, agitateur…

Il est surnommé « Georges le Gloupier ».

Il a réalisé des courts-métrages, notamment *Prout prout tralala.*

Il a joué dans de nombreux films, ceux de Jan Bucquoy, de Gérard Courant, Benoît Delépine et Gustave Kervern.

Il est membre à vie du jury du Festival international du film grolandais de Toulouse.

Il a écrit plusieurs livres. *Entartons, entartons les pompeux cornichons !* relate ses trente ans de guérilla populaire.

Je l'ai filmé dans « La minute nécessaire de monsieur Cyclopède », où il ne reçoit pas une tarte mais une gifle de Jésus.

Gromaire, Marcel

Marcel Gromaire, peintre, est né en 1892 dans le Nord, à Noyelles-sur-Sambre, près du Cateau-Cambrésis.

Il a fait ses études à Douai puis à Paris, au lycée Buffon.

Il fait d'abord des études de droit mais n'envisage pas une carrière juridique. Il veut être peintre.

Il fait son service militaire à Lille, il passe six ans sous les drapeaux, il est simple soldat. Cette expérience de la guerre irriguera son œuvre.

De retour à Paris, il est critique cinématographique au *Crapouillot*. Il fait une rencontre capitale pour son avenir, le docteur Girardin. Ce médecin, en lui achetant régulièrement ses œuvres, lui permettra de vivre de son art.

Il se prétend autodidacte mais reste très marqué par Matisse, Cézanne et Fernand Léger.

En 1925, il obtient un grand succès, au Salon des indépendants, avec son tableau *La Guerre*.

Il acquiert vite une notoriété internationale. En 1933, la Kunsthalle Basel, à Bâle, consacre une exposition à son œuvre.

Pendant cinq ans, il va se consacrer à l'art de la tapisserie.

En 1950, il va aux Etats-Unis, où il reçoit le prix Carnegie. En 1956, il obtient le prix Guggenheim, en 1958 le Grand Prix national des arts.

Marcel Gromaire n'est l'élève de personne, il travaille à l'écart des groupes et des courants, il a créé un style personnel, puissant et lyrique.

Ses personnages massifs sont émouvants et jamais mièvres.

Il a donné son nom à une rue du 11e arrondissement de Paris.

Guerre

En 1944, la guerre n'était pas encore finie. Je me souviens des ciels incendiés et du bruit des forteresses volantes sur Arras.

Il y avait des alertes la nuit, et, quand on entendait les sirènes, on devait descendre dans la cave.

Les caves communiquaient entre elles, on retrouvait les voisins mal réveillés, avec des manteaux sur leur pyjama ou sur leur chemise de nuit, et des couvertures sur la tête.

On se racontait des histoires, Bonne maman disait son chapelet tout haut, pour que le petit Jésus empêche les bombes de tomber sur la maison. Le petit Jésus l'a écoutée. Il n'y a jamais eu de bombe sur la maison. Heureusement pour papa, parce que, lui, il restait dans sa chambre. Il ne descendait pas dans la cave sauf pour chercher du vin, il s'en foutait, de mourir, mon papa.

Je n'ai pas oublié l'arrivée des Américains qui ont traversé Arras avec leurs camions, leurs tanks, leurs Jeep. Ils sont passés rue d'Amiens à toute vitesse, dans un fracas énorme. Ils étaient acclamés, c'étaient nos sauveurs. Ils allaient nous faire découvrir le chewing-gum.

Pour fêter la victoire, je me souviens que Tante Julie a partagé une plaque de chocolat qu'elle gardait précieusement.

H

Hardelot

Hardelot-Plage est une station balnéaire sur la Côte d'Opale.

Elle est réputée pour sa plage de sable fin de 8 kilomètre et son vent qui décoiffe, rafraîchit les idées et qui a fait voler Blériot et les chars à voile.

Hardelot est situé entre Boulogne-sur-Mer et Le Touquet-Paris-Plage. La station balnéaire est à 100 kilomètres de Lille, à condition d'y aller à vol d'oiseau, ou avec Blériot. Elle est entourée de forêts remplies d'oiseaux qui chantent « Le p'tit quinquin ».

En 1900, Hardelot est une immense garenne avec plein de lapins, que les gens du Nord cuisinent avec des pruneaux.

En 1905, un Anglais, sir John Whitley, propriétaire du chateau d'Hardelot, a la bonne idée d'acheter 400 hectares de terrain et fait construire, en bord de mer, vingt villas au célèbre architecte du Nord Louis Marie Cordonnier.

En 1913, Hardelot est classé « Reine des plages », on y croise du beau monde.

Les familles royales belges et anglaises y séjournent.

Blériot se fait construire une villa qu'il appellera « L'Escopette ».

Pendant la Seconde Guerre mondiale, Hardelot est pillé, dynamité et bombardé. Seules huit de ces villas existent encore.

Heureusement, en 1958 arrive un promoteur, Joseph Lesur, qui relance la station.

Le château d'Hardelot est devenu propriété de la commune, il est ouvert au public, on peut se promener dans les jardins à l'anglaise et rêver.

Je rêve de venir à Hardelot finir mes jours en regardant la mer.

C'est de là que Blériot a décollé.

Pas de meilleur endroit pour aller au ciel.

Hesdin

Hesdin a le charme d'une petite ville à la campagne, traversée par la Canche et située au cœur du Pays des Sept Vallées, le « poumon vert du Pas-de-Calais ».

Au Moyen Age, Hesdin était une cité prestigieuse de l'Artois, peuplée, active et riche, dominée par un château fort, siège de nombreux combats. Charles Quint ordonne sa destruction complète. En 1553, il est entièrement rasé.

Un an plus tard, il fait reconstruire une nouvelle ville à 5 kilomètres à l'ouest de l'ancienne cité. Il en fait une ville fortifiée qui s'appellera Hesdinfort, puis Hesdin.

Aujourd'hui, les remparts ont disparu, il ne reste des fortifications que la porte d'Arras et la maison du père Brassard. Cette maison, bien connue des Hesdinois, était un corps de garde.

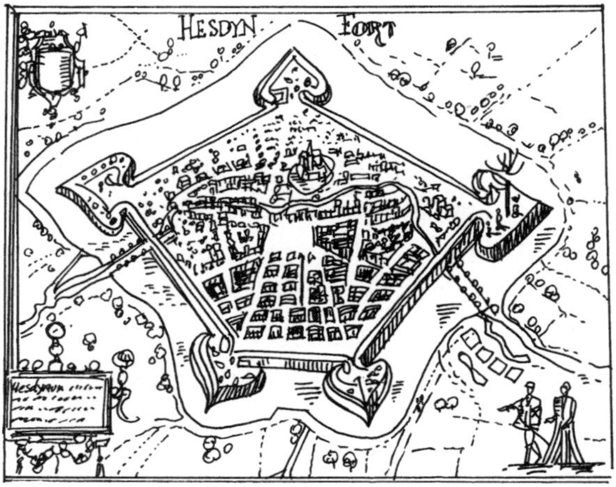

Hesdin est la ville natale d'Antoine François Prévost, dit l'abbé Prévost (1697-1763), écrivain et homme d'Eglise. Il eut une vie très mouvementée, aventureuse dans bien des domaines, digne de celle de ses héros.

Selon Sainte-Beuve, « [sa] vie [...] fut pour lui le premier de ses romans et comme la matière de tous les autres ».

Manon Lescaut est son roman le plus connu.

Il raconte la passion du chevalier des Grieux pour Manon.

Elle a 16 ans, elle est belle comme le jour. Ses parents ont décidé de la mettre au couvent, pour éteindre le feu qui couve sous sa crinoline.

Des Grieux, jeune étudiant, s'enflamme pour elle. Ils s'enfuient ensemble à Paris. Pour le meilleur et pour le pire.

Manon est volage, dépensière. Des Grieux pardonne toujours.

Le roman fait scandale à sa parution, et connaîtra un immense succès.

« Je ne suis pas étonné que ce roman dont le héros est un fripon et l'héroïne une catin plaise, parce que toutes les mauvaises actions du héros [...] ont pour motif l'amour, qui est toujours un motif noble, quoique la conduite soit basse », Montesquieu.

Hesdin vaut aussi pour son patrimoine historique important : l'hôtel de ville, édifice élégant du XVIe siècle, avec sa bretèche et son beffroi classé au patrimoine mondial de l'Unesco, l'église Notre-Dame, dont le portail de style Renaissance contraste avec le reste de l'édifice en brique.

J'ai été cultivateur dans une ferme à 6 kilomètres d'Hesdin, où j'allais livrer mes betteraves avec mon tracteur.

« L'été est fini. Il fait humide. Les arbres commencent à rouiller, nous sommes en automne.

On m'a confié le tracteur, je suis fier. Je vais à la distillerie.

Le remorque est pleine à ras bord de betteraves sucrières. Elles ne sont pas rouges comme les betteraves fourragères qu'on donne à manger aux vaches, elles sont blanches et verdâtres, il reste encore beaucoup de terre autour. On ne les lave pas avant la pesée, pour qu'elles pèsent plus lourd.

J'ai mis l'accélérateur à fond, je vais très vite, ça fait beaucoup de bruit.

Avant d'arriver à Hesdin, il y a une grande descente. Pour aller plus vite, je mets la boîte de vitesse au point mort, et je laisse aller le tracteur. Il prend de la vitesse, de plus en plus de vitesse. J'ai du mal à me tenir assis sur le siège, la route n'est pas très plane, je sursaute comme si j'étais sur le dos d'un cheval au trot.

La remorque, qui est très lourde, a pris aussi de la vitesse, elle semble vouloir dépasser le tracteur. Je vais de plus en plus vite, je commence à m'inquiéter. J'essaie de ralentir en freinant, ça ne sert à rien. Je décide alors de réenclencher une vitesse pour utiliser le frein moteur. Impossible, la boîte n'est pas synchronisée, je reste au point mort ! Je vais de plus en plus vite, le descente continue, je vais bientôt entrer dans Hesdin, dans la rue principale. Il y a de la circulation et du monde. J'ai peur. J'imagine le pire, ce que je sais très bien faire. Je ne vais pas pouvoir ralentir, je vais traverser la rue principale à toute vitesse avec mon convoi fou. Je vais tamponner des voitures, écraser des piétons, rentrer dans une maison et finir avec mon convoi renversé au milieu de la chaussée.

On retrouvera ma dépouille sous des tonnes de betteraves, je serai barbouillé de sang. Ma tête sera blanche et verdâtre, comme une betterave sucrière. Il y aura un article dans *La Voix du Nord*, avec ma photo.

Le tracteur a fini par ralentir, je n'ai pas eu d'accident, je n'ai pas tamponné de voiture, je n'ai pas écrasé de gens et je ne suis pas mort.

J'arrive pâle et tremblant à la distillerie, on va peser mes betteraves. Je ne dirai rien au beau-père, sinon il ne me confiera plus le tracteur.

La vie va continuer, banale. Il n'y aura même pas une photo de moi dans *La Voix du Nord*. »

Hoarau, Silvany

Silvany Hoarau est un Compagnon couvreur-charpentier, restaurateur d'église.

L'église Saint-Louis à Tourcoing est dans un état désastreux et risque de s'effondrer. A l'abandon depuis neuf ans, elle est désacralisée, et le maire souhaite sa démolition. Silvany Hoarau, passionné par son métier et par la valeur du patrimoine, achète l'église en 2009.

Avec l'association « Les compagnons de Saint-Louis », il restaure la toiture, le sol, la nef… Il y installe un logement et les bureaux de son entreprise de toiture et de couverture. Il crée un chantier-école pour des jeunes du quartier en rupture scolaire. Il veut replacer l'église au cœur de la ville et en faire un lieu culturel, un lieu de rencontres. Des concerts, des spectacles y sont proposés régulièrement. Autour du bâtiment, c'est tout un quartier qui reprend vie.

« Hier, c'était le lieu de réunion de tous les chrétiens, demain, ce doit être un lieu de réunion des contemporains. C'est le lieu de tous. »

En 2017, il devient propriétaire de l'église Saint-Gérard à Wattrelos. Il veut transformer ce lieu en cité de l'artisanat vouée aux métiers du patrimoine.

Pour accompagner les porteurs de projets de réhabilitation d'églises, il crée une association, le « FARLAB ». « Il y a des personnes qui veulent préserver ces édifices mais qui ne savent pas comment s'y prendre. Je veux leur redonner espoir. »

Silvany Hoarau, un charpentier et couvreur exceptionnel, au cœur gros comme une nef de cathédrale.

Homme de biache

L'homme du Nord date de la plus haute Antiquité.

Les vestiges les plus anciens découverts au nord de la Loire ont été trouvés dans le Pas-de-Calais, à Biache, près d'Arras, dans l'usine du beau-père de ma sœur. C'est un vrai problème pour un indusriel, il doit cesser tous les travaux. Et si on trouve un trésor, c'est pas pour lui.

En 1976, durant des travaux dans une usine de sidérurgie, des archéologues ont mis au jour une grande quantité d'ossements d'animaux et de silex. A l'époque, la Scarpe serpentait dans cette zone de steppe dans un terrain calcaire qui permet la conservation des os. Les animaux chassés étaient le cerf Megaceros (appelé ainsi parce qu'il avait des mégabois, qui pouvaient faire 3 mètres d'envergure), l'élan, le rhinocéros laineux, le cheval géant, l'ours, le buffle, l'auroch. Dans ces vestiges, ils ont retrouvé, fait extraordinaire, un morceau de crâne préhistorique vieux de 180 000 ans. Il aurait vécu avant l'homme de Cro-Magnon.

Pour dire toute la vérité, l'homme de Biache n'était pas un homme, ch'éto eun'glen (« femme », en patois)…

Hôtel du Nord

Un film inoubliable qui était d'abord un roman d'Eugène Dabit (*L'Hôtel du Nord*) et avait obtenu le prix populiste en 1931.

L'adaptation est de Jean Aurenche et Henri Jeanson.

Les scènes entre Raymonde (Arletty) et monsieur Edmond (Louis Jouvet) restent des morceaux d'anthologie.

Arletty ne supportant pas de s'entendre dire par Jouvet qu'elle a une gueule d'atmosphère est irrésistible.

« La composition pittoresque d'Arletty fait, bien sûr, toujours rire, mais Annabella, comédienne fine, sensible, très attachante, est le personnage féminin principal de cette œuvre où passe l'air du temps (la guerre d'Espagne, le chômage, la vérité humaine des prolétaires), où Jouvet traîne les rêves illusoires d'un déclassé que le milieu ne lâchera pas », Jacques Siclier.

La sublime musique de Maurice Jaubert participe beaucoup à l'atmosphère du film.

« Au bout du compte, *Hôtel du Nord*, véritable festival de dialogues, est plus un film de Jeanson et Aurenche que de Carné. Même les décors de Trauner sont plus importants que l'histoire : à eux seuls, ils feraient regretter à la Nouvelle Vague d'avoir abandonné les studios pour les tournages en extérieur. Poussiéreux, l'Hôtel du Nord ? Ceux qui osent dire ça sont de "drôles de bled" », Guillemette Odicino.

I

Immatriculation

J'étais arrivé depuis peu à Paris, je dormais mal, loin de ma maison, j'avais une grande nostalgie du Nord. Je me souviens d'un jour où je circulais dans Paris à Vélo-SoleX avoir croisé une voiture avec un 62 sur la plaque d'immatriculation.

Ce fut un grand choc, celui que doit ressentir le naufragé, accroché à un rocher au milieu de l'océan, quand il aperçoit un bateau. J'ai rebroussé chemin, j'ai essayé de rattraper la voiture, en vain. Elle s'était noyée dans le flot de la circulation.

La voiture de mon père était une Traction, immatriculée 62. Sous la boue, elle était noire. Papa faisait ses visites en auto, mais quelquefois il rentrait à pied. Quand maman lui demandait où était l'auto, papa ne savait plus, il l'avait oubliée.

Le lendemain, un cultivateur téléphonait à la maison, il avait retrouvé la Traction au milieu de son champ. Il fallait des chevaux pour sortir la voiture.

Les cultivateurs disaient que, papa, il devrait faire ses visites en tracteur.

Ma première voiture a été une Simca 5, je n'avais pas mon permis, elle était immatriculée 62, puis j'ai eu une 2CV, puis une R4, puis une Aronde, je me souviens encore de mon coupé Karmann Ghia, il était rouge et immatriculé 59. Plus tard, mes voitures ont été immatriculées 75, il y en a eu beaucoup, j'adorais les voitures anciennes, une Traction Citroën décapotable, un coupé Volvo, une 404 cabriolet, et une vieille Bentley, qui usait 20 litres aux 100.

Institution Saint-Joseph d'Arras

Chaque vendredi matin, il arrivait comme un ouragan, noir dans le bruissement de sa soutane, un gros cahier rouge à la main. Il nous faisait asseoir, ouvrait le cahier rouge et son bec, le grand corbeau, on entendait les mouches voler.

C'était le supérieur, il s'appelait André Garret.

Il nous appelait par ordre alphabétique et lisait nos notes de la semaine. Jusqu'à D, tout allait bien, mais on passait à F, le seul F, c'était moi, Jean-Louis, mon frère Yves-Marie, plus jeune, était dans la classe supérieure, il avait oublié d'être bête, moi pas, sans doute…

Avant la lecture de mes notes, il y avait un grand silence, comme avant un tremblement de terre, puis il lisait mes notes très mauvaises, et il se déchaînait. J'étais un bon à rien, je ne ferais jamais rien dans la vie, j'étais une honte pour mes parents, pour le collège, pour la France, pour l'humanité…

Dieu devait regretter de m'avoir créé.

De grandes crevasses s'ouvraient sous mes pieds, j'allais être englouti. J'allais m'enfoncer dans le centre de la terre, où on brûle éternellement à cause de ses péchés, dans de grandes marmites d'huile bouillante, tandis que des diables noirs et poilus nous piquent les fesses avec de grandes fourches. Je me mettais en boule pour amortir la chute en enfer.

J

Jardin van Beek

Le jardin van Beek se trouve à Saint-Paul, près de Beauvais, dans l'Oise, c'est un jardin de peintre, un jardin à l'anglaise, un tableau grandeur nature.

André van Beek est artiste peintre postimpressionniste autodidacte, né en 1947, en Picardie.

Il peint Giverny, les hortillonnages d'Amiens, les quais de Seine, Auvers-sur-Oise, les falaises de Dieppe… et le jardin familial à Saint-Paul, devenu sa principale source d'inspiration.

« Enfant, je rêvais de devenir peintre, j'adorais aussi la nature. Devenu grand, j'ai transformé la ferme de mes parents en un jardin à peindre. »

Dès l'an 2000, André van Beek, avec son épouse, commence à aménager son jardin. Au fil des années, il crée sept bassins reliés par des cascades, des ruisseaux, des ponts, des passerelles.

Des milliers de fleurs sont plantées, des dahlias, des hortensias, des vivaces… basées sur la perspective et la couleur, pour chaque saison. Sur les étangs, on peut admirer de nombreuses variétés de nénuphars.

Chaque année, André van Beek et son épouse transforment le jardin en fonction de l'inspiration du peintre, ils imaginent un nouveau tableau, retravaillent les massifs et les couleurs. Le jardin obtient le label « Jardin remarquable » en 2011. C'est un lieu romantique, reposant, ouvert aux visiteurs à la belle saison.

La première préoccupation du peintre, c'est aussi la couleur. Les toiles d'André van Beek sont faites de multiples touches de couleurs superposées et juxtaposées. Il expose dans son atelier mais aussi dans de nombreux pays, notamment aux Etats-Unis et au Japon.

Pour ses 70 ans, il a peint soixante-dix tableaux qu'il a exposés à Saint-Paul.

Jazy, Michel

Athlète, il est né en 1936 à Oignies.

Ses parents sont polonais, son père travaille à la fosse 1 d'Ostricourt, sa mère travaille dans une brasserie lilloise. C'est sa grand-mère Baboucha qui va l'élever. C'est un enfant difficile, un rebelle, qui s'oppose à son instituteur.

Il adore jouer au football. Son père meurt de la silicose quand Michel a 12 ans, il ne veut pas avoir la vie de son père, il ne veut pas être mineur, ses résultats scolaires sont médiocres malgré les corrections et les coups de son « institueur » qui pleuvent.

Ce dernier refuse de le présenter au certificat d'études, il se présente seul après avoir étudié nuit et jour pendant trois semaines pour essayer de rattraper son retard. Il est reçu dans les premiers.

Il rejoint à Paris sa mère qui s'est remariée.

Il trouve Paris moche et les Parisiens pas sympas du tout. On se moque de son accent du Nord, il regrette Oignies. Il joue au football et court avec des jeunes. En 1953, il a 17 ans, il remporte le titre de champion d'Ile-de-France cadet de cross-country. Il est qualifié pour le championnat de France. Il sera champion de France cadet du 1 000 mètres en 2 minutes 39 secondes.

Ce titre lui sera contesté parce qu'il n'est pas naturalisé français, il est toujours polonais.

En 1956, il remporte, à 20 ans, son titre de champion de France sur 1 500 mètres avec un temps de 3 minutes 49,8 secondes. Pour la première fois, il devance Michel Bernard.

Il est sélectionné pour les jeux Olympiques de 1956 à Melbourne. Il y rencontre Mimoun, qui va le prendre sous son aile. Il côtoie Zátopek.

Il décide de s'attaquer au record du monde du 2 000 mètres, puis du 3 000 mètres, avec succès.

Aux championnats d'Europe, il remporte le 1 500 mètres.

Il rêve de devenir champion olympique, il termine quatrième.

Il bat le record du monde du 3 000 mètres et le record d'Europe du 5 000 mètres.

Sur les stades, Michel reste un rebelle, un enfant terrible. Pour lui, le coureur à pied est un homme devenu différent des autres, il doit posséder l'envie de se dépenser, rester turbulent et batailleur.

Un enfant sage ne peut pas devenir un coureur à pied.

En revanche, le sale gosse sait que après avoir fait une bêtise, on a intérêt à courir vite, très vite…

Jouve, Pierre Jean

Poète romancier et critique. Il est né à Arras en 1887.

Une enfance triste, entre un père bourreau et une mère victime.

« Mon père était dur et ma mère inquiète. […] / La maison vivait à l'écart des gens, / pleine d'âpres batailles. / J'entendais dans son bureau crier mon père / Et ma mère pleurer, / Tandis qu'en moi battait la haine. »

Des souvenirs qui ne peuvent pas me laisser insensible. A Arras, j'ai beaucoup entendu ma mère pleurer…

Pierre Jean s'ennuie beaucoup au collège d'Arras, « dans une province mouillée ».

La rêverie sexuelle l'aide à vivre, il imagine « un roman plein de femmes nues ».

Chez moi, rue de la Paix, il y avait des gros Larousse illustrés, et toutes les trente pages, il y avait des reproductions de tableaux, avec des nymphes et des muses sans soutien-gorge, les femmes nues s'appelaient souvent Vénus, elles étaient régulièrement à la fontaine, jamais en train de faire le ménage. Elles me regardaient d'un air éffronté.

Il n'y avait pas que mon épi qui se redressait…

A 16 ans, Pierre Jean rencontre une femme mariée, superbe, « avec une chevelure énorme repliée comme un nid de serpent ». Il ose poser ses lèvres sur ses cheveux.

Il quitte Arras pour faire Math sup au lycée de Lille.

Il s'intéresse à la poésie symboliste.

Il crée une revue, *Les Bandeaux d'or*, où il publie ses premiers poèmes.

Pierre Jean Jouve a eu deux vies, une jusqu'en 1914 : il est un écrivain unanimiste proche de Jules Romains. Une autre après 1921 : il divorce puis se remarie avec une psychanalyste, il découvre la psychanalyse et l'importance de l'inconscient dans la création artistique. Il écrit beaucoup de romans. *Paulina 1880* reste le plus connu. Il fut adapté au cinéma par Jean-Louis Bertuccelli, il publie des recueils de poèmes.

Son image de marginal hautain et d'esthète cache son souci des autres et ses engagements. Il combat le nazisme avec ses poèmes apocalyptiques, il a été un membre actif du mouvement pacifiste animé par Romain Rolland et le compagnon de route de beaucoup d'artistes et d'intellectuels, comme les peintres Albert Gleizes, André Masson et Balthus, pour lequel il écrivit des textes importants, et comme les écrivains Romain Rolland, Stefan Zweig, Jean Paulhan.

Il s'est beaucoup intéressé à la musique, il a écrit un essai sur *Don Juan* de Mozart, sur *Wozzeck* de Berg. Il a traduit Shakespeare…

K

Kopa, Raymond

Raymond Kopaszewski, dit Raymond Kopa, est, avec Michel Platini et Zinédine Zidane, un des trois plus grands footballeurs français.

Raymond Kopa naît à Nœux-les-Mines, dans le Pas-de-Calais. Il est d'une famille de mineurs d'origine polonaise.

A partir de 5 ans, il passe beaucoup de temps à jouer au football, et, à 8 ans, il crée l'équipe du « Chemin-Perdu », du nom de la rue où il habite, qui acquiert une certaine réputation dans les corons.

A 11 ans, il est repéré et intègre l'équipe de football de Nœux-les-Mines.

A 14 ans, il quitte l'école et va travailler à la mine. « Je n'avais pas le choix, j'ai fait tous les bureaux de placement à Nœux-les-Mines, partout, j'étais rejeté. J'étais fils de Polonais, il n'y avait pas de place pour les fils de Polonais. Je n'avais qu'un seul moyen, c'était d'aller à la mine. Heureusement pour moi, j'avais le football. »

Il commence comme rouleur, celui qui fait circuler les wagons dans la mine. Suite à un accident, il est amputé en partie de deux doigts. Il retourne à la mine comme chaudronnier, moins fatigant.

A 18 ans, il est repéré par l'entraîneur du club d'Angers qui lui propose un contrat. Raymond quitte la mine et Nœux-les-Mines. « Quand j'avais 18 ans, beaucoup de clubs de la région, Lens, Lille, Roubaix, Valenciennes… sont venus me voir. Mais ils m'avaient jugé trop petit. »

Après Angers, il rejoint le stade de Reims, une des meilleures équipes européennes des années 1950, puis le Real Madrid en 1956. Trois ans plus tard, il revient à Reims, son club de cœur, où il retrouve Just Fontaine.

Raymond Kopa est surnommé « le Napoléon du football ». Il est le premier joueur français de renommée internationale, le premier à remporter le Ballon d'or.

Il met fin à sa carrière en 1967 et continue à jouer au football en amateur jusqu'à l'âge de 70 ans. Il décède à Angers en mars 2017.

Just Fontaine se souvient : « C'était comme un frère aîné. En 58 [au Mondial], on partageait la même chambre, on passait des nuits à parler foot. Raymond avait du caractère, moi aussi, et ça a fait un duo magique. »

Kubiak, Stéphane

Stéphane Kubiak est un musicien français d'origine polonaise.

Ses parents sont arrivés en France en 1923. Stéphane naît en 1929 à Liévin, dans le Pas-de-Calais. Son père est mineur et coiffeur.

Pour faire comme son oncle, il prend des cours d'accordéon. Puis il se met à la batterie, à la guitare et à la trompette. « Il faut dire qu'il était vraiment doué ! A l'âge de 6 ans, Stéphane jouait déjà de l'accordéon dans les mariages », Hélène, son épouse. A 14 ans, il se produit chaque jour dans un café à Lens. Il se destine à devenir coiffeur comme son père, mais très vite la musique le rattrape.

Après la guerre, il crée un orchestre avec son frère Casimir à la trompette, puis son épouse au piano. Ils jouent dans les bals les samedis et dimanches et commencent à faire danser tout le bassin minier avec des airs polonais qui symbolisent la fête, la danse et l'amusement. Sa musique entraînante est appréciée autant des Polonais que des Français. Stéphane Kubiak réussit à transformer une musique traditionnelle polonaise en une musique populaire française.

En 1956, il ouvre une salle de bal, « le Gaity », à Lens. Le succès est au rendez-vous : 1 700 personnes le jour de l'ouverture. Les bals populaires Kubiak deviennent un loisir commun à tous les mineurs dans une ambiance chaleureuse, familiale. « Quand les premières notes retentissaient et que les lumières s'éteignaient, la magie opérait, et l'amusement prenait sa place. Les tours de danse mouillaient les chemises, les visages s'empourpraient, c'était la joie d'être réunis autour de Kubiak », se souvient Jean, un habitué.

Le succès dépasse le Nord-Pas-de-Calais. Il signe un contrat avec Eddie Barclay, renouvelé pendant vingt-huit ans : plus de quarante 45 tours, autant de 33 tours, une vingtaine de CD.

Ses enfants rejoignent l'orchestre, Christian est à la basse, Catherine au chant, Hervé à la technique.

Stéphane Kubiak aura fait danser des générations de Nordistes pendant plus de quarante ans.

Aujourd'hui, son fils Christian a repris le flambeau.

L

La Halle, Adam de

Il serait né à Arras entre 1220 et 1240, il était trouvère de langue picarde, le dernier trouvère, mort vers 1288 à Naples à la cour du comte d'Artois.

Il participe à la musique monodique des troubadours de Sud et des trouvères du Nord et à l'épanouissement de la musique polyphonique, pratiquée par les musiciens de l'école de Notre-Dame, à Paris.

Il est l'auteur des deux premières pièces de théâtre profanes françaises : *Le Jeu de la Feuillée* et *Le Jeu de Robin et Marion.*

Le Jeu de la Feuillée est une pièce satirique. L'auteur met en scène son père et des Arrageois avec leurs ridicules et leurs défauts.

Le Jeu de Robin et Marion est une pastourelle, sorte d'opérette où un chevalier cherche à séduire une bergère.

Ses rondeaux et ses motets sont toujours conservés.

On le surnommait « le Bossu » mais, étant grand buveur de bière, on l'appelait aussi « Adam de la dalle en pente ».

Par autodérision, il écrivit un fabliau devenu célèbre : « J'ai la pomme d'Adam qui remonte, qui remonte, j'ai la pomme d'Adam qui remonte et qui descend. »

La Tour, Quentin de

Un des plus grands pastellistes français. Il est né en 1704 à Saint-Quentin. Dès son plus jeune âge, il fait les portraits de ceux qui l'entourent. Il veut être peintre.

A 18 ans, il quitte Saint-Quentin pour Cambrai, il cherche des modèles et des maîtres. Il se forme seul à l'art du pastel.

Il s'afficha comme peintre de portraits, il les fait au pastel, il travaillait rapidement pour ne pas fatiguer ses modèles. Ses portraits étaient fidèles et ressemblants et il ne demandait pas cher.

En 1743, il commence les portraits officiels : il dessine Louis XV, madame de Pompadour, le duc de Villars, D'Alembert, Voltaire, Jean-Jacques Rousseau. En 1745, il est reçu à l'Académie royale comme peintre de portraits au pastel.

Ses portraits provoquent l'enthousiasme de Diderot.

Ses autoportraits nous le présentent à différents âges.

On le voit facétieux à 30 ans, satisfait à 50 ans, ravi à 80.

Il expose pour la dernière fois en 1773.

Son caractère indépendant, autoritaire, irascible s'aggrave pendant ses dernières années, il finit par perdre la raison.

Il meurt à Saint-Quentin en 1788, il avait 83 ans.

Le musée Antoine-Lécuyer de Saint-Quentin expose une grande quantité de ses œuvres.

Ses extraordinaires portraits sont toujours vivants, ils vous attendent à Saint-Quentin. Allez voir, il ne leur manque que la parole…

Labisse, Félix

Peintre surréaliste, né en 1905 à Marchiennes. Sa famille habite Douai, et s'installe en Belgique en 1923. Son père monte une entreprise de pêche maritime.

En 1925, il fait son service militaire à Cambrai. En 1927, après l'échec de l'entreprise familiale, la famille déménage et s'installe à Ostende. Félix, qui a cru un moment à une vocation de marin, décide de se consacrer à la peinture. Il fonde avec sa sœur une galerie d'art moderne, il fréquente James Ensor, Constant Permeke, Léon Spilliaert…

En 1929, il écrit pour le cinéma, crée une revue littéraire, *Tribord*, fait des décors de théâtre.

Et il peint, des peintures murales, des portraits d'écrivains pour une librairie d'Ostende.

En 1932, il s'installe à Paris, il fréquente Jean-Louis Barrault, Robert Desnos, Antonin Artaud…

Il est figurant dans le film de Jean Vigo *Zéro de conduite*. Il peint une série de gouaches : *Histoire des guerres et uniformes pour la prochaine* et *Grand Carnaval ostendais*.

Il fait la connaissance de Max Ernst, Magritte et Paul Delvaux.

Il réalise des décors et des costumes pour le théâtre.

En 1943, la peinture revient au centre de son activité, son style change, il participe à l'exposition « Surréalisme » de Bruxelles.

Les titres de ses tableaux semblent échappés d'un recueil de poésie : *L'Arbre anthropophage*, *Le Baptême du sang*, *Portrait arraché*, *Jeune Figue posant pour Léonard de Vinci*, *Libidoscaphes en état de veille*, *Le Bain turquoise*...

Il meurt en 1982, à 76 ans, après une vie consacrée à la création artistique.

Il est enterré dans la terre du Nord, à Douai.

Labourage

Dans les pays du Nord où le temps est rarement clément et les pluies abondantes, les travaux des champs se font souvent dans l'urgence, il est courant de labourer la nuit.

Je passe des moments inoubliables sur le tracteur à labourer. Seul dans l'immensité de la nuit, je deviens le capitaine d'un bateau secoué par les vagues de la terre, ou alors je suis Mermoz, le pilote d'un avion rugissant dans le pot au noir de la cordillère des Andes.

Je deviens un héros des temps modernes, le père nourricier de l'humanité.

Je pense à tous les pains, les baguettes, les flûtes, les bâtards, les pains de campagne, les pains complets, les pains de mie, les petits pains au lait, les croissants blonds, les brioches dodues, les pains au chocolat, les chaussons chauds que les gris boulangers vont faire avec mon blé. Des oiseaux de nuit tournoient dans la lumière des phares. Des corbeaux insomniaques viennent régulièrement.

Le corbeau, en général méfiant, cette nuit-là s'est posé sur le capot. Peut-être mis en confiance par l'obscurité qui protégeait son anonymat, il a eu envie de compagnie, ou simplement envie de réchauffer ses petites pattes glacées sur le capot tiède.

Je suis abruti, j'ai labouré toute la nuit, je me couche. Je ne pense plus, j'ai encore dans les oreilles le bruit du moteur. Je m'endors.

La porte de ma chambre s'est ouverte brutalement, la silhouette du commandeur se détache à contre-jour, debout devant mon lit.

J'entends la voix de mon beau-père. « Qu'est-ce que tu as foutu ? Viens voir le travail. »

A tâtons je cherche mes vêtements, je m'habille à la va-vite. Je suis dans le coma.

Il m'emmène en voiture jusqu'au champ. Il ne dit pas un mot, je suis mal à l'aise. Il n'a pas dû me réveiller pour me féliciter.

Le jour commence à se lever, on arrive, la colline que j'ai labourée est transformée en un crâne coiffé à l'afro-cubaine, avec des raies qui partent dans tous les sens, les sillons sont en zigzag. J'ai envie de rire, pas lui.

Il regarde son champ, il a les larmes aux yeux.

Lui qui adore tout ce qui est droit, la ligne droite, l'angle droit, et le droit chemin qu'il a toujours suivi.

Il pense à ses confrères cultivateurs qui vont voir le champ. L'agriculteur exemplaire et respecté va devenir la risée du village.

Plus tard, on l'appellera « le champ frisé ».

LaM

Le LaM est un musée d'art moderne, d'art contemporain et d'art brut.

Créé au début des années 1980, il était prévu pour présenter les collections de Roger Dutilleul et de son neveu Jean Masurel.

Roger Dutilleul était un riche rentier parisien, amateur d'art et collectionneur.

Il fut, à la fin de sa vie, le protecteur des peintres Eugène Leroy et Arthur Van Hecke.

En 1999, le musée reçut la collection d'art brut de L'Aracine.

En plus des œuvres de Picasso, Braque, Léger, Modigliani, Klee, Miró, Kandinsky, Calder, il possède la plus importante collection d'art brut en France.

Le musée donne une place aux artistes du Nord : Eugène Dodeigne, Eugène Leroy, Jean Roulland, Arthur Van Hecke, et aux peintres naïfs : André Bauchant, Camille Bombois, Gertrude O'Brady, Louis Vivin et Gaston Chaissac.

La collection d'art brut est présentée dans cinq salles, suivant cinq thématiques : L'art des fous, la clé des champs, Esprit es-tu là ?, Tracés et objets chargés, Habiter poétiquement le monde, et Machines célibataires.

Il est ouvert sur un parc de sculptures de 2 hectares. Des sculptures de pierre de Dodeigne et Jean Roulland, un mobile et un stabile de Calder, un bronze de Jacques Lipchitz, et une pièce de béton de Picasso, *Femme aux bras écartés*.

Laon

La ville haute, dominée par sa cathédrale, est située sur une colline isolée qui domine la plaine. On la surnomme la « montagne couronnée ». Elle est visible à des kilomètres à la ronde.

« De quelque côté que vienne le voyageur, de Paris, du Soissonnais, de la Flandre française ou des Ardennes, la montagne de Laon et sa cathédrale gothique apparaissent à l'extrémité de longues avenues de peupliers », Champfleury, écrivain natif de Laon.

Charlemagne en avait fait une cité royale et la capitale de l'Empire carolingien jusqu'à l'avènement des Capétiens.

Au Moyen Age, la ville connaît un essor économique important jusqu'à la fin du XVIe siècle. La cité est entourée de puissants remparts, encore en place aujourd'hui dans un état de conservation remarquable.

« Plus d'une fois, j'ai oublié les fatigues de la vie parisienne, en faisant, solitaire, le tour de la ville, sous les vieux ormes, dont un air vif agite le feuillage », Champfleury.

La cathédrale Notre-Dame est l'une des plus remarquables de France, la plus vieille cathédrale gothique après celle de Noyon. Quatre tours imposantes mais légères.

« J'ai été en beaucoup de terres, nulle part n'ai vu plus belles tours qu'à Laon », Villard de Honnecourt, maître d'œuvre du XIIIe siècle.

Elle est surnommée « la lumineuse ». Tout est clarté : de hautes fenêtres, sa tour-lanterne, sa pierre blanche. Elle est aussi réputée pour ses vitraux du XIIIe siècle.

Avec plus de quatre-vingts monuments historiques classés, la cité médiévale présente le plus grand secteur sauvegardé en France : hôtel-Dieu, palais épiscopal, abbayes, églises, rempart et ses portes… Un dédale de ruelles typiquement médiévales, des hôtels particuliers, des maisons du XVIe, XVIIe et XVIIIe siècle. Chaque rue, chaque chemin est imprégné d'histoire et d'émotion.

Victor Hugo, dans une lettre à sa fille Adèle : « J'ai quitté Laon ce matin, vieille ville avec une cathédrale qui est une autre ville dedans, une immense cathédrale qui devait porter six tours et qui en a quatre, quatre tours presque byzantines à jour comme des flèches du XVIe siècle. Tout est beau à Laon, les églises, les maisons, les environs [...]. »

Et, pour ce qui était du beau, Victor en connaissait un rayon.

Le Sidaner, Henri

Son père était capitaine au long cours, il est mort dans une tempête dans la Manche.

Henri a passé son enfance à Dunkerque. Il étudie la peinture à Paris, il découvre l'impressionnisme et est impressionné par Edouard Manet. En 1884, il entre à l'Ecole des beaux-arts dans l'atelier d'Alexandre Cabanel.

En 1884, il part s'installer à Etaples, à l'auberge Joos où il fait la connaissance des peintres de la région, notamment Eugène Chigot.

Ses œuvres sont teintées de réalisme sentimental. Au musée de Dunkerque, on peut voir *La Promenade des orphelines.*

Il expose en 1887, au Salon des artistes français, des jeunes bergères dans les dunes du Nord.

En 1891, il est nommé officier de l'académie et reçoit une médaille pour son tableau *La Bénédiction de la mer*, actuellement au musée de Châlons-en-Champagne.

En 1892, il visite l'Italie et la Hollande et fait des portraits de jeunes Hollandaises. Au Salon, il expose *L'Autel des orphelines*, actuellement au musée d'Arras.

Quoiqu'il ne soit pas croyant, ses œuvres baignent dans un sentiment de recueillement.

Il quitte Etaples pour s'installer à Paris, il a comme voisin le musicien Gabriel Fauré. Il se lie avec les écrivains symbolistes Emile Verhaeren et Georges Rodenbach.

Il peint *Le Départ de Tobie* et des paysages de neige, à des heures différentes de la journée.

En 1897, il fait sa première exposition personnelle à la galerie Mancini.

Il est reconnu par la critique.

Il expose *Les Ames blanches*, *Lumière cendrée* et *Le Dimanche*, sommet de sa période symboliste.

Dans *La Revue blanche*, il est qualifié de « Maeterlinck de la peinture ».

Sa peinture appartient un peu à l'univers de Marcel Proust. Il apparaît d'ailleurs dans *A la recherche du temps perdu*, où Marcel lui a donné un petit rôle.

Le Touquet

En 1837, un notaire de Paris, Alphonse Daloz, achète un terrain de dunes de 1 600 hectares à l'embouchure de la Canche, dans le Pas-de-Calais, pour en faire un terrain de chasse. Pour fixer le sable très mobile, il décide de planter sur 800 hectares une forêt, essentiellement de pins maritimes. Il quitte Paris et s'installe dans un très grand chalet qu'il a fait construire. Il invite son ami Hippolyte de Villemessant, fondateur du *Figaro*. Emerveillé par l'endroit qu'il qualifie d' « Arcachon du Nord », Villemessant convainc son hôte d'en faire un lieu de villégiature qui s'appellera « Paris-Plage ». Les premières villas sont construites en 1882.

La station balnéaire prend une expansion considérable grâce à un Anglais, John Whitley. On y construit des villas, plusieurs hôtels luxueux, deux casinos, de nombreuses installations sportives : golf, hippodrome, terrains de tennis…

Vu le nombre grandissant d'habitants, la commune Le Touquet-Paris-Plage est créée en 1912. C'est une station de luxe qui devient le rendez-vous de personnalités : artistes, historiens, savants, philosophes…

Serge Gainsbourg fait ses débuts au Touquet. Au milieu des années 1950, Lucien Ginsburg est pianiste de bar dans le restaurant Flavio. On peut toujours voir le piano dans le restaurant.

Sur la porte de la chambre où il séjournait, il a inscrit : « A mon ami Flavio sans qui Gainsbourg ne serait pas ce qu'il est. »

Maxence Van der Meersch passe les dix dernières années de sa vie dans la « villa dans les dunes ».

Aujourd'hui, Le Touquet, « perle de la Côte d'Opale », est l'atout chic de la région, une station élégante, sportive, animée. D'un côté, une forêt qui abrite quelque 2 000 villas, 45 kilomètres de pistes cavalières et 50 kilomètres d'avenues forestières pour piétons et cyclistes. De l'autre, la mer, une longue digue, une plage de 12 kilomètres, un important patrimoine architectural, vingt et un bâtiments sont classés Monuments historiques : hôtel de ville, marché couvert, villas somptueuses…

Le Touquet, « station des quatre saisons », est une station animée toute l'année. On peut y pratiquer de nombreuses activités sportives, on peut flâner dans les rues commerçantes, la rue Saint-Jean, la plus connue, acheter des chocolats dans le célèbre « Au chat bleu », se promener sur la plage ou dans la forêt. Des festivités, des manifestations culturelles, de nombreux événements sportifs sont organisés toute l'année. Un centre de thalasso où des dames minces comme des haricots verts rêvent de devenir des haricots verts extra-fins.

Hôtel Westminster, l'un des plus prestigieux de la station. Façade Art déco, luxe discret et atmosphère feutrée. Façade de 130 mètres de long. Il ouvre en 1924 et attire de nombreuses personnalités. Il a été entièrement restauré dans les années 1980.

Le Salon du livre, où j'aime bien aller. J'y ai rencontré récemment une femme qui était la fille de la pâtisserie d'Arras, la pâtisserie Mametz, où ma mère allait acheter un divin gâteau qui s'appelait « le Solférino ». Elle était tout émue de voir que, soixante-cinq ans plus tard, je me souvenais encore du gateau de son papa.

Au Touquet, on croise plus les Le Quesnoy que les Groseille.

Léger, Silviane

Sculpteur, fille d'ouvrier, elle travaille en usine dès l'âge de 14 ans. Elle fait du journalisme. Le projet d'un livre sur les créateurs de Flandres et d'Artois lui donne l'occasion de rencontrer différents artistes.

Grâce à eux, elle découvre le goût pour l'art, elle passe une année à l'Ecole des beaux-arts de Roubaix, puis après, quatre ans, à celle des beaux-arts de Lille. Elle se dirige vers la sculpture monumentale.

Sa première exposition a lieu à Lille en 1978.

En 1980, elle expose au musée du Luxembourg à l'occasion du salon de l'Union des femmes peintres et sculpteurs.

Ensuite, elle se fait connaître à l'étranger : Pays-Bas, Allemagne, Italie et Etats-Unis. Washington, New York et Orlando.

Les villes du Nord lui commandent des statues monumentales.

Elle réalise pour Faches-Thumesnil *L'Homme à l'enfant*, *L'Eternité*, pour Loos, *Trois Femmes au repos*, pour le métro de Lille, *La paternité*, pour la station de métro Pont de Bois, *Les Crieuses*, pour Villeneuve-d'Ascq, *La Paternité assise*, Faches-Thumesnil, *La Piéta debout*, pour La Piscine de Roubaix, le buste de Marguerite Yourcenar, le buste d'Henri Matisse…

« Il faut avoir vu Silviane Léger ouvrir la terre du tranchant de la main, « Son œuvre la rattache au courant expressionniste, elle maniait aussi l'humour et la tendresse. Elle a coulé son œuvre dans le bronze, laissant de son corps à cœur avec la terre une trace pour l'éternité », Isabelle Leclercq.

En 1996, elle obtient le premier prix de la femme sculpteur européenne.

Lemire, Jules-Auguste

Jules-Auguste Lemire, dit l'abbé Lemire, est un homme d'Eglise et un homme politique français. Il fut député du Nord de 1893 à 1928, maire d'Hazebrouck de 1914 à 1928 et père des jardins ouvriers.

Il naît à Vieux-Berquin, petite commune du Nord, en 1853, dans une famille de modestes paysans, et passe la majeure partie de sa vie à Hazebrouck. A 23 ans, il est ordonné prêtre et nommé à Hazebrouck. Il enseigne le latin, le grec, la philosophie, la poésie au collège Saint-François-d'Assise.

En 1893, il est élu député du Nord et le restera jusqu'à la fin de sa vie : « le plus long mandat parlementaire ininterrompu de la IIIe République » selon Gilbert Louchart, petit-neveu du prêtre. Il place l'homme au centre de ses préoccupations. Il travaille sans relâche au bien-être de tous les hommes et en particulier des ouvriers : solidarité, fraternité, respect, tolérance, aide aux plus démunis…

Ce député démocrate et social a un rôle très important au niveau national. Il est à l'origine de plusieurs réformes : le repos du dimanche, les allocations familiales, la réglementation du temps de travail, du travail de nuit et du travail des femmes et des enfants.

Ses positions avant-gardistes lui vaudront de nombreux démêlés avec les autorités ecclésiastiques.

Il fonde la Ligue du coin de terre et du foyer. L'objectif est de mettre à la disposition du chef de famille un coin de terre pour y cultiver des pennetierres et des poreaux, nécessaires à la soupe. Il crée ainsi les jardins ouvriers.

« Si les jardins ouvriers permettent aux ouvriers d'échapper à leur taudis en profitant d'un air plus respirable, ils les éloignent aussi des cabarets et encouragent les activités familiales au sein de ces espaces verts », disait-il.

Marguerite Yourcenar reconnaît en l'abbé Lemire non seulement un homme de bien, mais aussi un homme qui a gardé le contact avec la nature, qui en connaît les vertus. Elle écrira :

« Ce fils de paysan trace son sillon avec la lenteur obstinée de ceux qui ont travaillé la terre. Ses jardins ouvriers, détestés du patronat, n'ont pas pour seul but d'offrir au salarié des villes un peu plus d'air pur, une aide alimentaire contre la cherté de la vie, mais une sorte de réhabilitation par le contact avec le sol. »

L'abbé Lemire décède en 1928.

La maison-musée de l'abbé Lemire, construite en 1899 et animée par l'association « Mémoire de l'abbé Lemire », entretient la mémoire de cet homme politique d'avant-garde.

En 1996, pour célébrer le centième anniversaire des jardins ouvriers, la rose Abbé Lemire est créée. Cet homme-là méritait bien une fleur.

Leroy, Eugène

Peintre français né en 1910 à Tourcoing, mort à 89 ans dans la banlieue de Lille.

Un cadeau offert par sa mère pour ses 15 ans sera déterminant pour sa vie : la boîte de peinture de son père décédé.

Il commence à dessiner et à peindre.

Il découvre Rembrandt, Jordaens, Greco, Goya. Il visite Rome. Il se marie avec Valentine. Il fait un cours passage aux Beaux-Arts de Lille, puis va étudier à Paris à la Grande Chaumière, puis rentre à Lille. Il ne se pense « pas fait pour les études », mais pour la peinture.

Il s'installe à Paris, et, en même temps qu'il peint, il donne des cours de latin et de grec. Esprit très ouvert et curieux, il s'intéresse à l'art abstrait (Malevitch et Mondrian).

Eugène Leroy travaille la peinture couche après couche, il enfouit l'image sous la matière, et de l'amas de matières et de couleurs émerge le sujet.

Le sujet apparaît petit à petit, comme sur un cliché photographique plongé dans un révélateur.

Jean Clair écrira : « Il veut saisir l'indéfini, l'insaisissable, l'imprévu. »

« Avec ses vastes et bouleversants empâtements, Eugène Leroy nous dit que la peinture est rupture éternelle de la modernité, quand l'art contemporain sera démodé hier, dégradé ce matin, périmé demain », Jean Mineraud.

S'il fallait illustrer le Nord par un tableau, je choisirai peut-être une plage de Leroy.

Lesage, Augustin

Augustin Lesage est un peintre de renommée internationale, figure majeure de l'art brut. Un mineur, un médium, un guérisseur, un peintre spirite.

Il est né en 1876 près d'Auchel, dans le Pas-de-Calais, dans une famille où l'on est mineur de père en fils. A 14 ans, après son certificat d'études, il commence à travailler à la mine de Ferfay.

A 35 ans, couché dans un boyau au fond de la mine, il entend une voix qui lui dit : « Un jour, tu seras peintre. » De peur de passer pour fou, il tait l'événement. Il n'avait jamais manifesté de dispositions pour le dessin ou la peinture, l'art était loin de ses préoccupations. Quelques mois plus tard, il participe avec des amis à des séances de spiritisme et fait preuve de dons de médium exceptionnels. Lors d'une séance, les esprits lui confirment sa vocation : « Sois sans crainte et suis bien nos conseils. Oui, un jour tu seras peintre, et tes peintures seront soumises à la science... C'est nous qui tracerons par ta main. Ne cherche pas à comprendre. Surtout suis bien nos conseils. »

Augustin Lesage commence à faire quelques dessins puis se met à la peinture. Sa première toile est un très grand tableau carré de 3 mètres de côté. Chaque soir, au retour de la mine, il se met au travail. Il peint dans la pièce principale de la maison, trop petite pour déplier la grande toile. Elle est alors roulée, il ne peut avoir une vue d'ensemble. Il commence dans le coin supérieur droit.

« Je délaie les peintures péniblement et je commence dans un coin. L'esprit m'a tenu dans ce petit coin carré pendant trois semaines consécutives. Je ne faisais rien et c'en était un travail... Après, tout s'est développé, le pinceau a marché de gauche à droite, il y a eu de la symétrie. »

Il n'a pas de projet, pas de thème préalable. L'image se révèle au fur et à mesure.

La réalisation de l'œuvre lui demande plus d'une année de travail assidu. Cette toile révèle un style nouveau où la composition géométrique prédomine.

Après la guerre, il se remet à la peinture.

En 1923, il quitte la mine pour se consacrer entièrement à son art jusqu'à la fin de sa vie.

Ses œuvres, souvent de grand format, représentent des constructions architecturales imaginaires finement ciselées, remplies de menus motifs où le rôle de la symétrie joue un rôle dominant. Il expose ses œuvres et peu à peu acquiert une grande renommée. Il intéresse les surréalistes, particulièrement André Breton, puis Jean Dubuffet.

Pour beaucoup, Augustin Lesage reste un mystère, sa création artistique a jeté le trouble dans le monde artistique et scientifique. Devant les plus incrédules, il s'excuse simplement et timidement : « Moi, je n'y suis pour rien… ce qui m'arrive, je ne l'ai pas désiré. »

« C'est de l'art de l'au-delà, cela ne vient pas de moi… Je ne suis que la main qui exécute et non l'esprit qui conçoit. »

Augustin Lesage ne fera pas fortune, il offre ses tableaux ou les vend au prix des fournitures et du temps passé, calculé sur le salaire horaire d'un mineur.

Les yeux fatigués, il arrête de peindre en 1952 et décède en 1954 à Burbure, près de Lillers, où il est enterré. On peut voir ses œuvres à la Collection de l'art brut de Lausanne, au LaM de Villeneuve-d'Ascq, au Musée d'art moderne de Paris… et dans quelques foyers de la région d'Auchel.

Levure Lesaffre

Un pain sur trois dans le monde est fabriqué avec la levure Lesaffre.

L'entreprise Lesaffre est un groupe familial né dans le nord de la France en 1853, son siège est à Marcq-en-Barœul. Elle fabrique les produits de fermentation. Les habitants de Marcq connaissent bien l'odeur de la levure, par vent favorable, on peut la sentir jusqu'à Lille.

Depuis 1970, elle élargit ses activités dans le domaine de la nutrition santé (humaine et animale), la bioprotection des plantes, la chimie verte, les biocarburants…

Ce groupe familial nordiste est réputé pour sa discrétion. Ce champion de l'alimentaire reste l'un des moins connus du grand public.

Liénart, Achille

Il est né à Lille en 1884, dans une famille de moyenne bourgeoisie, son père est négociant en toile.

En 1891, il entre au collège des jésuites Saint-Joseph à Lille. Sa vocation date de son enfance, il sait qu'il sera prêtre.

Il entre au séminaire d'Issy-les-Moulineaux puis, après son service militaire, au séminaire Saint-Sulpice à Paris. Il est ordonné prêtre en 1907, il se spécialise dans les Ecritures saintes à Rome, et il enseigne au séminaire de Saint-Saulve.

En 1914, il s'engage dans l'armée et devient aumônier : il est envoyé dans les Ardennes, il participe à la bataille de la Meuse et de la Marne.

De 1915 à 1919, il est l'aumônier du 2e RI, régiment du Nord. Il secourt les blessés.

En 1916, il sera blessé deux fois.

En 1926, il est curé de l'église Saint-Christophe de Tourcoing, il est nommé à la tête du diocèse de Lille en 1928. Il a 44 ans, il est le plus jeune évêque de France.

A peine nommé, il sera le médiateur pendant la grande grève d'Halluin qui dura sept mois, et défendra les ouvriers.

Le 31 mai 1940, Lille est occupé, le Nord-Pas-de-Calais est sous l'autorité allemande de son gouverneur Felzman. Le cardinal qu'il est devenu obtiendra de lui la liberté de circuler en zone occupée pour préserver les conditions pastorales. Lors du massacre d'Ascq, il envoie une lettre de protestation aux autorités allemandes, il aura le droit de célébrer les funérailles des victimes.

En 1954, il devient prélat de la mission de France.

Il restera quarante ans évêque de Lille.

On l'appellera le « cardinal rouge » : il avait deux bonnes raisons d'être rouge, il avait mélangé la pourpre cardinalice et le rouge du drapeau prolo.

Il est mort à Lille le 15 février 1973.

Lille

Pour ma mère du Nord, Lille était une ville importante, la ville où elle avait tout appris, la ville de la Catho, la ville de sa jeunesse, de sa culture.

Vingt ans plus tard, elle nous l'a fait visiter avec mon frère Yves-Marie.

Pour nous, les petits provinciaux du Pas-de-Calais, Lille, c'était notre capitale, c'était Paris.

Nous avons déjeuné dans un restaurant qui s'appelait « Le Palais de la bière ». Nous étions fascinés, tout brillait, dans le restaurant.

On a découvert dans Lille une boutique où l'on pouvait entendre des disques. On mettait une pièce dans la machine, on choisissait un morceau de musique, on mettait des écouteurs et on appuyait sur le bouton. J'ai choisi « Dans les plaines du Far West » par Yves Montand.

Lille était une cité marchande avant d'être une grande capitale industrielle jusque dans les années 1960. Elle était la capitale des Flandres.

A partir des années 1990, elle connaît un renouveau. Le quartier d'affaires Euralille, le TGV et l'Eurostar la placent au cœur des grandes capitales européennes.

La réhabilitation de certains quartiers, la restauration du patrimoine architectural lui gardent le charme du passé.

La Grand-Place, avec le Furet du Nord, *La Voix du Nord*, le théâtre du Nord… Au centre, la colonne de la Déesse représente la résistance de la ville lors du siège de 1792. La Vieille Bourse, sûrement le plus beau monument de la ville, accueille des bouquinistes et l'été des bals tango. Le palais Rihour, l'hôtel de ville et son beffroi, la « reine des citadelles », le Vieux-Lille…

Assistant réalisateur à la télévision de Lille, j'ai d'abord habité rue de la Rapine, dans le Vieux-Lille, une petite pièce dans un vieil immeuble en pierre. Je vivais avec ma première femme.

Le logement n'était pas en bon état, je me souviens d'une nuit où des morceaux du plafond sont tombés sur notre lit.

Nos voisins immédiats étaient un couple qui s'engueulait toute la journée. Je me souviens qu'ils avaient un tandem, il était tout rouillé, il ne devait pas servir souvent.

Après, il y a eu la rue Saint-Joseph, une minuscule rue, peut-être la plus petite de Lille ? Nous avions une petite maison. Nous étions dans le Vieux-Lille, en face du palais de justice, dont j'ai assisté à la démolition.

On avait attaché des câbles aux colonnes et des tracteurs ont tiré. Je me souviens des colonnes qui se tordaient avant de s'effondrer avec un bruit terrible dans un gros nuage de poussière, c'était très impressionnant, comme la fin du monde. C'était la fin d'un monde. Un bâtiment très moderne a poussé depuis, à la place. Heureusement, les belles maisons anciennes ont été préservées.

Pour qui aime l'architecture, on ne s'ennuie pas, à se promener dans le Vieux-Lille. La tête en l'air, on découvre des merveilles sur chaque maison ancienne, des corniches, des moulures, des statues. L'hospice Comtesse a été classé Monument historique en 1923.

En 2004, Lille est capitale européenne de la culture avec Gênes et devient « ville d'art et d'histoire ». Elle dispose d'une vie culturelle riche et diversifiée : des musées, de nombreuses salles de spectacles et de concerts… Lille 2004 a profondément changé l'image de la ville.

Lille 3000, porte d'entrée vers le futur, se veut comme une continuité de Lille 2004.

L'événement populaire le plus important est toujours la grande braderie de Lille, chaque premier week-end de septembre. C'est le plus grand marché aux puces d'Europe, il accueille environ 2 millions de visiteurs. Ce jour-là, des montagnes de coquilles de moule jonchent les rues. Ce sont des terrils en miniature.

Lin

Le lin aime le Nord, les bords de mer, la Haute-Normandie, la Somme, le Pas-de-Calais.

Voilà pourquoi, au mois de juin, nos champs deviennent bleus comme le Pacifique.

Semé entre mars et avril, le lin croît très rapidement. Il arrive à maturité au bout de 100 jours. Mi-juin, le lin est en fleur. La floraison dure environ dix jours. Sur une tige, il y a plusieurs fleurs, des fleurs délicates mais éphémères.

La fleur de lin s'ouvre le matin, et les pétales tombent avec le soleil de l'après-midi. Les champs se parent d'une superbe couleur bleue.

Le poète Aragon écrira : « Un grand champ de lin bleu qui fait au ciel miroir. »

Mi-juillet, la récolte commence. Le lin est arraché et non fauché. Il est couché en bandes sur le sol, c'est le temps du rouissage pour séparer les fibres de la paille. Ensuite, le liniculteur fait de grosses balles rondes et les livre à l'usine pour le teillage qui sépare les différents composants des tiges de lin.

Dans le lin, tout est bon. Les fibres longues pour les tissus, les fibres courtes ou étoupes pour la papeterie. Les graines de lin pour faire de l'huile qui est un laxatif, soigne les affections de la peau, lubrifie les articulations, cicatrise les plaies. Le reste est utilisé pour les isolants, les litières.

Nos chats distingués pissent dans le lin…

Le lin sert à faire des chemises, des costumes légers pour l'été, il est toujours légèrement froissé, ce qui lui donne de la décontraction et un charme particulier. Je me souviens d'un couple distingué de mes amis, toujours habillé en lin : on les surnommait « les lins froissés… » Ça ne les froissait pas…

Faute d'une route du vin, on a dans le Nord une route du lin. Elle permet de suivre chaque étape de la culture. C'est un patrimoine historique et rural du Nord-Pas-de-Calais.

Lockwood, Didier

Didier Lockwood est un célèbre violoniste de jazz, de renommée mondiale.

Sa famille paternelle, originaire du Royaume-Uni, immigre à Calais à la fin du XIXe siècle. Il naît en 1956, quarante-cinq ans après Michel Warlop, le célèbre violoniste né à Douai, et passe son enfance à Calais dans une famille d'artistes. Son père, instituteur, est aussi professeur de violon, sa mère est peintre amateur et son frère aîné deviendra pianiste de jazz.

Il se passionne tout jeune pour le violon et entre au conservatoire de Calais à 6 ans. A 13 ans, il intègre l'orchestre lyrique du théâtre municipal de Calais.

A 16 ans, il obtient le premier prix du conservatoire de Calais et le premier prix national de musique contemporaine de la SACEM.

Il aime la musique classique, mais, initié par son frère, il s'oriente vers le jazz et la musique improvisée.

A 17 ans, il rejoint le célèbre groupe Magma. Il est remarqué par Stéphane Grappelli qui lui propose de l'accompagner dans ses tournées, puis il commence une carrière en solo.

Il enchaîne les albums, les concerts, près de 4 500, dans le monde entier avec différentes formations, du trio au solo, du quartet au groupe de fusion, dans divers styles : jazz fusion électrique, jazz acoustique, jazz manouche, jazz et musique classique.

Dans le cadre du Festival de la Côte d'Opale, il compose avec l'Orchestre national de Lille un concerto intitulé *Les Mouettes* qui connaît un très grand succès.

Il élabore avec sa compagne d'alors, Caroline Casadesus, « Le Jazz et la Diva », un spectacle inédit de violon jazz et voix classique. La même année, il enregistre avec son frère Francis un album intimiste, *Brothers*.

Il est très impliqué aussi dans l'éducation à la musique. « Il ne concevait pas son métier sans en faire profiter les jeunes », Patrick Dréan, organisateur du Tourcoing Jazz Festival.

Didier Lockwood crée en 2001 le Centre des musiques Didier Lockwood à Dammarie-les-Lys, en Seine-et-Marne, pour la formation du musicien en jazz et musiques improvisées.

« Didier était un musicien immense… C'est du talent pur ! Il a révolutionné la technique du violon-jazz, il avait vraiment bossé cela, il savait faire, et c'est pour ça qu'il le transmettait comme ça. C'est l'un des seuls au monde », Jean-Robert Lay, ami de Didier et directeur du conservatoire de Calais pendant trente ans.

« Quand il venait à Calais, il fallait qu'il mange des moules… Il avait cet attachement à notre ville. »

« Je suis très attaché à ma région. A Calais encore plus, car c'est tout à la pointe… une géographie poétique », « J'ai toujours été le porte-fanion de ma ville, j'en parle dans le monde entier. »

Didier Lockwood décède en février 2018. De nombreux hommages lui sont rendus : « C'était une sorte de Paganini du jazz, doué dès l'enfance », dira Aldo Romano, batteur italien.

Il a rejoint Michel Warlop avec qui il va pouvoir jouer le *Concerto pour deux violons* de Jean-Sébastien Bach.

Louvre-Lens

Le musée du Louvre-Lens est bâti sur le carreau de la fosse 9.

Le site du musée est marqué par la silhouette du stade Bollaert et deux terrils qui évoquent la pyramide du Louvre et la pyramide de Kéops.

L'inauguration a lieu le 4 décembre 2012, jour de la Sainte-Barbe, patronne des mineurs. A coté des personnalités étaient présents des anciens mineurs et des cafus (trieuses de charbon.)

Il est construit sur un parc paysager de 20 hectares, cinq boîtes de verre et d'aluminium. Transparence et luminosité.

Le 18 novembre 2013, les architectes Kazuyo Sejima et Ryue Nishizawa et la région Nord-Pas-de-Calais reçoivent le prix de l'Equerre d'argent pour le Louvre-Lens. Il récompense « le très beau travail sur les ambiances, la bonne maîtrise de la lumière et la reconversion d'un site minier en équipement culturel de premier plan ».

Un lieu où l'on peut voir de l'art mais aussi un véritable espace de communication, de rencontres et d'échanges.

A Lens, j'ai pu voir *La Liberté guidant le peuple* de Delacroix.

J'ai soutenu le regard impérieux de Louis-François Bertin, d'Ingres.

Dans la pénombre, j'ai distingué *La Madeleine à la veilleuse* de de La Tour.

Je me suis incliné devant *La Vierge et l'Enfant* entourée de cinq anges de Botticelli. J'ai compati aux souffrances du *Saint Sébastien* du Pérugin.

J'ai salué Baldassare Castiglione, peint par Raphaël. J'ai fait semblant de ne pas voir Ixion trompé par Junon, de Rubens.

J'ai flâné, dans le *Paysage avec Orphée et Eurydice* de Poussin, *Le Printemps* et *L'Eté* d'Arcimboldo. Et j'ai retrouvé la sublime sainte Anne de Léonard de Vinci, que j'adore.

Et j'ai été boire une bonne bière à sa santé.

Lucheux

Lucheux est une charmante petite cité médiévale située au nord de Doullens, dans un vallon boisé.

Elle est entourée de forêts, de prairies et traversée par la Grouche, un affluent de l'Authie.

C'est une des localités les plus intéressantes de la Picardie par son joli cadre, son église romane, son beffroi et les ruines considérables de son château féodal. Lucheux est le seul village picard à conserver les trois édifices symboles des trois ordres de la société médiévale.

L'église Saint-Léger date du XIIe siècle et conserve de cette époque un chœur roman orné de chapiteaux sculptés et historiés et des voûtes d'ogives parmi les plus anciennes de France.

Le beffroi est construit sur une ancienne porte de la ville. Il est l'un des plus anciens dans le nord de la France et surtout l'unique beffroi-porche dans l'Europe du Nord. La route passe toujours sous cette porte. Sa cloche principale a sonné à deux reprises au XXe siècle, lors des deux guerres mondiales et le 15 juillet 2005 pour célébrer son inscription au patrimoine mondial de l'Unesco.

Jeanne d'Arc y aurait séjourné une nuit en 1430 avant d'être emmenée à Rouen.

Le château fort, construit par les comtes de Saint-Pol du XIIe au XVIe siècle, domine le bourg. Il a conservé de remarquables vestiges. L'entrée encadrée par deux tours circulaires est parfaitement restaurée. Le village de Lucheux possède aussi quelques belles maisons picardes du XVIIIe siècle.

Une curiosité plus discrète à Lucheux est « l'arbre aux épousailles » qui daterait du début du XVIIe siècle. Ce sont en fait deux tilleuls qui s'entrelacent, ne formant plus qu'un avec au centre un étroit passage. La coutume locale, qui perdure, veut que les mariés, à la sortie de l'église, sous un drap tendu, se dirigent vers l'arbre pour franchir en premier ce passage.

« Pour être bien mariés, sous l'arbre être tous deux passés, qui le premier passera, toujours le maître sera. »

Les jeunes femmes, plus fines, passent en général les premières.

Luminarc

« Lum » comme lumière, « arc » comme Arques.

C'était le nom du bateau qui transportait sur les canaux le sable de silice pour la fabrication du verre.

La verrerie-cristallerie d'Arques, près de Saint-Omer, fut fondée 1825 et rachetée en 1916 par Georges Durand. Après la Première Guerre mondiale, cette petite entreprise connaît pas la crise, mais un essor spectaculaire sous l'impulsion de Georges Durand et de son fils Jacques, qui va aux Etats-Unis et découvre les fours à bassin et les machines automatiques. La production manuelle est abandonnée, on peut travailler vingt-quatre heures sur vingt-quatre. Des nouveaux modèles de verre sont proposés : avec filet or, filet de couleur, pose de givre.

Les verres sont roulés dans la colle puis dans une fine poudre de verre.

M

Malle, Louis

Il est né en 1932 à Thumeries et mort en 1995 à Beverly Hills, un beau trajet.

Famille de la grande bourgeoisie, son père est directeur de l'usine Béghin Say.

Il est reçu au concours de l'IDHEC. Il devient assistant de Cousteau pour un documentaire. Il obtient la Palme d'or à Cannes pour son film *Le Monde du silence.*

Il assiste Robert Bresson pour *Un condamné à mort s'est échappé*. Il continue sa carrière de réalisateur hors de la Nouvelle Vague qui ne le reconnaît pas.

Il obtient le prix Louis-Delluc avec *Ascenseur pour l'échafaud* avec Maurice Ronet et les superbes improvisations de Miles Davis.

Il tourne ensuite *Les Amants* avec Jeanne Moreau, film qui fait scandale et révolte la Ligue pour la vertu. Ensuite *Zazie dans le métro*, puis, d'après Drieu la Rochelle, *Le Feu follet*, avec Maurice Ronet, puis *Le Souffle au cœur*, avec Lea Massari.

Après son film *Lacombe Lucien*, il s'expatrie aux Etats-Unis. Il revient en France et tourne *Au revoir les enfants*, film en partie autobiographique. Un enfant apprend qu'un de ses camarades d'école est juif, il sera dénoncé, arrêté et déporté.

Son œuvre est riche et variée, elle n'a jamais laissé indifférent, elle a eu énormément de distinctions et a suscité parfois des indignations. *Les Amants* ont révolté la Ligue pour la vertu ainsi que *Le Souffle au cœur*, des résistants se sont sentis blessés par *Lacombe Lucien*. *Au revoir les enfants* reste un très grand succès.

Mamadou

Figure locale roubaisienne des années 1950 à 1980.

Mamadou N'Diaye, mousse, boxeur, entraîneur et surtout guérisseur, naît en 1909 au Sénégal. Il travaille neuf ans dans la marine marchande, puis s'installe à Roubaix en 1931 dans le quartier du Pile. Il est l'un des premiers Africains dans la ville.

Il est d'abord boxeur, surnommé « la panthère noire » pour ses talents sur le ring. Il ouvre un club de boxe en 1950, le Boxing Club Colonial de Roubaix, et devient entraîneur.

« C'était une personne hors du commun. C'était comme un père pour nous », « quoique noir, il était connu comme le loup blanc et respecté », se souviennent d'anciens boxeurs.

Un jour, il se découvre des talents de guérisseur et il ouvre un cabinet, sans autorisation, pour soigner les vertèbres des Nordistes. Sa réputation est vite faite.

Il devient une célébrité roubaisienne. Les patients viennent de toute la région, de Belgique.

« Des Belges venaient tous les dimanches pour se faire soigner », se souvient une habitante du quartier.

Il reçoit des milliers de lettres de remerciements. Les habitants lui rendent hommage lors de messes en l'église paroissiale.

Une chanson entendue à France Culture le célèbre :

Le seigneur a envoyé Mamadou pour nous soigner.
Nous devons le remercier car sans lui nous serions affligés.
C'est ses mains qui nous ont soignés,
C'est ses mains qui nous ont sauvés.
Car il est la vie, il sera toujours près de nous, notre sauveur de tous les jours.

L'Ordre des médecins porte plainte pour exercice illégal de la médecine.

Il est poursuivi vingt-deux fois par la justice. Il est défendu par l'avocat André Diligent, futur maire de Roubaix. Ses patients, les Roubaisiens et même des médecins, lui apportent soutien, et les témoignages affluent.

« D'un geste de la main, Mamadou vous remet les vertèbres », « Il a des dons extraordinaires », « Il a redressé le pied d'une petite fille en la mettant sur ses épaules ».

Un prêtre s'est fait soigner par lui. Un médecin affirme avoir conseillé à des patients d'aller chercher l'apaisement chez Mamadou N'Diaye. Lors de son dernier procès en 1967, il guérit sur place la greffière d'audience qui souffre du dos. Le tribunal le condamne à une peine symbolique de 2 000 francs et lui rend son matériel.

« C'était une manière implicite de dire : tu peux continuer, mais sois plus discret », pense Bruno Gaudichon, conservateur du musée La Piscine.

Il continue d'exercer jusqu'à son décès en 1985.

Sur sa pierre tombale est écrit : « Boxeur, la panthère noire, chiropracteur d'élite ».

En 2017, Germain Hirselj, historien de l'art, régisseur du musée La Piscine, découvre par hasard, dans une brocante, un vitrail représentant Mamadou avec une dédicace : « Au cher monsieur Mamadou qui m'a sauvé la vie. Témoignage reconnaissant. La Marquise. »

On ne sait pas qui est cette Marquise.

La Piscine acquiert cette œuvre.

« Plus que la valeur de l'œuvre, c'est l'histoire de ce personnage romanesque qui nous a intéressés », relate Bruno Gaudichon.

Manessier, Alfred

Peintre, il est né en 1911 à Saint-Ouen, dans la Somme.

Ses parents, Blanche et Nestor, habitent Abbeville, son père est comptable.

Les paysages et la lumière de la baie de Somme l'ont marqué dès sa plus tendre enfance.

« Ces huit années furent pour moi un paradis. C'était la guerre, j'ai un peu honte de le dire, mais j'en garde des souvenirs extraordinaires d'illuminations, d'incendies, de feux d'artifice, de bruit, de mystères aussi. Nous étions dans les maïs dans la nature. Et on regardait le ciel. »

A 10 ans, il se lève la nuit pour observer les premières lueurs de l'aube sur le bord de l'eau.

La lumière du Nord va incendier et inonder son œuvre.

La famille a déménagé à Amiens, tous passent leurs vacances au Crotoy, où Alfred peint ses premières aquarelles. Il a 13 ans.

« C'est à cette époque que mon oncle m'offrit une biographie de Rembrandt que j'ai dévorée. Le livre refermé, je m'écriais : "Je préfère crever, mais je veux vivre comme ce gars-là." »

Rembrandt restera son maître toute sa vie.

Dans son autoportrait de 1928, il imite l'autoportrait au chevalet peint par Rembrandt en 1660.

En 1938, il s'installe à Paris et se marie avec Thérèse Simonet.

« Immédiatement, des drames violents se sont posés à nous. Ma femme aimait Bonnard et j'aimais Picasso. Ce n'était pas possible de découvrir une femme qui était absolument mon contraire… Je dois avouer qu'elle a réussi à me faire aimer Bonnard. »

Ils emménagent à Paris au 203, rue de Vaugirard. Il y travaillera pendant trente-trois ans.

Dès 1935, ses premières toiles participent à l'esthétique cubiste et surréaliste.

Il va participer à la rénovation de l'art sacré par l'art abstrait. En créant des vitraux et des tapisseries.

« Je ne crois pas à la peinture religieuse. C'est l'homme qui doit être religieux. J'établis une différence entre le sujet et l'objet. Ainsi, dans Corot, il y a un éclairage chrétien, et c'est pour moi bien plus valable que toutes les peintures sur des thèmes religieux qui manquent de cette lumière de Corot. »

Ses tableaux religieux seront suivis d'un grand nombre de paysages du Nord. En 1949, il retourne dans la baie de Somme et fait un voyage en Flandres, où il peint une série de tableaux, *Le Flot en baie de Somme*, *Port du Crotoy au petit jour*, *Les Flandres*, *Marée basse*, *Morte-eau*, *Mer Montante*, *Mer du Nord…*

A partir de 1955, il a sa période hollandaise, plus colorée. Il reconnaît être influencé par Paul Klee.

Il n'est pas sourd aux agitations et aux souffrances du monde. Après l'insurrection de Budapest, il peint des *Requiem*, puis un hommage à Martin Luther King, les *Favellas…*

Son œuvre a été couronnée par de nombreux prix internationaux, en 1962, à la Biennale de Venise, il a le Grand Prix de la peinture alors que Giacometti a le prix de la sculpture.

Après Matisse, Villon, Dufy, il est le dernier peintre français à avoir obtenu cette distinction.

Le 28 juillet 1993, il est victime d'un accident de la route. Il meurt le 1er août.

Il repose dans son village natal.

Sa dernière toile restera inachevée.

Elle s'appelait : *Notre amie la Mort selon Mozart.*

Le tableau qui orne ce dictionnaire amoureux est de lui, le grand amoureux du Nord.

Une harmonie de couleurs, le noir du charbon, le rouge du soleil, le jaune du sable, le bleu de la mer du Nord, ne s'épousent-ils pas ?…

Marais audomarois

Le marais audomarois, site unique, s'étend sur quinze communes près de Saint-Omer dans le Pas-de-Calais : 3 700 hectares, 700 kilomètres de cours d'eau dont 170 navigables. C'est le seul marais de cette importance encore habité et cultivé en France. Une quarantaine de maraîchers cultivent près de cinquante légumes différents : chou-fleur, endive, cresson, carotte géante de Tilques…

En 2013, le marais audomarois, qui abrite une faune et une flore exceptionnelles, est reconnu « réserve de biosphère » par l'Unesco.

Jusque dans les années 1970, on se déplace en escute et en bacôve, de larges barques à fond plat.

L'atelier des « Faiseurs de bateaux » est le dernier fabricant d'escutes et de bacôves. C'est un savoir-faire unique et ancestral. En 2015, l'atelier a été labellisé « Entreprise du patrimoine vivant ».

Les canaux sont appelés les « wateringues ». Désormais, des routes et des ponts donnent accès à certaines parties du marais.

Le facteur fait encore sa tournée en barque, seul cas en France métropolitaine.

« J'avoue, au début, c'était un peu compliqué. Ici, il n'y a pas de noms de rue… Aujourd'hui, je m'y retrouve même dans le brouillard… C'est très paisible. Certains matins, si je suis un peu énervé, il me suffit de quelques minutes dans la barque pour retrouver mon calme », Nicolas Hudelle.

Le marché flottant de Clairmarais est créé en 2011, il a lieu plusieurs fois pendant l'été. Les producteurs vendent directement leurs produits depuis leur barque. Côté vendeurs, il faut apprivoiser les lois de l'équilibre. Côté clients, il faut un minimum de souplesse et beaucoup de vigilance pour ne rien laisser tomber.

La Maison du Marais permet de découvrir le territoire à travers son histoire, son habitat, ses cultures, sa biodiversité. C'est le point de départ d'un voyage qui permet de découvrir ce labyrinthe aquatique. Ces promenades en bacôve au cœur du marais offrent un moment magique, hors du temps, un vrai dépaysement.

« Le marais audomarois ne laisse personne indifférent, écrira le conseiller départemental du Pas-de-Calais, Bertrand Petit : C'est un lieu exceptionnel, bouillonnant de vie, infiniment riche en émotions et en surprises. »

Marie Grauette

La sorcière Marie Grauette, véritable mythe populaire, hante la région Nord-Pas-de-Calais.

Marie Grauette est un personnage maléfique pour faire peur aux enfants ; pour les rendre plus sages et avoir la paix.

C'est un personnage du folklore de la région. C'est une vraie sorcière. Elle a les ongles longs et crochus, les dents jaunes et pointues. Elle vit dans les étangs, les fossés et les marais.

Son nom vient de grauet (« groët » en patois) : crochet, petite fourche à trois dents qui servait dans les jardins et aussi à tirer le fumier.

Marie Grauette pue.

On la croirait sortie d'une fosse à purin.

A l'origine, cette légende racontait que Marie Grauette attirait les enfants dans les eaux sans aucun espoir de les retrouver. Cette légende, inventée par les parents, servait à protéger les enfants et à éviter qu'ils ne s'approchent trop près des étangs, des marais et des fossés.

Au cœur de sa grotte faite de vase et de roseaux, « Marie Grauette saque les éfants au fond de l'iau aveucque sin groët qu'alle a toudis dins s'main » (Marie Grauette entraîne les enfants au fond de l'eau avec son grauet qu'elle a toujours à la main).

Cette légende est racontée dans toute la région, de l'Artois à l'Audomarois, en passant par le Ternois à le Hainaut.

Aujourd'hui, l'estaminet Le Groët de Marie à Arques, dans le Pas-de-Calais, rappelle la légende et propose un décor des plus atypiques avec sorcières suspendues au plafond et carte sous forme de grimoire.

Mariette, Auguste

Egyptologue français né dans le Nord, à Boulogne-sur-Mer, le 11 février 1821.

D'abord maître de dessin au collège de Boulogne et écrivain de mauvais romans et de feuilletons historiques dans des canards régionaux.

A ses heures perdues, il visite le musée de Boulogne et s'attarde devant une momie égyptienne qui le fascine.

« Je suis entré dans l'Egypte par la momie du musée de Boulogne. »

Quand il a 21 ans, il se retrouve chargé de classer les papiers et les dessins d'un de ses cousins, Nestor L'Hôte (dessinateur ayant collaboré avec Champollion), qui vient de mourir en Egypte.

Coup de foudre immédiat. Il confiera : « Le canard égytien est un animal dangereux, il vous accueille bénignement, mais si vous vous laissez prendre à son air innocent, il vous inocule son venin, et vous voilà égyptologue à vie. »

Durant sept ans, il apprend le copte, le syriaque, l'araméen, et s'initie à la lecture des hiéroglyphes.

Il se fait envoyer en Egypte par le musée du Louvre.

Il campe au pied de la grande pyramide, et il réveille les sphinx endormis.

Il fait sortir du sable un troupeau de sphinx ensablés. Il ouvre des chantiers pour la protection du patrimoine égyptien.

En 1872, il aura 2 780 ouvriers.

Il est avec Champollion le fondateur de l'égyptologie. Il aura fouillé, dégagé de nombreux sites, retrouvé plus de 15 000 objets. Il aura lutté contre le trafic des antiquités, répertorié les sculptures, les papyrus qui seront exposés au musée de Boulaq.

En 1879, en reconnaissance, le vice-roi d'Egypte, le fait pacha.

Entre-temps, il a participé à l'écriture du livret de Aïda, l'opéra de Verdi.

Grâce à ses connaissances, il permettra au librettiste Ghislanzoni de donner plus de crédibilité au récit. En même temps, il rassemble les éléments historiques qui serviront à fabriquer les décors et les accessoires pour la mise en scène.

Il meurt en 1881 au Caire.

Gamin, il a fait des trous dans le sable à Boulogne-sur-Mer, mais à part quelques coquillages, il n'a rien trouvé. Il est parti plus loin faire de plus grands trous.

Grâce à lui, l'extraordinaire passé de l'Egypte est sorti du sable et de l'oubli.

Maroilles

« Le maroilles, le plus fin des fromages forts. »

Plus fort que du roquefort…

Il est l'un des plus anciens fromages de France. Il trouve ses origines au VIIe siècle sous le nom de craquegnon puis, à la demande de l'évêque de Cambrai, il est affiné plus longuement, il prend le nom de maroilles. Les premiers maroilles sont affinés dans l'abbaye de Maroilles, dans l'Avesnois.

Il était jadis qualifié de « merveille », très apprécié des rois, Saint Louis, François Ier, Charles Quint… Aujourd'hui, la production s'est étendue à toute la Thiérache.

De forme carrée, à la peau orangée, il a une odeur caractéristique et une saveur corsée de terroir.

Il peut se consommer chaud dans la tarte au maroilles, ou en sauce accompagnant un filet mignon ou du lapin…

Il est associé traditionnellement à la bière, telle que la 3 Monts, des bières d'abbaye ou d'autres bières locales comme l'Angélus ou la Choulette.

Quelques fromages, appelés délicatement « les fromages qui puent », sont dérivés du maroilles : le vieux-lille, fabriqué en Avesnois et non à Lille, la boulette d'Avesnes, petit cône rouge couvert de paprika, le rollot, et le fort de Béthune parfumé à l'eau-de-vie qui servait de casse-croûte aux mineurs.

Le 28 mai 1961, le père abbé de l'abbaye de Wisques, Dom Jean Gaillard, a prononcé un sermon à la faveur du millénaire du fromage de Maroilles.

« En cette messe solennelle de la fête de la Sainte Trinité, après avoir invoqué les trois personnes divines, sans nous départir de la gravité des grands sujets, je remercie le Ciel d'avoir à vous prêcher aujourd'hui sur le fromage.

Vous avez bien entendu, j'ai dit le fromage.

Hier, sur la route de Saint-Quentin à Maroilles, une vieille femme me parlait du temps où, à l'occasion d'une réjouissance familiale, on achetait du maroilles.

Cette brique carrée de 13 centimètres de côté sur 6 centimètres environ d'épaisseur, pesant en principe 740 grammes, coûtait 24 sous.

C'était en 1887. Celle qui me parlait avait alors 11 ans. Elle travaillait dans un atelier de tissage de 6 heures du matin à 7 heures et demie du soir.

Elle rapportait à la maison 33 sous par semaine pour un travail épuisant. La demi-livre de beurre coûtait 12 sous, et le kilo de sucre autant.

Je dois vous dire que cette femme est ma mère, et qu'au temps de cette misère qui hurlait l'injustice à la face du Ciel et qui doit compter dans les colères du peuple de la société contemporaine, il n'y avait plus de moines, et la Révolution avait été faite depuis longtemps.

Le cri du père Lacordaire, le nouveau saint Dominique, surgit de cette révolution gâchée et retentissait il y a cent ans, à Notre-Dame.

"Tout ce qui ne donne pas à l'humanité son pain de chaque jour, je n'y crois pas."

Son pain de chaque jour… avec quelque chose dessus, j'imagine…

Et pourquoi pas la pâte blonde à peau rougeâtre, véhémente et parfumée, qui n'appartient qu'à la merveille du maroilles, gloire du Hainaut français ?

La vallée de l'Helpe possède les pâturages qui fournissent, de mai à juin, et de septembre à octobre, les hâloirs orientés au nord-est et les caves d'affinage exposées au sud-est, qui leur envoient de la mer les vents propices chargés d'humidité. A l'instar des vins de marque, le fromage de grande classe connaît les années fastes et les années plus ordinaires. Le maroilles tient au sol et au climat non moins intimement que les grands vins avec lesquels il trouve des accords divins.

AMEN. »

Marquenterre, Parc du

« Les oiseaux sont sauvages… ils ont des yeux et des oreilles. » Ce n'est pas un poème surréaliste, c'est écrit à la porte du parc du Marquenterre, tout simplement une incitation à être discret, il ne faut pas déranger les oiseaux, ici vous êtes chez eux.

250 hectares de marais de dunes et de forêts pour eux. Ils veulent bien que vous veniez les voir, mais tenez-vous toujours à une distance respectueuse, prenez des jumelles, ne faites pas de bruit, marchez à pas de loup et, par respect, ne les prenez pas en photo quand ils sont en train de se bécoter.

En février, vous pourrez voir des sarcelles d'hiver, des canards pilet, des canards siffleurs, des oies cendrées, des grandes aigrettes.

En mars, des sarcelles, des hérons cendrés, des canards souchet, des Tadornes de Belon, qui à la différence des huîtres de Belon, ne sont pas comestibles.

En avril, des aigrettes garzette, des hérons garde-boeufs, des spatules blanches, des courlis corlieu.

En mai, des chevaliers gambette, des chevaliers aboyeurs, des avocettes, des barges rousses, des vanneaux huppés.

En juin, des cigognes blanches, des échasses blanches, des mouettes mélanocéphales, des hérons bihoreau.

En juillet, des petits échassiers…

En voyant certains nids vides, j'ai pensé aux tableaux du XVIIIe, à la jeune fille pleurant son oiseau mort (en réalité sa virginité), j'ai répété la phrase de Queneau : « L'oiseau cru fait cui-cui, l'oiseau cuit ne le fait plus. »

Martel, Gervais

Président du Racing Club de Lens de 1988 à 2012.

Il est né à Oignies en 1954, fait d'abord des études de commerce, est chef de rayon au magasin Auchan. A 30 ans, il fonde un journal, *Le Galibot*, journal de petites annonces hebdomadaires gratuit. En 1987, il entre dans le comité de gestion du Racing Club de Lens. Il en devient président l'année suivante pendant une période difficile : le RC, dernier du championnat, est rétrogradé en deuxième division, sa situation financière n'est pas brillante.

Gervais Martel va redresser la situation. Trois ans plus tard, le club revient en première division et connaît la plus belle période de son histoire. Qualification pour la coupe UEFA en 1995 et 1996, champion de France 1998, victoire en Coupe de la ligue en 1999.

Malgré ses succès, le club garde son côté populaire, les supporters sont souvent des gens modestes qui trouvent dans les succès de leur club une revanche sur la difficulté de leur vie quotidienne. Gervais Martel n'augmentera pas le prix des places qui, au stade Bollaert, reste un des plus bas de France. Il assure l'avenir du club en créant la Gaillette, centre d'entraînement et de formation ultra-moderne.

La situation se dégrade à partir de 2005, le club vit au-dessus de ses moyens, il perd énormément d'argent. Gervais Martel doit céder ses parts au Crédit Agricole Nord qui devient actionnaire majoritaire. Le club est rétrogradé en deuxième division. En 2012, Gervais Martel quitte le club qu'il aura dirigé pendant vingt-quatre ans.

Masiero, Corinne

Corinne Masiero, née en 1964 à Douai, est une actrice au franc-parler et à l'accent ch'ti. Une actrice 100 % nordiste.

Avant d'être actrice, elle a fait plusieurs petits boulots, elle connaît la galère : « J'ai tenu un bistrot, j'ai été femme de ménage, j'ai gardé des gosses, j'ai vendu de la drogue, j'ai vendu mon cul… »

Elle devient actrice sur le tard, à 28 ans, et tout à fait par hasard. Elle donne un coup de main à des amis qui font du théâtre, elle aide à porter du matériel. La metteuse en scène la remarque, lui propose de monter sur les planches, elle n'en redescendra pas. Elle intègre la troupe de théâtre.

En 1993, Claude Berri fait appel à elle pour jouer dans *Germinal.*

Une nouvelle carrière commence. On peut la voir dans *La Vie rêvée des anges*, d'Erick Zonca, dans *De rouille et d'os*, de Jacques Audiard…

En 2012, dans *Louise Wimmer*, de Cyril Mennegun, elle a le premier rôle.

L'histoire d'une femme qui se retrouve à la rue, vit dans sa voiture et fait tout pour s'en sortir. L'actrice est saluée par tous, c'est la révélation de l'année, elle est nommée au césar de la meilleure actrice.

Elle tourne pour le cinéma et pour la télévision.

Dans la série *Fais pas ci, fais pas ça*, elle joue le rôle de Solange, la sœur de Fabienne Lepic, un personnage déluré qui se laisse aller à l'accent ch'ti.

Depuis 2015, elle incarne le capitaine Marleau dans la série télévisée éponyme réalisée par Josée Dayan et produite par Gaspard de Chavagnac.

Ce capitaine de gendarmerie est un personnage, haut en couleur, unique en son genre, avec sa gouaille, son accent du Nord, son look, parka et chapka, son naturel, son humour. Très grand succès.

Corinne Masiero reste très attachée au Nord, elle habite Roubaix. Elle s'estime heureuse de vivre dans un tel cadre, loin des paillettes parisiennes.

Il lui arrive encore de faire du théâtre de rue dans sa ville.

« Je reviens en faire dès que j'ai le temps. C'est avec ce genre de décharge d'adrénaline que tu te souviens pourquoi tu es comédienne, et c'est un moyen formidable de véhiculer la culture. »

Elle est une comédienne atypique, elle ne passe pas son temps devant son miroir, comme la reine de Blanche-Neige, à demander si elle est la plus belle. Son miroir lui a dit une fois pour toutes qu'elle ne l'était pas. Elle le sait, et elle s'en fout…

Elle est la plus attachante, la plus simple, la plus naturelle, la plus généreuse. Elle est engagée : « La politique, c'est tout le temps. C'est appartenir à une association, participer à une manifestation, se rendre à Calais, donner à manger aux réfugiés. »

Corinne Masiero a tourné dans plus de soixante films et séries. On la voit dans le dernier film de Walid Mattar, *Vent du Nord*.

Alors bon vent, Corinne, et gardez votre naturel qui fait tout votre charme…

Mathieu, Georges

Il est né en 1921 à Boulogne-sur-Mer, il revendiquera son appartenance au Nord.

A Mathieu, il a ajouté le nom « d'Escaudœuvres ». Petite commune près de Cambrai. Il pense être le dernier héritier des sires d'Escaudœuvres ainsi que le descendant de Godefroy de Bouillon.

D'où peut-être son look très étudié de chevalier médiéval.

Il est mort, à 91 ans, à Boulogne, pas sur mer, mais Billancourt.

On le cite souvent comme un des pères de l'abstraction lyrique.

Tout le monde, sans le savoir, connaît ses œuvres. Certaines ont été collées sur les murs : je pense aux affiches pour Air France.

Beaucoup de Français ont possédé une de ses œuvres : je pense à la pièce de 10 francs de 1974.

Nombre de téléspectateurs ont vu sa peinture : il était l'auteur d'un des logos d'Antenne 2.

Il est né dans une famille de banquiers aristocrates.

Il a fait d'abord des études de droit, de lettres et de philosophie.

A 21 ans, il peint ses premières huiles, et il se lance dans la peinture.

A 25 ans, il expose à Paris, au Salon des moins de trente ans.

En 1947, il expose des toiles faites de taches de peinture directement jaillie du tube, égouttée et projetée sur le support, selon la technique qu'on appellera le dripping.

Elle sera revendiquée par Jackson Pollock, peintre du chaos, alors que les mauvaises langues diront que Mathieu n'aurait peint qu'une apparence de chaos.

Il expose aux Etats-Unis et au Japon.

Adulé, mais aussi victime d'une médiatisation tapageuse, il fait des happenings, il sera qualifié de « plus grand clown peintre depuis Salvador Dalí ».

En 1956, au théâtre Sarah-Bernhardt, il peint devant 2 000 spectateurs, avec 800 tubes de peinture, un tableau de 50 mètres carrés, *Hommage aux poètes du monde entier*.

En 1963, le musée d'Art moderne de la ville de Paris présente sa « Grande rétrospective ». C'est la consécration.

Mais les galeries américaines le rejettent et refusent de l'exposer, cela jusqu'à sa mort.

A la fin de sa vie, il s'éloigne du baroque et du décorum, il revient au graphisme.

Malraux écrira de lui qu'il a été le premier calligraphe occidental.

Je l'ai croisé, un jour, dans la circulation de Paris.

Le chevalier médiéval Godefroy de Bouillon était au volant d'un superbe cabriolet Mercedes noir.

J'ai été très impressionné.

Matisse

Henri Matisse, peintre, dessinateur, sculpteur, naît en 1869 au Cateau-Cambrésis, dans le Nord. Il est le chef de file du fauvisme et l'un des plus grands peintres du XXe siècle.

En 1871, sa famille déménage à Bohain-en-Vermandois, dans l'Aisne, où il passera toute son enfance. Ses parents ouvrent une graineterie avec un rayon « couleurs », ancêtres du pot de peinture. Il est d'abord clerc de notaire à Saint-Quentin.

A 20 ans, pendant une longue convalescence suite à une crise d'appendicite, il découvre le plaisir de peindre.

Il prend des cours de dessin à l'école Quentin-de-La-Tour, à Saint-Quentin.

Il abandonne le droit et se consacre entièrement à la peinture.

Il part pour Paris, fréquente des ateliers, copie des chefs-d'œuvre, sollicite l'avis d'artistes, un peu comme un apprenti.

Il découvre l'impressionnisme, rencontre Paul Signac et s'initie à la technique du pointillisme.

Peu à peu, il donne un nouveau souffle à son art en utilisant des couleurs pures et vives.

Ses toiles se composent de larges aplats de couleur.

En 1905, au Salon d'automne, il expose plusieurs œuvres dont *La Femme au chapeau*, le portrait de son épouse : orange, bleu, jaune, rouge…

La salle qui réunit les œuvres de Matisse, Derain, Vlaminck… est jugée inacceptable par l'ensemble des critiques.

Un buste placé au centre de la salle fait écrire à Louis Vauxcelles : « C'est Donatello parmi les fauves. »

Cette appellation est aussitôt adoptée par les peintres eux-mêmes. Le fauvisme est né.

En 1952, Matisse a créé le musée Matisse, au Cateau-Cambrésis, sa ville natale, à qui il a fait don de quatre-vingt-deux œuvres.

Auguste Herbin, en 1956, a fait don de vingt-quatre œuvres. En 2008, le musée recevra la donation Tériade, avec des œuvres de Picasso, Chagall, Miró, Rouault, Léger, Giacometti.

Le musée occupe aujourd'hui le palais Fénelon, ancien lieu de résidence des archevêques de Cambrai.

Actuellement, le musée a dix-sept salles, sur environ 4 600 mètres carrés. Cent soixante-dix œuvres de Matisse, soixante-cinq de Herbin.

Matisse est mort le 3 novembre 1954, à Nice.

Il nous a laissé la légèreté, la fluidité, la poésie, la grâce. La joie de vivre aussi.

Maubeuge

Maubeuge est une commune du département du Nord, ses habitants s'appellent les Maubeugeois. En 2015, ils étaient 30 000.

Elle est la première ville de l'Avesnois.

Elle est proche de la Belgique, 37 kilomètres de Charleroi, 70 de Bruxelles.

Elle a les pieds dans l'eau de la Sambre qui est une voie navigable.

Elle est divisée en plusieurs quartiers dont Montplaisir, Sous-le-Bois… Sous-le-Bois était à l'origine une forêt, qui appartenait aux chanoinesses de Maubeuge.

En 1679, Louis XIV charge Vauban de faire de Maubeuge une place forte, pendant huit ans, 8 000 ouvriers élevèrent des remparts et deux portes monumentales. La porte de Mons, qui existe toujours, et la porte de Paris, détruite en 1958.

Pendant les Cent-Jours les troupes de Napoléon se préparent à la bataille de Waterloo, dans la région de Maubeuge ; après la défaite, Maubeuge sera assiégé par 12 000 Prussiens et devra se rendre.

En 1914, assiégé par les Allemands, la ville résistera grâce au général Fournier mais sera finalement prise, elle sera délivrée en 1918 par les Britanniques.

En 1940, rebelote, la ville est de nouveau assiégée, les Allemands incendient le centre historique et détruisent le cœur de Maubeuge à 90 %.

En septembre 1944, la ville est libérée par les Américains.

La reconstruction de la « belle balafrée » fut exemplaire. Les vestiges du passé furent conservés et associés aux nouvelles constructions.

Un béguinage du XVIe siècle est classé Monument historique. L'église saint-Pierre et saint-Paul est réalisée par le grand architecte André Lurçat, frère de Jean, le créateur de tapisserie.

En 1961, la ville de Maubeuge a dû un regain d'intérêt à une chansonnette moyennement drôle de Pierre Perrin, chantée par un Bourvil toujours drôle.

Je me souviens d'avoir accompagné à Maubeuge un ami journaliste de *La Voix du Nord* correspondant d'Europe 1, André Gaillard, qui faisait une interview à l'occasion du succès de la chanson « Un clair de lune à Maubeuge ». Il avait demandé finement au boulanger s'il vendait plus de croissant…

Tout ça n'vaut pas / Un clair de lune à Maubeuge / Tout ça ne vaut pas / Le doux soleil de Tourcoing (coin coin) / Tout ça ne vaut pas / Une croisière sur la Meuse / Tout ça n'vaut pas / Faire du sport au Kremlin biceps. »

Mauroy, Pierre

Il est né en 1928 à Cartignies. Son père était instituteur. Il est l'aîné de sept enfants. Il devient professeur à l'école nationale d'apprentissage de Cachan. Il s'engage à la SFIO, à 18 ans. Il est secrétaire national. Il fonde la fédération Léo-Lagrange d'éducation populaire.

Quand le parti socialiste remplace la SFIO il est soutenu par Guy Mollet, pour le diriger ; il échoue d'une voix, derrière Alain Savary.

En 1973, il devient maire de Lille et député du Nord. Il est désormais le numéro 2 du parti socialiste.

Il soutient François Mitterrand qui, une fois élu président de la République, le nomme Premier ministre.

Il mène une politique de gauche : les 39 heures, la cinquième semaine de congés payés, la retraite à 60 ans et, avec Robert Badinter, l'abolition de la peine de mort.

En 1984, Mitterrand le remplace par Fabius. Le géant des Flandres est remplacé par un petit monsieur de Paris.

Il retourne dans le Nord.

Il devient premier secrétaire du parti socialiste jusqu'en 1992.

Il meurt le 7 juin 2013.

Le grand Stade de Lille s'appelle désormais Stade Pierre-Mauroy.

Il a écrit *A gauche*, Ed. Marabout, et *Paroles de Lillois.*

C'était un personnage énergique, courageux et très attachant.

Il était surnommé affectueusement « Gros quinquin ».

Méert

Le plus vieux commerce lillois et une des plus anciennes pâtisseries en France. C'est une véritable institution lilloise, réputée pour sa gaufre fourrée à la vanille de Madagascar.

L'histoire de Méert commence en 1761 quand le confiseur-chocolatier Delcourt s'installe au 27, rue Esquermoise, à Lille.

En 1839, la boutique est réaménagée et c'est de cette époque que date la boutique actuelle, style flamboyant, décor pompéien et orientaliste. Le magasin et sa devanture sont classés au titre des Monuments historiques en 1980.

En 1849, le Belge Michael Méert reprend l'affaire et crée la fameuse gaufre fourrée à la vanille. Les propriétaires de la pâtisserie se succèdent, mais la recette est toujours la même, elle est conservée dans un petit carnet usé par le temps. C'est une fantaisie sucrée à la saveur et au moelleux incomparables. Michael Méert laisse définitivement son nom à la pâtisserie, nom gravé sur la gaufre, comme une dédicace sur un livre.

La boutique a connu d'illustres visiteurs : Buffalo Bill, Winston Churchill, Jackie Kennedy, Marguerite Yourcenar… et le général de Gaulle. Grand amateur de la gaufre de Méert, il s'en faisait livrer régulièrement à l'Elysée puis à Colombey-les-Deux-Eglises.

Aujourd'hui, huit personnes se consacrent essentiellement à la fabrication artisanale des gaufres, à peu près 5 000 par jour, à la vanille mais aussi au rhum, au spéculoos, à la pistache… La maison Méert, c'est aussi près de 300 spécialités pâtissières, chocolats ou confiseries.

Un salon de thé a été aménagé dans l'arrière-boutique, et un restaurant gastronomique ouvre en 2008. D'autres points de vente se sont ouverts à Lille, Roubaix (au musée La Piscine), Paris, Bruxelles.

Merveilleux

Aux Merveilleux de Fred est une pâtisserie réputée spécialisée dans les merveilleux et les cramiques, deux spécialités traditionnelles du nord de la France et de Belgique. Le merveilleux est un petit gâteau fait de deux meringues soudées par de la crème. Le cramique est une brioche fourrée de raisins secs.

Frédéric Vaucamps, né en 1963 dans le Nord, commence une formation d'apprenti pâtissier à l'âge de 14 ans.

Sa carrière est faite de coups de chance, d'échecs, de réussites, de tentatives. Après un premier échec, il ouvre une boulangerie-pâtisserie à Hazebrouck, dans le Nord, et revisite la recette du merveilleux. Il le veut plus léger. C'est un vrai succès. Peu à peu, il se spécialise dans les merveilleux, et les autres pâtisseries disparaissent de sa boutique. « Plus je réduisais le nombre de produits, plus le merveilleux avait du succès. »

En 1997, il ouvre sa première boutique lilloise, Aux Merveilleux de Fred, dans le quartier du Vieux-Lille. Il se concentre sur ses deux produits, le merveilleux et le cramique.

Le merveilleux est le secret de Fred, une meringue fondante inimitable qui confère à ces gâteaux légèreté et finesse. Ils se déclinent en plusieurs parfums : le Merveilleux au chocolat, l'Incroyable au spéculoos, l'Impensable au café, le Magnifique au praliné, le Sans-culotte au caramel, l'Excentrique à la cerise.

Les cramiques sont aux raisins secs, au chocolat ou au sucre.

En 2004, il ouvre une deuxième boutique à Lille, le succès est tel qu'il est aujourd'hui à la tête d'une trentaine de boutiques en France, en Europe et à New York.

Dans chaque boutique, mêmes produits, mêmes présentoirs, marbre au sol et lustre en cristal, baies vitrées qui permettent aux passants de voir les pâtissiers travailler.

Frédéric Vaucamps est à la tête d'un petit empire.

Il est impressionnant de voir les longues files d'attente sur les trottoirs devant chacune de ses boutiques.

Son succès, il le doit uniquement au bouche à oreille.

Une bouche qui vous chuchote à l'oreille : « C'est merveilleux. »

Mineur, Jean

Jean Mineur est né le 12 mars 1902 à Valenciennes, dans une famille d'artisans menuisiers. Il a une enfance sans histoires et, comme beaucoup d'enfants, se passionne pour le cinéma. Il quitte l'école très tôt et doit se débrouiller comme il peut. Il est livreur de bière, conducteur de poids lourd, aide-comptable, rédacteur au *Progrès du Nord*.

Il rencontre par hasard un peintre qui fait ce qu'on appelle à l'époque des « rideaux-réclame ».

Ce sont de grandes toiles, avec des annonces de commerçants, d'artisans… déroulées devant l'écran de cinéma durant l'entracte.

Il se lance dans cette activité en persuadant annonceurs et propriétaires de salles de cinéma du bien-fondé de la publicité au cinéma.

Sans aucun diplôme ni formation, mais avec l'intuition de l'importance de la publicité dans notre époque, il crée un nouveau métier dans le cinéma, régisseur publicitaire.

Il fonde sa première société à Valenciennes. Du rideau-réclame au film publicitaire, il n'y a qu'un pas à franchir. Il se lance dans la réalisation. Son succès est tel qu'il part s'installer à Paris. Il crée une nouvelle société et commence par sa propre publicité.

« Il a fallu d'abord que je trouve le numéro de téléphone, ce qui a été extrêmement compliqué. Ça a duré près de deux ans. J'avais Balzac, je voulais que derrière, il y ait un numéro absolument percutant, et puis j'ai fini par obtenir 00 01.

Un humoriste écrira : "Un peu plus, et il n'avait pas le téléphone."

Il a eu le téléphone et beaucoup plus, un succès énorme.

« Je me suis dit, c'est le numéro de ma vie, et je fonce avec ça. »

Personne n'oubliera son petit mineur qui lançait son pic dans le cœur de la cible.

Son ami Lucien Jonas lui avait offert le dessin d'une vraie gueule noire, pour rappeler ses racines du Nord et pour en faire l'emblème de sa société. En 1951, Jean Mineur demande à Albert Champeaux de moderniser le dessin et de le rajeunir. Ainsi est né le Petit Mineur que l'on connaît encore aujourd'hui, un petit piqueur qui a évolué avec la société et le cinéma.

En 1962, le dessinateur Sempé publie un dessin qui montre des spectateurs consternés car, pour la première fois, le Petit Mineur a raté sa cible. L'idée lui plaît, et quelques annonces mettront le Petit Mineur dans des situations comiques.

Jean Mineur est toujours resté attaché à son Valenciennois natal. Il aura été un mineur qui a trouvé une mine d'or.

Boris Vian écrira en son honneur une *Messe en Jean Mineur*.

Il meurt à Cannes à 83 ans.

Sur sa pierre tombale, il a fait graver : « EDEN 00 01 ».

Mineurs

Si « l'homme est un dieu tombé du ciel, qui se souvient des cieux », il faut une bonne mémoire au mineur, qui passe sa vie à 600 mètres sous terre, pour se souvenir des cieux.

J'ai toujours gardé de l'admiration pour les mineurs, c'étaient pour moi des héros, ils allaient au cœur de la terre, chercher le précieux charbon qui nous réchauffait et ils faisaient bouillir la marmite…

Ils descendaient blancs comme la pâte à pain et remontaient noirs comme le pain brûlé.

J'ai assisté à la remontée au jour des mineurs. C'était émouvant de voir arriver dans la lumière ces statues noires aux yeux clairs. Ils avaient des têtes de survivants, comme s'ils revenaient de l'enfer, avec parfois l'expression tragique que l'on voit sur les autoportraits d'Egon Schiele.

Je suis descendu au fond de la mine pour un tournage. L'ascenseur descend à 12 minutes/seconde, il fait très chaud, au fond il y a de la poussière et de l'humidité.

Les mineurs auront passé la moitié de leur vie dans le noir et souvent, manque de chance, quand ils remontaient, la nuit tombait…

Dans le cabinet de mon père, j'ai entendu beaucoup de mineurs qui toussaient, ils avaient la silicose. On ne pouvait pas les guérir.

Pour eux, le Nord, c'était la « silicose vallée ».

Le volcan insidieux gonfle dans la poitrine
Le magma en fusion s'installe puissamment
Emplit les alvéoles inexorablement
Creuse la gueule noire que la douleur burine.

Poème de Gérard Dhesse, mineur.

Le centre historique minier de Lewarde retrace l'histoire de l'extraction du charbon sur près de trois siècles. Le site, situé à 8 kilomètres de Douai, au centre du bassin minier, est installé sur le carreau de l'ancienne fosse Delloye, fermée en 1971. C'est une visite incontournable de la région qui rend hommage aux mineurs de fond. Le musée, ouvert en 1984, présente toutes les installations d'une fosse du XXe siècle : les vestiaires ou « salle des pendus », avec vêtements, bottes, casques suspendus, la lampisterie où les femmes distribuaient les lampes, le hangar du triage-calibrage où femmes et galibots séparaient la pierre du charbon. Une descente simulée permet de découvrir 450 mètres de galeries reconstituées qui donnent une idée des conditions de travail au fond et de l'atmosphère avec bruits assourdissants, pénombre inquiétante. Les techniques de soutènement, d'abattage, de transport sont mis en lumière. On découvre les imposantes bobines de la machine d'extraction et l'écurie de la fosse.

C'est le plus important musée de la mine en France. Il est inscrit au patrimoine mondial de l'Unesco depuis 2012, avec les sites de Loos-en-Gohelle, de Oignies, de Wallers à Arenberg et de la Cité des Electriciens à Bruay-la-Buissière.

Cette cité de corons, construite au milieu du XIXe siècle, est l'une des plus anciennes et des mieux conservées du Nord-Pas-de-Calais. Elle doit son nom aux noms des rues : Volta, Ampère, Franklin, Faraday… Les derniers habitants ont quitté la cité en 2013.

La cité n'a pas été détruite mais entièrement réhabilitée par l'architecte Philippe Prost. Une véritable métamorphose. Un lieu de mémoire, de vie, de création pour le XXIe siècle.

Une partie des logements de mineurs a été transformée en un centre d'interprétation de l'habitat minier, le seul site à s'intéresser à ce thème. D'autres ont été transformés en résidences pour artistes, d'autres encore en gîtes d'étape.

Les espaces extérieurs ont été également réaménagés : des potagers, des terrasses, des espaces verts, un jardin pédagogique… Et au milieu, comme autrefois, des carins : de petites constructions en brique, qui servaient d'annexe. On peut voir le carin buanderie, le carin sauna, le carin poulailler, le carin frites…

Ces réhabilitations donnent de l'espoir, au lieu d'enterrer le passé et de l'oublier, on le célèbre. Sur les terrils poussent des fleurs.

Mineurs artistes

Hier, j'étais à Liévin, un salon du livre.

Pourquoi je vais à Liévin ?

Ça me permet de retrouver des amis et de la famille qui habitent les environs, et puis j'aime bien le Nord.

Je me suis retrouvé avec d'autres écrivains du Nord. Les poètes sont ceux qui m'intéressent le plus. Quelquefois, ils sont anciens mineurs. Penser que les mains qui ont manié une pioche toute leur vie pour casser des rochers prennent une plume douce pour caresser du papier m'émeut.

Cette fois, mon plus proche voisin était un mineur poète.

Il s'appelait Gérard Dhesse, il était très gentil, spontanément il m'a offert son livre, un recueil de poèmes, qui s'appelle *Pierre noire*. Je voulais le lui acheter, il n'a pas voulu. J'ai lu ses poèmes avec beaucoup d'émotion.

Leurs mains rampent ensanglantées
Leurs mains ont des ongles cassés
Leurs mains sont profondes calleuses
Leurs visages creusés émaciés, sans teint
Sans fond de teint sans fard
Comme leurs frères africains dans les mines d'or ou d'airain
Ils vivent en mode souterrain [...]

J'ai pensé qu'il méritait d'apparaître dans le *Dictionnaire amoureux du Nord*, je le lui ai dit, il a ri. Il a cru que je me foutais de sa gueule noire.

A la télévision de Lille, j'ai eu l'occasion de faire un reportage sur une exposition de mineurs peintres.

Je n'ai pas oublié l'un d'eux. Parlant de ses tableaux outrageusement colorés, il avait dit : « Vous savez, on est toujours dans le noir, alors avec la peinture, je me rattrape. »

« Noir, c'est noir, il n'y a plus d'espoir », chantait Johnny.

Mischkind

Famille d'artistes peintres et photographes sur trois générations, célèbres à Roubaix et à Lille.

Alexandre Mischkind (1860-1936), peintre et photographe, naît à Minsk. Ses parents sont très pauvres.

« La nuit, il se levait pour peindre avec du cirage et à la chandelle sur des vieilles feuilles de papier », raconte son petit-fils.

En 1892, il décide avec sa femme de partir en France.

« C'est la patrie de Pascal, de Descartes, de Victor Hugo, le pays de la pensée, des Lumières et de la liberté. »

Ils veulent aller à Paris, le train s'arrête à Roubaix. La légende raconte qu'ils descendent du train, ils ont perdu leurs bagages, ne remontent pas dans le train et s'installent définitivement à Roubaix en 1892.

Alexandre se lance dans la photographie et devient le photographe attitré de toutes les grandes familles de Roubaix, des industriels et des artistes.

Alexandre Mischkind a quatre enfants, tous artistes peintres, photographes.

Serge est photographe et miniaturiste. Hélène est pastelliste. Olga est d'abord actrice de 1932 à 1940 sous le nom d'Olga Lord. Elle joue avec Jean Gabin, Louis Jouvet, Raimu, Danielle Darrieux… Puis elle se consacre à la peinture.

Raphaël (1894-1984) est peintre et photographe.

Il ouvre un atelier de photographie rue Jean-sans-Peur, à Lille. C'était une adresse réputée.

Suzanne, 25 ans, devenue la grand-mère de mon beau-frère, passe tous les jours devant l'atelier pour se rendre à son travail. Un jour, Raphaël, qui doit la trouver très belle, l'interpelle et lui propose de la prendre en photo. La photo est aujourd'hui chez ma sœur.

L'atelier deviendra plus tard une galerie d'art.

Son fils, Raphaël-Georges (1920-2011), raconte : « A la télévision, il y avait une émission qui s'appelait “Le gros lot”. Mon père voulait que j'y participe. Je me suis inscrit, et j'ai gagné 600 000 anciens francs.

J'ai alors poussé mon père à participer à une autre émission, “La tête et les jambes”, de Pierre Bellemare. Il devait répondre à des questions sur Goya et Picasso. Le peintre Georges Laporte l'a vu et, impressionné par ses connaissances, lui a proposé d'exposer ses œuvres. »

Raphaël et son fils ont l'idée de transformer l'atelier de photographie en galerie d'art.

L'exposition ouvre ses portes en 1962. C'est la première galerie d'art de Lille, une des plus célèbres du Nord. Y seront exposés quelques-uns des plus grands peintres, Fernand Léger, Raoul Dufy, Cocteau, Buffet, Picasso… et des peintres du Nord comme Van Hecke, Kijno…

« Les peintres sont foncièrement égocentriques. Forcément, car sinon ils ne peindraient pas. Un artiste est toujours possédé quand il peint. C'est un albatros qui vole. Quand il remet les pieds sur terre, c'est un canard boiteux, » Raphaël-Georges Mischkind.

Ce dernier consacre toute sa vie à l'art. Il est photographe, galeriste, ami des artistes, passionné par l'Afrique, expert en peinture de renommée mondiale.

La galerie ferme ses portes en 2009. Il décède en 2011. Sa sœur Françoise est artiste peintre, elle expose régulièrement. Sa cousine Marie-Olga est miniaturiste.

Mollet, Guy

Après l'avoir beaucoup vu à la télévision, j'ai eu la chance de voir Guy Mollet en vrai. Il ressemblait à mon père, il avait un grand front et des grosses lunettes, il fumait beaucoup mais buvait moins que mon paternel.

Il est né dans l'Orne en 1905 et est mort à Paris en 1975.

Très jeune, il adhère à la SFIO, puis devient professeur d'anglais. Il est muté à Arras. Mobilisé en 1940, il est fait prisonnier. Libéré en 1941, il rejoint la résistance.

De Gaulle dira de lui : « J'ai beaucoup d'estime pour Guy Mollet. Pendant la guerre, il a combattu à tous risques pour la France et pour la liberté. Il a donc été mon compagnon » (1958).

Il a été maire d'Arras de 1945 à 1975.

Mon père et lui ont fait de la résistance ensemble, c'est grâce à leur rencontre qu'un jour j'entrerais à l'ORTF.

Guy Mollet m'a reçu à l'hôtel de ville d'Arras en dessous du beffroi dans une grande salle décorée par une fresque où l'on voyait des personnages du Moyen Age qui dansaient.

Il m'a demandé ce que je voulais faire à la télévision, je lui ai répondu que je voulais être réalisateur. Je trouvais que les réalisateurs de la télévision de Lille n'avaient pas beaucoup d'idées, je pensais en avoir plus qu'eux.

Un mois plus tard, je recevais un contrat de la RTF, j'entrais comme assistant réalisateur à Lille.

Entre 1946 et 1959, il sera plusieurs fois ministres.

En 1956, il s'allie à Mendès France pour donner naissance au Front républicain, qui remporte les législatives.

De février 1956 à juin 1957 : président du Conseil. Il fait voter la troisième semaine de congés payés, la vignette automobile pour financer l'aide aux personnes âgées sans ressources, des mesures d'aide au logement.

Ses détracteurs lui ont reproché d'avoir un discours de gauche et une politique de droite. L'histoire ne se répète pas, elle bégaie.

Mont Saint-Eloi

Saint Eloi fonda une abbaye au VIIe siècle.

Maintenant réduite à des ruines. Elle témoigne, comme Prévert l'a écrit, « Quelle connerie la guerre ».

C'était une énorme abbaye. En 1793, elle abritait une communauté de chanoines obéissant à la règle de saint Augustin, exerçant une importante activité littéraire.

Il ne reste aujourd'hui que deux tours qui étaient la façade de l'église abbatiale.

Elles se détachent sur les collines d'Artois, à quelques kilomètres d'Arras.

Les peintres amateurs en raffolent.

Lors de la Grande Guerre, le mont Saint-Eloi fut un des points stratégiques pour la défense d'Arras et de la ligne de front toute proche. L'abbaye ayant servi de point d'observation, elle subit des bombardements qui détruisirent le dernier étage, ramenant la hauteur de l'édifice à 44 mètres.

A coté des tours, on peut encore voir l'abreuvoir en grès, une partie du porche d'entrée de l'abbaye, le mur d'enceinte.

Le jeudi, mon frère et moi allions à vélo monter la terrible côte du mont Saint-Eloi. Nous étions récompensés par la superbe vue sur Arras et la perspective du retour, une longue descente sans pédaler, qui nous ramènerait sans effort jusqu'à la banlieue d'Arras.

Montreuil-sur-Mer

Cité millénaire installée sur un promontoire surplombant la vallée de la Canche, elle est surtout connue pour ses fortifications et ses remparts.

Elle est devenue l'un des principaux lieux touristiques de la région.

Victor Hugo la surnommait « le petit faubourg Saint-Germain ».

La ville haute doit son charme à la richesse de son patrimoine : ses rues pavées, ses ruelles, ses venelles, ses hôtels particuliers du XVIIIe siècle, ses églises, ses chapelles…

La citadelle est classée Monument historique. Montreuil doit aussi beaucoup de son caractère à ce qui reste de ses anciens remparts de brique, plantés d'arbres et formant une charmante promenade aux vastes horizons.

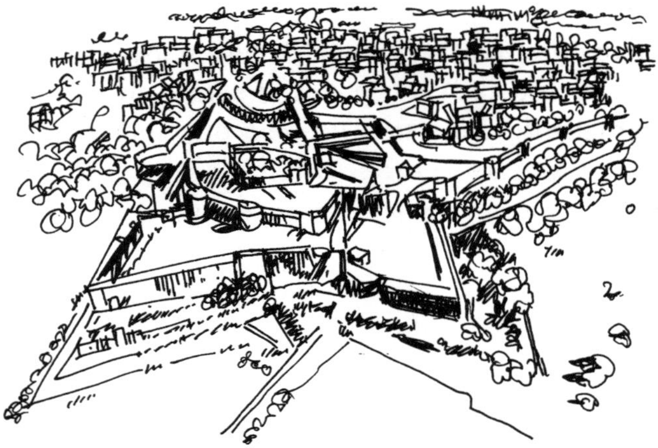

Montreuil-sur-Mer fut longtemps un port maritime de première importance. Les bateaux remontaient la Canche jusqu'à la cité.

Hugues Capet en fit même le seul port de mer du domaine royal. La ville connaît alors une croissance économique importante.

A la fin du Moyen Age, le niveau de la mer baisse, et l'ensablement de la Canche entraîne le déclin de la ville. Aujourd'hui, la mer s'est retirée à une quinzaine de kilomètres.

En 1837, Victor Hugo écrit à sa femme Adèle : « Montreuil-sur-Mer serait mieux nommée Montreuil-sur-Plaine. Des remparts, on a une vue admirable de coteaux et de prairies, car la ville est haut située. »

Quelques années plus tard, Victor Hugo y situe de nombreuses scènes de la première partie de son roman *Les Misérables*. Fantine naît, travaille et meurt à Montreuil-sur-Mer. Jean Valjean devient le maire de la ville sous le nom de monsieur Madeleine.

Depuis 1996, chaque année, on peut assister à un son et lumière. Cinq cents figurants font revivre *Les Misérables.*

Chaque année, le 15 août, une centaine de peintres se retrouvent à Montreuil-sur-Mer sur le thème « Montreuil et ses paysages ». Cette journée des peintres dans la rue est la plus importante manifestation de ce genre dans la région.

Monts de Flandre

Ce sont les « sommets » du Nord, le relief dans le plat pays. Sur la route de la Flandre intérieure, à mi-chemin entre Lille et Dunkerque, on aperçoit quelques collines imposantes. Elles forment une chaîne qui s'étend, d'ouest en est, de Watten au mont Noir et se terminent vers la Belgique.

Le mont Cassel, à 176 mètres, est le plus élevé des monts de Flandre. Au sommet, Cassel, le village préféré des Français en 2018. Cassel a le charme d'une ancienne bourgade médiévale : des maisons traditionnelles, la Grand-Place ornée de pavés, la collégiale Notre-Dame, le musée départemental de Flandre... Son moulin occupe le point le plus élevé et, de là, une vue panoramique sur toute la plaine de Flandre jusqu'à 80 kilomètres à la ronde. Des paysages infinis, des coloris multiples, le bleu des champs de lin, le vert des champs de houblon, le jaune des champs de colza, le rouge des champs de coquelicots.

« Cassel offre la vue du plus magnifique tableau que la nature ait dessiné dans un pays de plaine », Napoléon Ier.

Le mont des Cats était habité il y a 5 000 ans. Des fouilles archéologiques ont permis d'exhumer un dépôt d'armes préhistoriques, en pierres taillées.

Au sommet se trouve l'abbaye Sainte-Marie, une abbaye trappiste fondée en 1826. Elle est toujours habitée par une trentaine de moines.

C'est un lieu paisible, verdoyant, empreint d'histoire, de tradition, de spiritualité.

Autrefois, les moines fabriquaient de la bière, du pain et du fromage. Aujourd'hui, ils produisent toujours du fromage. La bière du mont des Cats, une bière ambrée, est brassée à Chimay, en Belgique.

Le mont Noir est recouvert d'une sombre forêt de pins noirs. A son sommet, par temps clair, on distingue la mer et les collines d'Artois.

Au mont Noir, on part sur les traces de Marguerite Yourcenar.

Un musée lui est consacré. Le parc Marguerite-Yourcenar est dédié à la promenade, à l'écriture et la lecture. Une villa accueille des auteurs qui y trouvent un lieu propice à l'écriture.

Des animations littéraires y ont lieu chaque année.

En juin, c'est le festival Par monts et par mots. En juillet-août, ce sont les beaux dimanches du mont Noir, l'occasion de rencontrer des écrivains. Le sentier des Jacinthes qui mène du village de Saint-Jans-Cappel au sommet du mont Noir, est jalonné de citations de Marguerite.

Et, depuis 1958, un télésiège mène du mont Noir au mont Rouge, en Belgique.

Et la montagne de Watten, le mont des Recollets, le mont de Boeschepe… partout, de superbes panoramas, de nombreux sentiers de randonnée.

Moreau, Yolande

Yolande Moreau est une actrice et réalisatrice belge. Elle quitte école et famille à 18 ans.

Elle débute dans des spectacles pour enfants au théâtre de la ville de Bruxelles.

En 1981, elle se lance dans un one-woman show, *Sale affaire, du sexe et du crime*, dans lequel elle interprète une femme qui vient de tuer son amant.

Elle remporte le premier prix au festival du rire de Rochefort, en Belgique.

Agnès Varda la remarque et lui offre ses premiers rôles au cinéma dans un court-métrage puis dans *Sans toit, ni loi*, dans lequel elle joue le rôle d'une domestique.

A partir de 1993, elle se fait connaître du public grâce à la série télévisée *Les Deschiens*, sur Canal +, dans laquelle elle interprète un personnage fruste et loufoque, le stéréotype de la femme au foyer inculte.

Au cinéma, on lui propose d'abord des rôles comiques, puis peu à peu on la découvre dans des rôles plus dramatiques, poétiques.

Yolande Moreau est une comédienne aux talents multiples.

En 2004, elle interprète et coréalise avec Gilles Porte *Quand la mer monte…*, titre qui est une référence à la chanson interprétée par Raoul de Godewarsvelde. C'est l'histoire d'une humoriste, Irène, en tournée dans le nord de la France avec un one-woman show et de son histoire d'amour avec Dries, un porteur de géants.

Une histoire ancrée dans le Nord. « On voulait montrer le côté convivial du Nord à travers les bistrots, l'accueil des gens. »

Le film reçoit le césar du meilleur premier film, celui de la meilleure actrice pour Yolande Moreau, et le prix Louis-Delluc du premier film.

En 2009, elle obtient un deuxième césar pour son rôle dans *Séraphine* de Martin Provost, l'histoire de la peintre Séraphine de Senlis.

Elle réalise un deuxième film qui sort en 2013, *Henri*, la rencontre entre un restaurateur veuf et une jeune handicapée. Un film délicat, tendre et joyeux.

Elle dit « aimer filmer les petites fêlures ».

Sa philosophie : rester humble et préférer les humbles, les taiseux, les cabossés de la vie, « des gens assis au bord de la route, fragiles ».

Actrice discrète, modeste, elle revendique « être comme tout le monde ».

Nous, on souhaiterait bien que tout le monde soit comme elle.

Moulins

« Dans la campagne, les moulins sont immobiles, comme s'ils avaient peur de déranger le silence… Ces moulins ont l'air de n'avoir jamais servi et d'être vieux, vieux, vieux… Je m'approche de l'un d'eux… le vent arrive par saccades… Ses ailes frémissent, impuissantes ; le bois craque, l'escalier tremble… Le pivot gémit, des chaînes rouillées retiennent le moulin dans sa position ; le grand oiseau est bien attaché », Paul Gaudenne, un écrivain du Nord.

Les écrivains du Nord ont toujours aimé les moulins. Emile Verhaeren a écrit un poème que tous les écoliers de mon âge connaissent par cœur.

Le moulin tourne au fond du soir, très lentement.
Sur un ciel de tristesse et de mélancolie […]

En plus d'inspirer les poètes et de provoquer Don Quichotte, les moulins servaient à produire de l'huile et de la farine.

Les moulins à eau et à vent font partie des paysages du Nord, comme les clochers des églises et les beffrois. Ils sont en brique ou en bois.

Au début du XIXe, on en comptait près de 3 000 dans le Nord-Pas-de-Calais, une cinquantaine ont été restaurés.

Le moulin de Houtekerque, le Steenmeulen, à Terdeghem, le moulin sur pivot à huile de Villeneuve-d'Ascq sont parmi les plus beaux.

Un musée consacré aux moulins a ouvert à Villeneuve-d'Ascq en 1995.

Mousseron, Jules

Il fut toute sa vie poète et mineur. Il a été très connu pour avoir créé Cafougnette, personnage ridicule, un peu le Tartarin du Nord. Dans les années 1950, la ville de Denain en fera un géant.

Une bonne blague de Zeph Cafougnette :

« Un Marseillais, un Parisien et un Ch'ti découvrent un génie. Le génie leur dit : "Jetez n'importe quoi dans l'océan. Si je le retrouve, vous mourrez. Si je le retrouve pas vous deviendrez l'homme le plus heureux du monde."

Le Marseillais jette un cure-dent au large du Frioul ; le génie le retrouve, le Marseillais meurt.

Le Parisien jette un clou dans la Seine ; le génie le retrouve, il meurt.

Le Ch'ti jette quelque chose dans la mer, à Boulogne-sur-Mer. Le génie cherche, cherche, cherche… en vain.

Le génie lui demande "Qu'as-tu jeté ?" Le Ch'ti lui répond "Hé, biloute, te peux toudis cacher, ch'éto un comprimé d'aspirine." Et il ajoute, tout fier : "In savo bin, qu'in eto intelligin…"

Jules Mousseron était « intelligin » et cultivé, les blagues de Cafougnette ne doivent pas faire oublier ses autres œuvres ni sa sensibilité de poète populaire. Il n'a pas écrit *Les Fleurs du mal* mais, en 1897 *les Fleurs d'en bas*, puis onze autres recueils.

Sa poésie était écrite en patois picard, le rouchi.

Vers trois heur's du matin, vlà l'cité qui se réville.
Les coqs, dins l'z étolett's, jett'nt leu premier canchon.
Eun'par eun', les ferniet's'alleum'nt d'un feu tranquille.

Et rind'nt un peu la vie et l'mouv'mint dins l'coron.
Chaqu'port's'ouvre in jetant eun' trace illuminée.
Les femm's dis'nt aux mineurs : « A r'voir ! Eun' bon journée ! »
Pis l'z homm's s'effacent, dins l'nuit, in traînant leus chabots.

Il récitait ses poèmes dans les cafés et obtint un grand succès et une reconnaissance officielle avec le grade de chevalier d'académie, les palmes académiques et la Légion d'honneur.

Pendant la guerre, il fera de la résistance poétique avec son recueil *Les Boches au pays noir*.

Malgré son succès et cette reconnaissance, il restera mineur jusqu'à sa retraite.

Il est mort à Denain en 1943.

Muches

Les muches n'existent que dans le nord de la France. En picard, « muche » veut dire cachette, « se mucher » se cacher.

Petit, pour pouvoir faire mes bêtises en toute impunité, je me suis souvent muché.

Les muches sont de grands trous creusés par les hommes pour servir de refuge durant les guerres. Les paysans s'y cachaient avec leurs récoltes, leur bétail et leurs meubles.

Ce sont de véritables villes souterraines, avec des rues.

On en trouve des vestiges dans la Somme, à Domqueur et surtout à Naours, où elles constituent un réseau de 2 000 mètres à 30 mètres sous terre.

Les muches ont été réutilisées pendant les deux guerres mondiales. Même grands, les hommes continuent de se cacher quand ils font des bêtises, la guerre, par exemple.

Mulliez

La famille Mulliez est l'une des plus grandes fortunes de France.

Gérard Mulliez, fondateur du groupe de distribution Auchan, est né à Roubaix en 1931. Il est le fils de Gérard Mulliez (1906-1989), fondateur de Phildar.

En 1961, son premier magasin ouvre à Roubaix dans le quartier des Hauts Champs, qui donne son nom à l'entreprise. Une superficie de 600 mètres carrés où l'on peut trouver tous les produits du quotidien en libre-service. Les débuts sont difficiles, et il demande des conseils à Edouard Leclerc : vendre moins cher fait vendre davantage.

Auchan devient alors le magasin favori des Roubaisiens.

Six ans plus tard, il ouvre un deuxième magasin à Roncq, un hypermarché de 6 000 mètres carrés qui passe à 12 000 mètres carrés l'année suivante.

C'est un événement dans la région.

Le choix est impressionnant, tout est hors normes et moins cher, c'est la surprise et l'étonnement. « Nos parents étaient un peu perdus. Ma mère avait juste pris un petit cabas. Quand on est passés à la caisse, la caissière lui a demandé d'ouvrir son cabas pour voir s'il n'y avait rien dedans. Ma mère était vexée !… Quand on revenait d'Auchan, on rentrait vite les commissions, pour ne pas montrer à l'épicier qu'on y était allés, mais c'est vrai que c'était devenu une sortie familiale », se souvient Marie, une Roubaisienne.

En 1969, il ouvre le premier centre commercial en France, à Englos : Englos Les Géants, un hypermarché de 16 400 mètres carrés et une galerie marchande de soixante-dix magasins.

Le logo d'Auchan est un rouge-gorge niché dans le « A » de Auchan.

Quand Gérard Mulliez a eu besoin de capitaux, il a fait appel à sa propre famille et créé « l'Association familiale Mulliez ».

Aujourd'hui, c'est un véritable empire, une famille de serial-entrepreneurs, seule maître à bord dudit empire. Derrière Auchan, une forêt d'enseignes. A elle seule, la famille Mulliez peuple les centres commerciaux : Décathlon, Kiabi, Saint-Maclou, Norauto, Flunch... Au départ, ils étaient 35 cousins, aujourd'hui, ils sont 700 à détenir des parts.

J'ai souvenir de l'achat d'une brosse à dents dans un magasin Auchan : il y avait un linéaire de plusieurs mètres de brosses à dents...

Je n'avais pas le choix, j'avais l'embarras du choix.

Je n'ai rien acheté et j'ai décidé d'écrire mon livre *Trop*.

Trop, c'est trop, rien, c'est pas assez, que choisir ?

Muse des mineurs

Les mineurs lensois ont eu leurs reines, ils les appelaient les Muses.

La Compagnie des mines de Lens décide de récompenser le travail féminin et organise l'élection de la Muse des mineurs.

Toutes les ouvrières de la ville sont invitées à voter. On choisit la Muse pour sa beauté et sa grâce, mais aussi pour son courage au travail et à la maison, pour son dévouement, sa gentillesse.

L'élection de la Muse des mineurs n'est pas devenue une véritable tradition, elle n'a eu lieu que trois fois au XXe siècle. Chaque fois, ce fut l'occasion d'une fête grandiose avec des milliers de spectateurs.

En 1901, Léa Bourdon, 17 ans, est la première Muse.

Elle est trieuse à la fosse 4, elle enlève la terre et les cailloux mêlés au charbon.

La fête va durer deux jours, des défilés de chars somptueux, des concerts, le couronnement de la Muse. La fête continue la nuit avec concerts, bals dans toutes les cités de la ville.

Le Matin, l'un des plus grands quotidiens de l'époque, relate la journée du couronnement. Le journal titre : « La Muse noire, une fête touchante au pays du charbon ».

Léa est blonde aux yeux bleus, « elle est d'une grande simplicité non dépourvue d'une grande distinction, écrit le journaliste. Tout le peuple de la mine n'a vécu que pour elle aujourd'hui ».

En 1913, Maria Godart est la deuxième Muse des mineurs, elle a à peine 20 ans. Elle est aussi trieuse, à la fosse 5. Elle défile dans une Renault de l'époque.

En 1951, c'est Yvette Sarazin qui devient la Muse. Elle est téléphoniste à la fosse 9. Elle arrive avec ses deux dauphines, dans une superbe décapotable blanche. La foule se presse au passage du défilé. Les gens sont partout dans les arbres, sur les toits, sur les balcons. Son couronnement a lieu au stade Bollaert.

Cette fête de glorification du travail qui valorise les femmes de la classe ouvrière laissera un souvenir inoubliable aux mineurs qui y ont assisté.

Une émision de Radio-Luxembourg reprendra l'idée avec Jean Nohain et l'élection de la Reine d'un jour. Une femme méritante qu'on mettait sur un trône et qui se retrouvait engloutie sous une montagne de cadeaux des commerçants du coin. Elle pleurait de joie sous sa couronne quand la foule entonnait : « Reine d'un jour, te voilà parée de tes plus beaux atours… »

MusVerre

MusVerre est un musée dédié au verre, situé à Sars-Poteries, au cœur de l'Avesnois. Un témoin de l'industrie verrière de la commune et un haut lieu de la création contemporaine.

De 1802 à 1937, l'industrie du verre bat son plein à Sars-Poteries. Deux verreries fabriquent de la gobeleterie, du verre creux : verres, pots, flacons, pichets… Au plus fort de leur activité, elles emploient 800 ouvriers. Pendant leur temps de pause, les ouvriers fabriquent des objets pour eux-mêmes ou pour faire des cadeaux, on appelle ces objets les « bousillés », des chefs-d'œuvre du quotidien pleins de fantaisie et de couleurs.

Des années plus tard, le curé du village, Louis Mériaux, est parti à la recherche de ces bousillés dans les maisons du village. En 1967, il en fait une exposition qui a un très grand succès.

« Ce n'est qu'avec le temps que je réalisais l'événement qu'était ce premier rassemblement de bousillés. »

Installé dans le château Imbert, l'ancienne demeure du patron des verreries, le musée du verre voit le jour.

En 1976, les fours sont rallumés, et un atelier de verrerie est créé dans une grange où d'anciens verriers viennent souffler le verre.

Ce musée-atelier connaît une renommée internationale et attire de nombreux artistes. Les collections deviennent de plus en plus importantes, la renommée du musée est grandissante.

En 2016, un nouveau musée ouvre dans un bâtiment d'exception, aux lignes épurées, revêtu de pierre bleue du Hainaut. MusVerre réunit plus de 3 500 pièces, des bousillés aux œuvres contemporaines en verre des plus grands artistes du monde.

Sur les toits du village, on peut voir de curieuses boules en verre, de toutes les couleurs, terminées en pointe, uniques en France. Autrefois, de nombreux épis de faîtage en verre étaient installés sur le toit de certaines maisons. Détruits pendant la guerre ou par les lance-pierres des gamins, le musée a décidé de relancer cette tradition, et, depuis, on peut voir plus de 200 épis sur les toits des maisons de Sars-Poteries et de trois autres villages alentour.

N

Nausicaá

Nausicaá est un centre de découverte de la mer. C'est le premier site touristique dans le Nord-Pas-de-Calais. Il se situe à Boulogne-sur-Mer.

Nausicaa est le nom d'une princesse de la mythologie grecque, un des personnages de l'*Odyssée* d'Homère.

Dès les années 1980, le maire de Boulogne-sur-Mer, avec des océanologues, lance un projet ambitieux. Ils veulent créer bien plus qu'un aquarium.

C'est l'architecte Jacques Rougerie qui est choisi pour le projet. Jacques Rougerie, qui est un ami depuis cinquante ans, est en réalité et malgré les apparences un mammifère marin. Depuis son plus jeune âge, il rêve de vivre dans la mer.

Les travaux commencent en 1987, et Nausicaá ouvre au public en 1991.

Nausicaá est un aquarium et un Centre de découverte de la mer, de l'environnement marin, à la fois ludique, pédagogique et scientifique. Tout est là pour apprendre et comprendre, pour sensibiliser le public à une meilleure gestion des océans et de leurs ressources.

En 1999, Nausicaá obtient le label « Centre d'excellence pour l'éducation à l'environnement marin », délivré par l'Unesco, pour ses actions de sensibilisation.

Depuis, le centre n'a cessé de s'agrandir. A partir de 2015, un nouveau bâtiment est construit, un grand ensemble séparé en deux ailes, faisant penser selon son architecte, Jacques Rougerie, « aux nageoires d'une raie manta ». Il a ouvert le 19 mai 2018, devenant l'un des plus grands aquariums d'Europe.

Nick, Henri

Henri Nick est un l'un des pasteurs les plus marquants du Nord, pasteur et évangéliste des déshérités.

Il naît à Paris en 1868 dans une famille bourgeoise, devient pasteur à 22 ans et, quelques années plus tard, s'installe à Fives, le quartier le plus défavorisé de Lille, un milieu ouvrier aux conditions de vie misérables à cette époque.

Pendant plus de cinquante ans il fait de l'évangélisation parmi les ouvriers. Bible à la main, il parcourt les rues de Fives. Lors de foires ou de braderies, debout sur une chaise, il parle de l'amour du Fils de Dieu. Il ouvre une grande salle paroissiale, le « Foyer du peuple », qui attire beaucoup de monde.

Soucieux des problèmes de pauvreté, de santé, d'insalubrité, d'alcoolisme, de prostitution dans le quartier, il ouvre sa maison du peuple à tous et la transforme en un véritable lieu de refuge.

A côté de ses séances d'évangélisation, il organise des visites médicales, des réunions d'information pour les jeunes mères, des réunions contre l'alcoolisme… Il ouvre une banque alimentaire, organise des colonies de vacances pour les enfants d'ouvriers.

Henri Nick est très populaire à Fives, on l'appelle « Monsieur Nick ».

Pendant la Seconde Guerre mondiale, à plus de 70 ans, avec son fils et sa belle-fille, il met sur pied un véritable réseau d'aide aux juifs. Ils accueillent enfants ou familles entières avant de les confier à des familles d'accueil. « On pouvait voir, à toute heure du jour et de la nuit, le pasteur pédaler sur sa vieille bicyclette en route pour quelque mission de sauvetage pour les juifs. Tout le monde était au courant à Fives, mais "Monsieur Nick" était tellement respecté et admiré que personne n'osait le dénoncer. » En 1992, on lui décerne le titre de « Juste parmi les nations ».

Henri Nick est un personnage dont le souvenir se transmet de génération en génération. Il reste une figure emblématique du protestantisme dans le Nord.

Norman

Norman Thavaud, dit Norman, est un humoriste et l'un des plus grands youtubeurs en France.

Norman est né à Arras en 1987, il passe son enfance à Liévin, dans le Pas-de-Calais.

« 100 % ch'ti, je suis né dans le Pas-de-Calais, j'ai grandi dans les corons, mes grands-parents étaient mineurs de fond dans les mines de charbon, bref, la totale. »

Son père est directeur d'une école de cinéma. Très jeune, Norman fait déjà le clown devant la caméra familiale.

« A 10 ans, avec la caméra de notre père, il rejouait les sketches des Robins des bois et s'interviewait », se souvient sa sœur.

Quelques années plus tard, il se fait connaître en publiant ses vidéos sur Internet « Norman fait des vidéos ». En même temps, il obtient une licence de cinéma.

Il se filme dans sa chambre de Montreuil. Il se confie devant sa caméra avec un ton naturel, à la manière d'un journal intime. Ce sont des petits sketchs où il raconte avec humour et dérision les tracas du quotidien.

« Bonjour ! Bah voilà, je m'appelle Norman et je fais des vidéos où je raconte ma vie mais surtout je parle de choses qui nous concernent tous !

Ses vidéos rencontrent un succès sans précédent, il devient un véritable phénomène. Tous les médias parlent de lui, et Norman fait entre autres la couverture de *Télérama* qui le déclare « star du web-man show ». C'est aujourd'hui le deuxième Français à dépasser les 10 millions d'abonnés sur YouTube.

En 2017, il met en ligne la vidéo « Etre ch'ti », consacrée à sa région d'origine.

« J'en ai marre des clichés sur les Ch'tis, alors voici une vidéo qui remet les points sur les "i" min tchio. »

« Si vous êtes des Hauts-de-France, vous devez partager cette vidéo afin de lutter pour notre cause et prouver au reste du monde que nous les Ch'tis[…], on est un peuple plein de ressources, connu pour notre chaleur humaine […]. »

Aujourd'hui, il ne tourne plus dans sa chambre mais dans un studio d'enregistrement qu'il partage avec Cyprien, premier youtubeur.

Il a fait plus de 150 vidéos, vues chaque fois par des millions d'internautes.

Notre-Dame-de-Lorette

La nécropole de Notre-Dame-de-Lorette est un cimetière et mémorial français situé sur une colline entre Arras et Lens.

Elle a été inaugurée en 1925 et commémore les milliers de soldats morts pendant la Première Guerre mondiale.

Le site est l'œuvre de Louis Marie Cordonnier, architecte lillois.

Au centre, une chapelle-basilique de style néobyzantin et une tour-lanterne, autour un cimetière de près de 13 hectares.

La vue de ces milliers de croix est impressionnante, elles font penser à un énorme champ de vigne dont les vendanges ont été sanglantes et qui au printemps ne se couvre plus de feuilles.

C'est la plus grande nécropole militaire française. Près de 45 000 soldats y reposent, la moitié dans des tombes individuelles, les autres dans huit ossuaires.

Dans la crypte de la tour-lanterne se trouvent un ossuaire, les tombes de soldats inconnus des deux guerres mondiales, de la guerre d'Indochine et de la guerre d'Algérie et les cendres de déportés dans les camps nazis. Au sommet de la tour, une lanterne balaie la plaine alentour, visible à plusieurs kilomètres à la ronde.

Le 11 novembre 2014, à l'occasion du centenaire de la Grande Guerre, est inauguré l'« Anneau de la Mémoire », œuvre de l'architecte Philippe Prost. Un monument de forme elliptique, unique en son genre, posé sur un terrain en pente face à la nécropole. Une partie de l'Anneau est posé en porte-à-faux, en équilibre précaire.

Précaire, comme la paix.

Un anneau de 345 mètres de périmètre, composé de 500 plaques d'acier sur lesquelles sont gravés près de 580 000 noms de soldats morts dans le Nord-Pas-de-Calais durant la Première Guerre mondiale, représentant quarante nationalités. Les noms sont classés par ordre alphabétique, sans distinction ni de nationalité ni de grade. Ce qui fera s'écrier à un humoriste : « Admirable discipline militaire, ils sont morts par ordre alphabétique ! » L'humour est un antalgique.

Notre grand-père Louis Fournier, le mari de Bonne maman de Lille, a son nom dans les 580 000, il est au générique de fin de ce film d'horreur.

Il est mort à 28 ans, il n'a pas connu son fils Paul, notre père.

Quelle connerie la guerre.

Noyon

Ville d'art et d'histoire située dans l'Oise, au cœur de la Picardie. Une des grandes cités historiques du nord de la France.

D'origine gallo-romaine, Noyon est une ville importante au Moyen Age, haut lieu culturel et spirituel.

Elle est érigée en évêché par saint Médard en 531. Saint Médard, patron des agriculteurs, le « faiseur de pluie », est l'un des évêques les plus populaires de son époque. Saint Eloi, le conseiller du roi Dagobert et patron des métallurgistes et des orfèvres, sera évêque de Noyon au VIIe siècle. Ses reliques sont conservées dans la cathédrale. Charlemagne y est couronné roi des Francs en 768, et Hugues Capet sacré roi des Francs en 987.

La cathédrale Notre-Dame, construite au XIIe siècle, est le premier édifice religieux gothique dans le nord de la France. Sobriété, lumière, pureté des lignes.

Autour de la cathédrale, les superbes maisons des chanoines donneraient bien envie, même à un mécréant, d'entrer dans les ordres.

Un remarquable ensemble canonial (réfectoire, cloître, bibliothèque...) et épiscopal aujourd'hui le mieux conservé du nord de la France.

A voir aussi la place de l'hôtel de ville et la fontaine du Dauphin qui commémore le mariage en 1770 du Dauphin, futur roi Louis XVI, et de Marie-Antoinette.

J'ai souvenir d'une boucherie sur la place de l'hôtel de ville où nous allions régulièrement quand nous avions notre maison à Gizancourt.

Il y avait toujours une tête de veau à côté du comptoir. Et, chaque fois, je déposais un petit baiser sur le museau du veau, j'invitais mes amis qui m'accompagnaient à faire de même, les persuadant que c'était une coutume locale.

Le boucher le voyait, mais il était timide et n'osait pas rire, il faisait semblant de ne pas voir.

Noyon est la ville natale de Jean Calvin (1509-1564), ce n'était pas un grand humoriste mais un grand réformateur du protestantisme, ses idées ont bouleversé l'Europe. Un musée lui est consacré.

Noyon est aussi connu pour ses marchés. Son nom latin était Noviomagus, qui signifie « nouveau marché ». Chaque premier dimanche de juillet, le marché des fruits rouges, fraises, framboises, groseilles, cassis, cerises... est une fête haute en couleur qui rassemble des milliers de personnes.

Le premier mardi de chaque mois, c'est le marché franc, la ville tout entière est un marché. L'origine de ce marché remonte au Moyen Age.

P

Palais des Beaux-Arts de Lille

C'est un somptueux bâtiment de la fin du XIXe siècle, de style néoclassique.

Il ouvre en 1892. Il a été créé par Joseph Watteau. C'est l'un des plus beaux et des plus riches musées de France après le Louvre. Un des premiers en termes de collections de renommée internationale.

Peintures XVIe-XXIe siècles : Rubens, Van Dyck, Goya, Delacroix, David, Courbet…

J'ai essuyé un orage sous un ciel de Boudin, j'ai caressé les vaches de Van Gogh et les nymphes d'Emile Bernard, j'ai soutenu le regard d'Odilon Redon. J'ai été fasciné par le Parlement de Londres sous ciel orageux de Monet. Je me suis reposé devant le sommeil de Puvis de Chavannes. J'ai parcouru la plage de Berck de Ludovic-Napoléon Lepic, j'ai assisté à l'incendie de Constantinople de Turner, j'ai regardé couler la Seine de Théodore Rousseau, j'ai parcouru les environs de Paris de Georges Michel, j'ai été noyé dans la grisaille d'un effet du matin de Corot.

Je me suis recueilli devant un calvaire de Jules Breton. J'ai été attendri par *La Becquée* de Jean-François Millet. Je me suis assoupi après dîner à Ornans de Courbet.

J'ai bu dans le gobelet d'argent de Chardin. J'ai cueilli une olive dans le jardin des Oliviers du Greco. Les vieilles de Goya m'ont jeté un sale œil.

Et j'ai admiré : *Jeune Femme et sa servante* de Peter de Hooch. Le champ de blé de Ruysdael, Marie de Médicis par Van Dyck, les vanités du monde de Pieter Boel.

Le Dénombrement de Bethléem de Brueghel le Jeune. *Le Concert dans l'œuf* de Bosch.

La Chute des damnés de Bouts.

J'ai admiré les sculptures : de Rodin, Claudel, Carpeaux…

Les dessins, dont trente de Raphaël.

J'ai rapidement traversé la salle des plans-reliefs (maquettes des XVIIe-XVIIIe siècles) de villes fortifiées par Vauban dans le nord de la France et en Belgique.

Les céramiques et objets d'art, les médailles et médaillons m'ont laissé froid.

Papa et le football

Papa, il aimait bien le football, surtout à la radio.

Le dimanche, il dormait devant le poste de radio qui hurlait. Je connaissais les noms des footballeurs de Lille et de Lens. Pourtant, c'étaient des noms difficiles à retenir, parce qu'il y avait beaucoup de Polonais.

Je me souviens que Somerlinck, il passait la balle à Baratte, qui la récupérait pour la passer à Tempowski, que Ruminski, il prenait la balle et il dégageait, que Marek, il passait la balle à Stanis, qui la passait à Levandowski, ou l'inverse…

Quelquefois, on allait baisser le poste parce qu'on n'arrivait pas à travailler.

Alors papa, il se réveillait et il se mettait très en colère. Il disait qu'on l'empêchait d'écouter son match.

Il remontait le son et il s'endormait de nouveau.

Papin, Jean-Pierre

Footballeur professionnel, il est né en 1963 à Boulogne-sur-Mer, il a grandi à Jeumont. Depuis son plus jeune âge, il adore le football, plus que l'école. Il est engagé par le club de Jeumont puis par celui de Trith-Saint-Léger.

En 1983, il joue un an en national, avec l'INF Vichy puis en division 2 avec Valenciennes, ensuite au FC Bruges.

En 1985, il gagne le tournoi de Toulon avec l'équipe de France et le titre de meilleur buteur.

Ses débuts sont spectaculaires, et sa notoriété auprès du grand public grandissante avec la Coupe de Belgique et la finale du championnat de Belgique. Il est choisi pour une première sélection en équipe de France.

En 1986, il signe avec l'Olympique de Marseille, alors qu'il était presque engagé à l'AS Monaco (Bernard Tapie lui ayant proposé un salaire deux fois supérieur).

Les résultats de l'Olympique étant médiocres, ses prestations sont critiquées.

JPP devient « J'en Peux Plus ».

Humilié, il veut sa revanche. En 1987, il est classé meilleur buteur au championnat de France.

Sa consécration arrive en 1988 avec le championnat et la Coupe de France.

En 1991, après Raymond Kopa et Michel Platini, il est élu Ballon d'or.

En 1992, il annonce son départ en Italie, au Milan AC.

Avec l'Olympique de Marseille, JJP aura marqué 185 buts en six saisons. Après deux années décevantes avec le Milan AC, il rejoint le Bayern de Munich.

En 1996, il rentre en France et rejoint l'équipe des Girondins de Bordeaux.

En 1999, il met fin à sa carrière professionnelle. Il aura été sélectionné cinquante-quatre fois en équipe de France.

Il sera un brillant entraîneur, à Arcachon, à Strasbourg, au RC Lens. Il est maintenant à la télévision.

Il a donné un nouveau mot à la langue française : la « papinade » décrit une reprise de volée acrobatique qui finit dans les filets.

Parc Jean-Jacques-Rousseau

Le parc Jean-Jacques-Rousseau est un jardin à l'anglaise situé à Ermenonville, dans l'Oise. L'écrivain et philosophe y séjourna les six dernières semaines de sa vie.

En 1766, le marquis de Girardin devient le seigneur d'Ermenonville et s'occupe en priorité de ses jardins. Il crée les premiers jardins à l'anglaise sur le continent. Il compose son domaine en une multitude de tableaux. Des fabriques, petites constructions, agrémentent le parc.

« Ce n'est ni en architecte ni en jardinier, c'est en poète et en peintre qu'il faut composer les paysages, afin d'intéresser tout à la fois l'œil et l'esprit », René-Louis de Girardin.

Le marquis, un fervent admirateur de Jean-Jacques Rousseau, l'invite à Ermenonville. Le philosophe y arrive le 20 mai 1778.

« Ah, monsieur ! s'écrie-t-il en se jetant à mon cou, il y a longtemps que mon cœur me faisait désirer de venir ici, et mes yeux m'y font désirer d'y rester toujours », raconte René-Louis de Girardin.

Son désir sera rapidement exaucé, Jean-Jacques Rousseau décède six semaines plus tard, et il est enterré dans le parc, sur l'île des Peupliers.

Sur sa tombe est écrit : « Ici repose l'homme de la nature et de la vérité ».

Le parc devient un lieu de pèlerinage politique et littéraire. Il convenait d'y venir au clair de lune.

Madame de Staël, véritable disciple de Rousseau, écrira : « C'est sur une île que son urne funéraire est placée : on n'en approche pas sans dessein, et le sentiment religieux qui fait traverser le lac qui l'entoure prouve que l'on est digne d'y porter son offrande. Je n'ai point jeté de fleurs sur cette triste tombe, je l'ai longtemps considérée les yeux baignés de pleurs, je l'ai quittée en silence, et je suis restée plongée dans la profondeur de la rêverie. »

En 1794, les cendres de Rousseau sont transférées au Panthéon.

« Voici les peupliers de l'île, et la tombe de Rousseau, vide de ses cendres », Gérard de Nerval.

Aujourd'hui, le parc est divisé en trois parties : le Grand Parc, le Désert, le Petit Parc. On peut visiter le Grand Parc. C'est un havre de paix, un coin de verdure, on y vient pour se promener, pour flâner, pour méditer. On peut y voir les fabriques subsistantes : le temple de la Philosophie moderne, le banc de la Reine rappelant le souvenir de Marie-Antoinette, la table des Mères, l'autel à la Rêverie, l'île des Peupliers…

Parfondeval

Parfondeval est un village situé dans le nord-est de l'Aisne, en Thiérache. Il est classé parmi les plus beaux villages de France, l'un des premiers à avoir été récompensé à ce titre.

La Thiérache s'apparente à l'Avesnois, une campagne vallonnée, faite de forêts, de prairies, de bocages, d'eaux vives. C'est un territoire resté authentique, à l'abri du tourisme de masse qui, en piétinant les fleurs, en les écrasant avec leur 4 × 4, en chassant les oiseaux ravage les paysages et tue la beauté.

Parfondeval est un village bucolique et paisible, au milieu de la verdure, des vergers de pommiers, des champs de maïs, typique de l'architecture rurale en Thiérache. Il a su garder un charme pittoresque avec ses ruelles, ses maisons en brique rouge couvertes de toits d'ardoise, au lieu de ces arrogantes villas de nouveaux riches avec des barbecues en pierre Louis XV et des piscines bleues poubelle.

Sur la place principale, il y a une mare d'un beau vert sombre. Cette étendue d'eau est le dernier vestige des mares de Parfondeval qui en possédait six autrefois. Elles servaient à abreuver les bêtes, c'était également une réserve d'eau en cas d'incendie.

La Thiérache est réputée pour ses églises fortifiées, des églises imposantes qui servaient de refuge aux villageois en temps de guerre. On en compte une soixantaine dans l'Aisne. Celle de Parfondeval est l'une des plus belles.

Elle est classée au titre des Monuments historiques depuis 1995. L'église Saint-Médard, en brique, au toit d'ardoise, se fond dans le décor du village. Un rempart, formé par les maisons voisines, semble protéger l'église, on y accède par un porche accolé à une maison. C'est une véritable forteresse avec un important donjon carré flanqué de deux tours cylindriques. Le portail contraste avec le reste de l'église, il est en pierre blanche de style Renaissance.

Un peu plus loin, un temple témoigne du riche passé protestant en Thiérache. Dans ce petit village, deux édifices religieux et deux cimetières.

A voir aussi, la Maison des outils d'antan, et le lavoir datant de 1830, point de départ de la route des Lavoirs. Une route touristique qui sillonne les petites routes de campagne, offre de nombreux points de vue sur le bocage et les églises fortifiées. Le long de cette route, vingt-neuf lavoirs sont répartis sur dix-neuf communes.

Aux éducateurs qui initient les enfants à l'architecture, un conseil, à ceux qui demandent comment on distingue une construction ancienne d'une construction moderne, qu'ils répondent simplement : « Ce qui est moche est moderne, ce qui est beau est ancien. » C'est hélas souvent vrai, disent les vieux cons comme moi.

Le charme est une des choses de plus en plus rare à notre époque, il a une qualité, il ne s'achète pas avec de l'argent, c'est une grâce tombée du ciel.

Paris-Roubaix

Créée en 1896, surnommée « l'enfer du Nord », « la dure des dures », elle est la reine des classiques, l'une des plus anciennes courses du monde, et une grande fête populaire.

Paris-Roubaix part de Compiègne, 250 kilomètres de course, dont 50 kilomètres de pavés environ.

S'y sont illustrés les plus grands : Fausto Coppi, Louison Bobet, Eddy Merckx, Bernard Hinault…

En plus des pavés, certaines portions du trajet ont été tracées dans des champs de betteraves.

Lorsque la pluie s'en mêle, c'est l'apocalypse.

Les survivants arrivent au vélodrome de Roubaix maculés de boue et méconnaissables.

Les pavés du Paris-Roubaix font partie du patrimoine du Nord-Pas-de-Calais. Tous les ans, les Amis du Paris-Roubaix et les lycées horticoles de la région se chargent de les rénover.

Les pavés qui servaient pour élever des barricades, et comme projectiles contre les forces de l'ordre, sont devenus pacifiques. Chaque année, le vainqueur de la course reçoit en cadeau un pavé, et pas « sur la gueule ».

Parmentier, Antoine Augustin

Antoine Augustin Parmentier, agronome, est le père de la pomme de terre, et comme la pomme de terre est la mère de toutes les frites, il est le grand-père de toutes les frites.

Il est né à Montdidier en 1737.

Il est le plus jeune d'une fratrie de cinq enfants, son père est marchand linger et sa mère fille d'épicier.

A 13 ans, Antoine est commis à la pharmacie de Montdidier, il apprend le latin, indispensable pour devenir pharmacien. A 18 ans, il devient apprenti à la pharmacie Simmonet, rue Croix-des-Petits-Champs, à Paris. Monsieur Simmonet, son maître d'apprentissage, est picard comme lui.

Il n'a pas d'argent pour acheter une pharmacie, il s'engage alors dans l'armée comme apothicaire.

Son intelligence et son dévouement sont vite remarqués.

Il devient pharmacien de première classe à 23 ans.

Il étudie la physique avec l'abbé Nollet, la chimie avec Rouelle, la botanique avec Jussieu. Il se spécialise dans la chimie alimentaire. Louis XVI fait de lui un pensionnaire du roi aux Invalides, il a droit à un appartement gratuit et peut se consacrer à ses recherches à temps plein.

Suite à des famines survenues en France, l'académie de Besançon propose un concours avec, comme sujet : « Découverte d'aliments qui pourraient éviter les famines ».

Avec son mémoire sur la possibilité d'extraire de l'amidon des plantes, notamment de la pomme de terre, la fécule est née. Parmentier gagne le concours.

Il obtient le droit de cultiver des pommes de terre. Elles étaient alors réservées aux bestiaux, et accusées de provoquer des maladies graves.

Il obtient du gouvernement de planter des pommes de terre dans la plaine des Sablons.

Il a l'idée d'offrir au roi un bouquet de tubercule en fleur.

Louis XVI mettra une fleur de pomme de terre à sa boutonnière, et une autre dans la perruque de Marie-Antoinette. Il déclarera à Parmentier : « La France vous remerciera d'avoir trouvé le pain des pauvres. »

Regardons une pomme de terre dans les yeux.

Elle a une bonne bouille, surtout quand elle est bouillie.

Merci, monsieur Antoine (pas Hachis) Parmentier, pour toutes les frites que vous nous avez données.

Patois picard

Aujourd'hui, 700 000 personnes dans le Nord et le Pas-de-Calais utiliseraient ou comprendraient le picard.

Cette langue, qui évoque la région, cette langue que ses habitants adorent et en même temps détestent, c'est le picard, on le parle aussi en Picardie et en Belgique.

On disait « patois », avant, on ne savait pas que c'était une langue, on pensait que c'était du français déformé, juste bon pour les ouvriers et les paysans, que les gens distingués n'utilisaient pas.

Le comédien Jacques Bonnaffé, qui met son talent à faire découvrir des textes en picard, raconte que ses parents enseignants lui interdisaient de parler patois.

C'est au Moyen Age, bien avant la domination du français, que remonte l'origine du picard.

Quand les légions de César envahissent la Gaule puis la Belgique, elles y amènent le latin qui est adopté par les autochtones. Leur latin parlé n'est pas celui de Rome, il est simplifié, de nouveaux mots apparaissent.

Puis les Francs, dont la langue est germanique, viennent s'installer. C'est le latin local influencé par les langues germaniques qui donne naissance au picard, une langue romane originale.

Au XIIIe siècle, les Flandres et l'Artois sont très riches, grâce au blé et à la laine, elles sont la « Silicone Valley » de l'Europe. Avec l'argent et une population fortunée, les arts se développent.

Le picard est la langue de cet épanouissement culturel, il vient remplacer le latin, alors unique langue écrite.

Les écrivains sont nombreux, depuis les Brûle Maison, chansonnier du XVIIIe, Alexandre Desrousseaux, Jules Mousseron, jusqu'à Léopold Simons.

Ce patois, ce picard, ce sont des milliers de mots, c'est aussi un art de vivre à travers des expressions qui décodent le monde.

« Quand in ravisse quéqu'un, in n'in vot toudis qué l'mitan ». Quand on regarde quelqu'un, on n'en voit toujours que la moitié.

Cette langue est celle d'un vent du Nord, qui souffle « tout in hiaut des beffros », tout en haut des beffrois.

Pattou, Jean

Jean Pattou, architecte urbaniste, devenu peintre aquarelliste, est une figure locale bien connue.

Jean Pattou est né en 1940, à Jeumont, à la frontière belge, près de Maubeuge. Architecte de formation à Paris, il s'installe à Lille, en 1968, comme architecte urbaniste et enseigne à l'école d'architecture. Peu à peu, il se met au dessin et à la peinture urbaine.

« [J'ai] eu beaucoup de chance de faire des choses passionnantes comme architecte, mais le métier est devenu de plus en plus tendu [...], j'ai donc fait de plus en plus de peinture et de moins en moins d'architecture. »

Depuis 1980, influencé par Turner et Piranèse – « ce sont mes parrains, en quelque sorte » –, il peint des tableaux représentant des paysages urbains.

Il voyage beaucoup, peint et expose dans le monde entier.

« C'était devenu un jeu. Ça m'amusait de découvrir une ville, la peindre et y exposer mon travail. »

Beaucoup de ses tableaux représentent la région du Nord, villes, églises, places, beffrois…

« Je suis né dans le Nord, tout ce qui touche à Lille et à la région m'a toujours passionné. »

Tous les Lillois connaissent sa grande peinture à la gare Lille-Europe.

Une immense fresque de 2 300 mètres carrés, 50 mètres de long, 18 de haut, recouvre trois murs de la station de métro de Lille-Europe. C'est une ouverture sur le monde, on peut y voir Berlin, Londres, Bruxelles, Paris, Rome, Athènes, Toulouse, Barcelone, New York… mais aussi Périgueux, Carcassonne… une œuvre joyeuse et colorée, un univers vertigineux et gigantesque.

Paul (boulangerie)

Paul est une entreprise française spécialisée dans la vente de pains, viennoiseries et pâtisseries. Siège à Marcq-en-Barœul.

L'histoire de Paul débute en 1889. Charlemagne Mayot ouvre une boulangerie à Croix, près de Lille. En 1935, sa petite-fille, Suzanne Holder, et son mari reprennent une boulangerie-pâtisserie réputée située rue des Sarrazins, à Lille. Elle s'appelle « La maison Paul ». Ils vont garder le nom.

Leur fils Francis reprend l'affaire avec sa mère. Il va transformer radicalement le magasin familial. Il soigne le décor : une boutique à l'ancienne où le public peut voir le four et le boulanger au travail. Il revient aux recettes d'antan. Il va développer le réseau en s'appuyant sur l'essor des centres commerciaux qui se construisent à l'époque. Il implante des boutiques dans les centres commerciaux et dans les centres-ville de France. En 1985, il ouvre la première boulangerie à l'étranger, à Barcelone. C'est le début du développement international. « Paul » est l'ambassadeur de l'art de vivre à la française.

En 1993, nouveau style, apparition de la devanture noire.

En 2009, « Paul » célèbre ses 120 ans de passion pour le pain et crée la « baguette Charlemagne » en hommage à Charlemagne Mayot.

Pavard, Benjamin

Footballeur international né dans le Nord, à Maubeuge, le 28 mars 1996.

Il passe son enfance à Jeumont, comme trente ans plus tôt Jean-Pierre Papin.

Son père, magasinier et ancien footballeur, l'initie très jeune au football.

Enfant, il est très timide, et fragile.

Sur le terrain, il révèle une personnalité tout autre, il se transforme complètement, il s'affirme, prend des initiatives et des responsabilités, il comprend tout, plus vite que les autres, il est polyvalent, il peut jouer à toutes les places.

A Lambersart, au lycée Jean-Perrin, il suit le programme « sport-études », puis « pôle espoirs » à Liévin.

Il prépare ensuite un brevet d'éducateur sportif, il veut encadrer des jeunes.

A 19 ans, il fait ses débuts de professionnel au Losc, sous la direction de René Girard. Il est régulièrement titularisé. Un nouvel entraîneur, Frédéric Antonetti, arrive mais ne lui fait pas confiance, il décide alors de quitter le Nord pour le VfB Stuttgart.

A 20 ans, il signe un contrat de quatre ans avec Stuttgart, pour un montant de 5 millions d'euros. Son arrivée coïncide avec une remontée immédiate du VfB.

Il devient un des piliers du club. Il dira : « L'Allemagne m'a appris la rigueur, au début le coach ne me lâchait pas, il gueulait quand je faisais des choses qui ne servaient à rien… Aujourd'hui, je ne prends plus ce genre de risque, je me sens épanoui. L'Allemagne m'a fait énormément évoluer. »

Après avoir rejoint l'équipe de France espoirs, il est appelé en équipe de France par Didier Deschamps.

Puis il joue la finale de la Coupe du monde 2018 contre la Croatie.

A 22 ans, il est champion du monde.

Permeke, Constant

Constant Permeke est un peintre belge né à Anvers, en 1886. Il passe son enfance à Ostende, son père Henri est peintre et conservateur du musée d'Ostende.

Constant passe son temps au bord de la mer, ses œuvres picturales s'en souviendront. Ses œuvres évoquent la mer du Nord, les paysages de Flandre, les pêcheurs et les paysans.

Il étudie à l'Académie des beaux-arts de Bruges puis à celle de Gand.

Les peintres Claus et Spilliaert l'influencent.

A 26 ans, il épouse Marie Delaere, il peint *L'Hiver en Flandre* et fréquente Spilliaert et James Ensor.

Il découvre les œuvres de Van Gogh et des expressionnistes allemands. Sa peinture devient expressionniste.

En 1914, il part à la guerre, il est gravement blessé par des éclats d'obus. A 28 ans, il se retrouve invalide, il ne peut marcher qu'avec des béquilles.

Il se réfugie en Angleterre avec sa famille.

Il peint *La Moisson dans le Devonshire*, dont le sujet se dissout dans les couleurs. Sa peinture devient abstraite.

En 1918, il rentre en Belgique, il peint de plus en plus. Il est considéré comme un expressionniste.

Il peint avec une palette sombre des scènes populaires et rurales, des artistes de cirque, des scènes fantastiques, des carnavals et des paysages. Il était influencé par James Ensor.

J'ai sur ma table de chevet depuis plusieurs années une carte postale qui est une reproduction d'un tableau de Permeke, *Les Fiancés*. Il est de 1923.

Un colosse noir de charbon ou de soleil est à côté d'une femme blanche. Elle retient dans ses gros bras le bras de l'homme. Il n'a pas intérêt à aller voir ailleurs. Ils sont massifs et impassibles. Le fiancé occupe les deux tiers du tableau, il reste un tiers à la fiancée.

L'égalité homme-femme, c'est pas pour demain.

Personne, Fred

Acteur français né à Auchel (Pas-de-Calais), en 1932, mort à Marmande, en 2014. Ses parents sont des petits commerçants d'Auchel. Il fait des études classiques à Béthune, puis à la faculté de Lille. Il est d'abord enseignant, puis fait une rencontre déterminante dans sa vie : Jean Vilar.

Il attrape la passion du théâtre.

Il joue au théâtre national des Flandres.

Il joue au TNP mis en scène par Georges Wilson, au théâtre de la Porte-Saint-Martin mis en scène par Jacques Fabbri, au théâtre la Bruyère mis en scène par Georges Vitaly, au théâtre de Villeurbanne mis en scène par Roger Planchon, au TNP mis en scène par Jérôme Savary.

Il a tourné dans une cinquantaine de films, sous la direction de René Allio, Michel Mitrani, André Cayatte, Yves Allégret, Joseph Losey, Sébastien Japrisot, Robert Enrico, Tony Gatlif, Manoel de Oliveira, Claude Berri…

Quand on a fait tant de choses, ça doit être dur de s'appeler Personne.

Que Fred soit rassuré, il était quelqu'un.

Phoques

Sur le littoral du Nord-Pas-de-Calais et de la Somme, une colonie de phoques coulent des jours heureux.

On entend rarement parler d'eux, le phoque est un animal discret pas très causant. On les trouve sur la Côte d'Opale, dans la baie de Canche, la baie de l'Authie, la baie de Somme.

Hors de l'eau, les phoques se reposent sur des reposoirs (banc de sable émergé à marée basse), à ne pas confondre avec les reposoirs des églises où Jésus se repose, après avoir multiplié les poissons qu'il va donner aux phoques. Les phoques sont carnivores, ils se nourrissent des poissons côtiers, ce qui chagrine les pêcheurs, qui les rendent responsables de l'appauvrissement de la mer, ce qui est faux.

Les phoques qui dévorent les poissons prédateurs protègent au contraire les espèces comestibles.

Le phoque est une espèce protégée, on ne doit pas l'approcher, il faut respecter une distance raisonnable, 300 mètres minimum. Les déranger met en péril leur santé et fragilise les petits.

Si par inadvertance vous croisez un phoque à moins de 300 mètres, faites semblant de ne pas l'avoir vu.

Récemment, des phoques ont été trouvés morts avec des plombs.

Un coup de feu des amis de la nature ?

Piat, Jean

Comédien, il est né à Lannoy (Nord) en 1924 et il est mort à Paris en 2018.

Carrière exemplaire. Eternel jeune homme, il gère aussi son organisme de façon exemplaire, à plus de 80 ans il faisait tous les jours 500 mètres de piscine.

Le mot vieillesse ne semble pas faire partie de son vocabulaire.

Il a été Robert d'Artois à la télévision dans *Les Rois maudits*.

Il passe son enfance à Paris, fait ses études à Sainte-Croix de Neuilly.

Il entre à la Comédie-Française à 23 ans et en devient sociétaire à 29 ans.

Il a été Scapin, Cyrano, la Flèche, Cléante, Figaro, Mascarille, Domino…

Il a joué Feydeau, Molière, Cocteau, Beaumarchais, Achard, Hugo, Marivaux, Giraudoux, Musset…

Sur scène il a tout fait, il a dansé, il a gambadé, il a aimé, il s'est battu, il a chanté.

Il a fait rire, il a fait pleurer, il a ému, il a toujours séduit. Sa superbe voix a enchanté les nuits du Puy du Fou.

Pierrefonds

Pierrefonds est une commune située dans l'Oise, à la lisière de la forêt de Compiègne. Un village de charme avec son étang, ses belles demeures et son château.

Le château, avec ses huit tours, imposant et spectaculaire, est beau comme ceux des contes de fées. Construit au XVe siècle, il est détruit et laissé à l'abandon pendant deux siècles. Les ruines, plusieurs fois peintes par Jean-Baptiste Corot, sont rachetées par Napoléon Ier.

Napoléon III, séduit par les lieux, demande à Viollet-le-Duc d'entreprendre la restauration du château. L'architecte signe là son œuvre la plus magistrale. Il est à la fois un château fort doté d'un système défensif complet et un logis seigneurial abritant des logements impériaux. Pierrefonds est une leçon d'architecture.

La visite du château commence par la superbe cour d'honneur aux façades de style Renaissance. A voir, le logis impérial dans le donjon, l'impressionnante salle des Preuses, la galerie des gisants dans les sous-sols : sous une magnifique voûte du XVe siècle, une centaine de gisants et orants…

Le château de Pierrefonds a été un décor rêvé pour de nombreux films. *Le Bossu* et *Le Capitan* d'André Hunebelle, avec Jean Marais, *Peau d'âne*, de Jacques Demy, avec Catherine Deneuve, *Papy fait de la résistance*, de Jean-Marie Poiré, *Jeanne d'Arc*, de Luc Besson, avec Milla Jovovich, *Les Rois maudits*, de Josée Dayan, pour la télévision…

Pignon, Edouard

Il est né en 1905 à Bully-les-Mines.

Une œuvre abondante, il était fils de mineur, il aura été galibot, il est resté marqué par une catastrophe, à laquelle enfant il a assisté, un coup de grisou dans la mine de Clarence qui a fait soixante-dix-neuf morts.

Il peint l'*Ouvrier mort*, tableau dont Picasso dira : « C'est ton *Guernica* à toi. »

C'était un grand gaillard à la tignasse rousse, un géant rouge. Il était communiste et généreux.

Il a eu une maison dans le Sud, à Sanary. J'ai eu la chance d'y séjourner dans le cadre d'un documentaire pour France 3.

Il a peint le Nord, les drames de la condition ouvrière, les mineurs, les combats de coqs…

Il a peint le Sud, les plongeurs, les voiles de bateau, les troncs d'olivier…

Un jour qu'il peignait en gros plan l'écorce des troncs, un enfant le voyant lui avait dit en regardant sa toile : « Ça ne ressemble à rien, ce que tu fais. »

Il considérait que c'était là un beau compliment.

Il a fait partie de la Nouvelle Ecole de Paris, il a fait les décors de *Mère courage et ses enfants* de Brecht, pour Jean Vilar.

Il a fréquenté Picasso, avec lui il a lutté dans les années 1950 contre le côté caricatural et théâtral du réalisme socialiste, sans pour autant rejoindre ses amis peintres non figuratifs.

Son œuvre est difficilement classable. Il n'a jamais été abstrait, il est toujours resté concret, très concret.

Il était un contemporain, très sensible à la condition de ses frères humains.

Il a écrit un superbe livre sur la peinture, *La Quête de la réalité.*

Piscine de roubaix, La

C'est un musée d'art et d'industrie qui a ouvert ses portes en 2001 et a conquis depuis une réputation internationale.

Ancienne piscine municipale Art déco inaugurée en 1932, elle était un sanctuaire de l'hygiénisme en réponse à la misère des populations ouvrières. Le lieu a une âme très forte, on sent qu'elle a été beaucoup utilisée, durant plus de cinquante ans. Sa fermeture en 1985, pour raison de sécurité, a été pour les habitués un crève-cœur.

Le bassin fait de La Piscine un lieu unique, un musée unique. C'est actuellement un des plus beaux musées de France.

Il est éclairé de vitraux représentant le lever et le coucher du soleil.

Le rassemblement hétéroclite d'œuvres d'art plastique et d'arts appliqués est une réussite absolue.

Parmi les œuvres d'art majeur que compte La Piscine, on peut voir *Le Portrait de madame Cogghe, mère de l'artiste*, par Rémy Cogghe, un portrait stupéfiant de vérité plastique et psychologique, du niveau de *Monsieur Bertin* peint par Ingres. Sur le même thème que les vitraux, *Le Matin* et *Le Soir* sont le meilleur du symbolisme de

Fantin-Latour. Puis l'autoportrait saisissant d'Eugène Leroy, l'un des peintres français les plus importants du XXe siècle, dont l'œuvre est au musée de Tourcoing, dont il est originaire.

Le *Chat sur un fauteuil* de Steinlen : personne n'a jamais peint les chats comme Steinlen, pas même Balthus.

Une naïade en bronze au bord du bassin, de 80 centimètres environ, une adolescente d'une beauté à vous crucifier.

C'était peut-être une œuvre de Pierre Roche ?

Elle a disparu depuis ma première visite, je ne l'ai jamais revue et je ne m'en remets toujours pas.

Les Enfants au jardin de Vuillard, là où il atteint la grâce lumineuse de Bonnard.

Et beaucoup d'autres œuvres superbes.

A La Piscine de Roubaix, on nage dans le bonheur et la beauté…

Plats du chef

Alexandre Gauthier, sacré meilleur cuisinier de l'année en 2015, est né dans le Pas-de-Calais il y a quarante ans.

Il a repris l'auberge de son père, La Grenouillère, à La Madeleine-sous-Montreuil, j'y allais quand j'étais poète et paysan, à Hesdin.

Il en a fait une des meilleures tables du Nord (deux étoiles au Michelin). Sa cuisine est une cuisine d'auteur enracinée dans un territoire.

Il fait son marché, il ramasse des coques sur la plage, il cueille des herbes dans les marais. La côte d'Opale, il a les pieds et les mains dedans.

Il respecte autant les endives et les betteraves d'ici que le caviar et le foie gras d'ailleurs. Son bon goût ne s'exerce pas seulement dans sa cuisine, le décor étonnant de La Grenouillère, mêlant torchis et acier, en témoigne.

Dans sa cuisine, il ne se contente pas de ranimer le foyer du passé. « Quand on évoque le Nord, dit-il, on le caricature jusque dans sa gastronomie, on le réduit à la bière et au chicon. Notre région est mille fois plus vaste. Elle est riche de tout. » Il ose être contemporain.

Sa cuisine est radicale, surprenante, pertinente et impertinente mais jamais gratuitement insolente.

Prochainement, les passagers en Business class de la All Nippon Airways goûteront, dans le ciel, un plat d'Alexandre Gauthier : le haddock blanc de Boulogne fumé avec du bois de chêne de Desvres ou d'Hesdin…

Le comédien Jacques Bonnaffé a écrit au chef Alexandre Gauthier une recette servie en déclaration d'amour. « Toi tu es nature, tu es tactile, t'es juste, à peine saisi, presque cru, jamais cuit, toi, les lumières s'éteignent et tu distribue des gazouillis d'extase, t'es bête comme un sourire, j'aimerais bien être bête comme toi, bête des fourneaux et bourreaux des planches, bête de tréteaux, et bête de scène. Tout le monde se sent bête avec toi et très fort, avec toi on se jette dans la Canche. On irait au bout du monde. Merci la grande grenouille qui nous mangera. »

Plat de couture

Clivia Nobili, créatrice de mode depuis plus de sept ans, explore le vêtement de travail. Son grand-père était tourneur fraiseur à Boulogne-Billancourt.

Jusqu'à 33 ans, elle a travaillé autour du vêtement. Elle prend des cours du soir pour dessiner ses premiers modèles. La lecture de *Peuple d'en bas* de Jack London et les peintures d'Antoine Serra influencent sa première collection, les vestes en denim brut et pantalon work wear.

Elle ouvre sa première boutique à Lille, le groupe Auchan lui demande d'habiller ses 55 000 employés. L'opéra de Lille lui commande les costumes du personnel d'accueil. Elle aime les uniformes.

Elle est loin du monde souvent frelaté, sophistiqué et chichiteux, de la mode : « Je crois que je préfère les vêtements plutôt que la mode. »

Elle s'est installée à Lille dans le cadre des maisons de mode. Elle cultive une fascination pour les travailleurs.

Elle reprend les codes de leurs habits et les associe à un usage moderne, des tissus plus souples, les féminise ou les ennoblit. Son travail de coupe, sa recherche des matériaux et la façon sont irréprochables d'évidence et de simplicité.

Elle reprend les vêtements de travail sans vouloir en faire un commerce, elle ne veut pas trahir les origines et les valeurs de ceux qui les ont portés. Elle prône et participe au *made in France*, sans vouloir en faire un argument de vente. Elle se serre la ceinture et tient sa boîte à bout de bras afin de proposer des prix honnêtes.

Elle a dessiné des combinaisons pour les agricultrices, elle a créé la combinaison à Julo... De la haute couture dans les Hauts-de-France.

Elle serait capable de rendre élégants tous les mal fagotés du Nord.

Plats du Nord

Ma mère se retrouve maîtresse de maison. La maison, c'était rue Anatole-France, à Calais.

Elle doit organiser des dîners. Elle ne sait pas faire grand-chose en cuisine, elle a appris la cuisine dans des anthologies de poésie, elle improvise. Une fois, elle a voulu faire pour ses invités une recette traditionnelle du Nord, des croquettes de pomme de terre.

Elle est restée très longtemps dans la cuisine avant d'apporter son plat. Mon père s'est levé de table pour aller voir. Il l'a découverte en larmes devant sa bassine à frire. Au lieu de rester en croquette, la purée se dispersait dans la friture en gouttelettes qui frétillaient comme des têtards.

Elle pleurait et, plus elle pleurait, plus les têtards se mutipliaient. C'était imprésentable, immangeable.

Ma mère était catastrophée. Notre père a été à la hauteur. Il l'a consolée tendrement et a entrepris de rattraper la situation en réchauffant la purée au four. A cette époque, il essayait encore de sécher ses larmes.

J'ai retrouvé sur un cahier de Bonne maman d'Arras, écrites à l'encre violette avec des pleins et des déliés, des recettes du Nord.

— La caudière du Boulonnais : soupe des pêcheurs du littoral boulonnais enrichie de moules et de pommes de terre. Caudière vient de « chaudron », utilisé autrefois par les pêcheurs.

— La soupe des hortillons : soupe de légumes (chou, laitue, pommes de terre, petits pois, cerfeuil, oseille).

— Le potjevleesch (petit pot de viande) : terrine avec 4 viandes (veau, porc, lapin, poulet) dans de la gelée.

— La carbonnade flamande : bœuf braisé avec sauce à la bière, cassonade et pain d'épices.

— Le hochepot : sorte de pot-au-feu, façon Nord, potée de légumes et de queue de bœuf (ou d'autres morceaux de viande).

— Le welsh : cheddar fondu dans la bière avec œuf ou jambon, sur une tranche de pain grillé. D'origine galloise, ce plat est typiquement servi dans les brasseries du Nord.

— Le waterzooï (« eau qui bout », en flamand) : poulet ou poisson servi dans un bouillon avec légumes et crème.

— La Lucullus de Valenciennes : langue de bœuf fumée avec du foie gras. Dans les années 1930, un couple de Parisiens, venus à Valenciennes, avait demandé pour un repas d'enterrement une version plus raffinée de la langue de bœuf, dit-on.

— La flamiche aux poireaux, la ficelle picarde, le coq à la bière, le lapin aux pruneaux, la flamiche au maroilles.

— Et, pour terminer, la tarte au sucre, la tarte au libouli (lait bouilli), la tarte à la bière garnie de cassonade, les gaufres fourrées à la vergeoise ou à la vanille et, pour les fins de mois difficile : le pain perdu.

En voici la recette :

Faites bouillir deux verres de lait avec du sucre, ajoutez quelques gouttes d'eau de fleur d'oranger, prenez des petites tartines de pain que vous coupez en losanges ou en ronds, mettez-les à tremper dans le lait et faites égoutter, prenez deux œufs que vous battez, trempez les tartines dedans et faites frire dans une poêle avec du beurre.

C'est très bon.

Polonais

Après la Première Guerre mondiale, la France a besoin de main-d'œuvre : elle fait appel à des travailleurs étrangers.

En 1931, les Polonais sont environ 200 000 dans le Nord-Pas-de-Calais, beaucoup travaillent dans les mines.

Ils arrivent souvent avec leur famille par train, par bateau, avec l'intention de retourner au pays après avoir gagné assez d'argent.

Ils sont logés dans les cités ouvrières, on met à leur disposition ce qu'il faut pour vivre : une table, des bancs, des lits de fortune, du charbon.

L'intégration n'est pas facile. Ils ne sont pas bien acceptés par les Français, ils se sentent dépaysés, isolés par la barrière de la langue. Ils vivent entre eux, dans des « petites Pologne » avec leurs propres instituteurs, aumôniers, commerçants.

Les Polonais étant très croyants, on construit chapelles et églises.

Des journaux polonais sont édités. Ils créent de nombreuses associations religieuses, folkloriques, musicales, sportives...

Une très grande solidarité règne dans la communauté polonaise.

Peu à peu, les Polonais adoptent la langue française, la façon de vivre des Français.

Les relations avec ces derniers se multiplient.

Le folklore polonais apparaît dans les fêtes françaises. Les naturalisations sont plus nombreuses, les mariages mixtes deviennent monnaie courante à partir de 1960. Durant la Seconde Guerre mondiale, ils seront à côté des Français.

Aujourd'hui, la communauté polonaise est parfaitement intégrée. On estime à près de 500 000 le nombre d'habitants d'origine polonaise dans la région. De nombreuses associations font perdurer les traditions polonaises, elles organisent des repas dansants sur des airs de polka, des cours de polonais, des cours de mazurka, des voyages en Pologne... Il y a toujours des messes en polonais. La coutume la mieux conservée est sans doute la gastronomie : le placek, un gâteau souvent aux raisins, le makowiec, un roulé au pavot, la metka, une saucisse fumée... Boulangeries et charcuteries polonaises proposent encore ces spécialités.

Le footballeur Raymond Kopa, le coureur Michel Jazy, le cycliste Jean Stablinski, le musicien Stéphane Kubiak, qui a fait danser toute la région pendant trente ans, sont quelques-unes des personnalités françaises d'origine polonaise nées dans le Nord-Pas-de-Calais.

Prés, Josquin des

Il est le plus grand compositeur du XVIe siècle.

Compositeur franco-flamand de la Renaissance, premier grand maître de la polyphonie vocale.

Il a écrit de la musique sacrée et profane dans toutes les formes vocales, messes, motets, chansons.

Il est né vers 1450 dans le Hainaut, non pas la province actuelle belge, mais l'ancien comté qui s'étendait jusqu'au-delà de Cambrai.

Il serait vermandois, du nom de Vermand, petite localité à l'ouest de Saint-Quentin.

Sa formation s'est effectuée à la collégiale de Saint-Quentin, où il est enfant de chœur.

Il a dû recevoir les conseils des compositeurs Guillaume Dufay et Jean Ockeghem, dont il a célébré la mémoire dans son émouvante déploration *Nymphe des bois*, où il se représente lui-même pleurant de « grosses larmes d'œil » sur la mort de ce bon père.

Josquin semble avoir été un homme très cultivé et d'une intelligence au-dessus de la moyenne. Il était l'auteur des poèmes qu'il mettait en musique.

Il a comme la plupart des chantres illustres poursuivi une carrière ecclésiastique, dont il a obtenu une retraite confortable.

Cette carrière ecclésiastique ne l'a pas empêché de composer de la musique profane.

A 24 ans, il est engagé par le duc de Milan, Galéas Maria Sforza. Il passe ensuite au service de la chapelle papale, comme chantre d'Innocent VIII et d'Alexandre IV.

Après ce long temps passé en Italie, il retrouve le Nord sa terre natale. Il est maître de chapelle à la cathédrale de Cambrai et à la collégiale de Saint-Quentin, et maître de chapelle de Louis XII.

« Heureux qui, comme Ulysse, a fait un beau voyage / Ou comme cestuy-là qui conquit la toison, / Et revient plein d'usage et raison / Vivre entre ses parents le reste de son age. »

Il termine sa vie comme chanoine à Saint-Quentin, il meurt en 1521, un an avant la naissance de Du Bellay.

Josquin des Prés aura été un des initiateurs de la polyphonie qui a révolutionné la musique, elle portait en germe tout le devenir de la musique occidentale.

Ce sont trois hommes du Nord, musiciens et musicologues, qui en seront les promoteurs : Josquin des Prés, de Condé-sur-l'Escaut, Guillaume de Machaut, de la région de Reims, et Philippe de Vitry, né à Vitry-en-Artois, qui était évêque de Meaux et sera l'auteur du traité *Ars nova musical* qui va révolutionner la musique.

Jusqu'alors, la musique était monodique, elle ne développait qu'un thème, la polyphonie va en développer plusieurs.

Si on faisait une comparaison avec la tapisserie, la monodie serait une tapisserie faite avec le même fil, quand la polyphonie serait tissée avec un entrelacs de fils de couleurs différentes.

En intégrant magistralement toutes les techniques d'écriture de la polyphonie, Bach allait donner à l'humanité ses œuvres savantes et bouleversantes.

Prêtre, Georges

Il est né à Waziers en 1924. Il étudie le piano au conservatoire de Douai, puis la trompette au Conservatoire de Paris. A moins de 20 ans, il veut devenir chef d'orchestre.

En 1948, il fait ses débuts de chef à Lille, puis est engagé au Capitole de Toulouse jusqu'en 1955. Il entre alors à l'Opéra-comique, il crée *La Voix humaine* de Poulenc.

En 1962, il devient chef de l'orchestre philharmonique de Londres.

En 1986, il devient premier chef invité de l'orchestre symphonique de Vienne.

Un centre culturel qui porte son nom est inauguré en 2009 à Waziers, sa ville natale.

Il est mort le 4 janvier 2017.

J'ai souvenir d'avoir participé à une émission de télévision de FR3 où on souhaitait son anniversaire. Nous avions filmé la fanfare de Waziers qui était venue jouer sous ses fenêtres. Il était très ému et ravi. Il était chaleureux, il ne dirigeait pas ses musiciens à la baguette.

Il restera le chef préféré de la Callas.

Prêtres ouvriers

Je me souviens d'avoir été choqué par une lecture spirituelle de notre supérieur de l'institution Saint-Joseph d'Arras, le chanoine Garet.

Il nous avait dit que nous, les enfants de bourgeois, étions destinés à des professions nobles, nous serions docteur, notaire, directeur… : « Vous êtes la classe supérieure, vous êtes au-dessus des autres. »

Les autres, c'étaient les enfants d'ouvrier, ils seraient condamnés aux basses besognes en attendant d'aller au paradis.

Le monde catholique, avec le faste de ses églises, la magnificence de ses cérémonies, la richesse du clergé… s'était éloigné du monde ouvrier.

En vivant comme des ouvriers, les courageux prêtres ouvriers voulaient rapprocher ces deux mondes.

Ce n'est peut-être pas par hasard qu'ils sont apparus dans le Nord.

En 1946, un prieur dominicain, Jacques Screpel, avec l'accord du cardinal Liénart, fait un apprentissage de fraiseur à Hagondange. Et travaille en usine à Fives.

Un prêtre, Bernard Tiberghien, travaille en usine à Hellemmes.

La Communauté du 118, qui regroupe l'équipe de dominicains et la communauté chrétienne, est fondée en 1948.

Les diocèses de Lille, Arras, Cambrai sont composés de différentes équipes qui privilégient une insertion dans leur milieu professionnel et dans les quartiers.

L'Eglise s'inquiète des options politiques de certains, on les soupconne d'être communistes.

En 1954, le pape Pie XII, malgré l'insistance du cardinal Liénart, interdit les prêtres ouvriers. Ils se soumettent mais reprennent plus discrètement leur activité professionnelle avec des « petits boulots » à l'extérieur.

En 1965, après la mort de Pie XII, le concile du Vatican ayant dénoncé l'interdiction, ils retourneront à l'usine.

Q

Quend

Quend est une commune en bord de mer, dans le département de la Somme.

Au XVIe siècle, le territoire était en partie immergé. Des digues furent construites.

Beaucoup de hameaux aux noms imagés composent la commune : le Marais, le Vieux-Quend, le Fort Mahon, le Bout des Crocs, Pont-à-Cailloux, le Château Neuf, le Château de la Motte, la Grande Retz…

A l'exception d'une colline de 10 mètres de haut qu'on appelle la Foraine, le paysage est plat.

La plage de sable fait 15 kilomètres de long. C'est un bonheur d'y galoper, j'ai eu cette chance. Dans la famille de ma femme, il y avait un personnage haut en couleur, il avait l'air d'un cow-boy. Il s'appelait Pierre Cresson, il avait un élevage de chevaux.

J'étais à l'époque assistant réalisateur à la télévision de Lille, et Pierre Cresson m'a donné l'idée d'écrire le scénario d'un western. On pourrait tourner à Quend-Plage, on avait les paysages, on avait les chevaux.

C'est devenu *Le Shérif de Quend City*.

Les comédiens avait été choisis parmi les personnalités du Nord. Le shérif était Robert Lefebvre, un journaliste de *La Voix du Nord* apprécié et connu des téléspectateurs grâce à une émission de variétés qu'il animait avec Pierre Célie, « Les copains du samedi ». Pierre Célie faisait un bandit. Le film n'a pas laissé un souvenir impérissable, mais il a permis aux téléspectateurs de découvrir les superbes paysages de la côte.

Quint, Michel

Ecrivain né le 17 novembre 1949 à Leforest. Enfance dans le bassin minier du Nord-Pas-de-Calais avec des grands-parents mineurs. Puis il habite Lille. Il est attiré par la littérature et le théâtre, il fait des études de lettres.

Sa licence de lettres classiques le destine à l'enseignement. Il écrit des pièces de théâtre pour Théâtre ouvert puis pour France Culture.

En 1980, il écrit un policier, *Billard à l'étage*, qui lui vaut le Grand Prix de littérature policière en 1990.

En 2000, il publie *Effroyables jardins*, superbe livre qui lui vaut un succès public, et qui sera adapté au cinéma, avec Jacques Villeret, notamment.

Il a écrit une vingtaine de romans.

« Mon rapport au Nord, c'est un rapport de lucidité, de zyeux grands ouverts, sur une région blessée par les guerres, achevée par la crise du textile, de la sidérurgie, de la mine, mais qui ressuscite et ouvre encore les bras aux immigrations et dont l'hospitalité constitue l'identité. D'ici, de Lille, on est pile à hauteur d'horizon et d'homme, on voit jusqu'aux Alaskas et jusqu'au cœur des gens. Que demanderais-je de plus, pour écrire ? »

R

Rabiega, Christiane

Pendant les années 1960, Christiane s'est invitée chaque jour chez les gens du Nord. Elle était la speakerine de la Télévision de Lille, la Catherine Langeais du Nord. Elle était d'origine polonaise.

J'ai eu la chance de la rencontrer et de travailler avec elle.

Demain, je réalise le journal télévisé régional. Je vais choisir la place des caméras, la taille des plans, les tops de mise à l'antenne. C'est moi qui vais appuyer sur les boutons du grand pupitre de la régie et choisir les images. Ma grande inquiétude est de me tromper de bouton, de mettre à l'antenne une caméra qui n'est pas prête ou, pire, de faire un noir à l'antenne. J'ai du mal à m'endormir, j'ai peur de fermer les yeux, de faire un noir.

Le matin, je suis arrivé en avance sur le plateau. J'ai envie d'innover, je ne veux pas faire comme tout le monde. J'ai une idée. Il faut que j'arrive à l'imposer, pas question que je me dégonfle.

J'annonce d'une voix que je veux assurée ma décision : on va changer de place le vase de glaïeuls qui est à côté de la speakerine. On va le mettre à gauche alors qu'il est toujours à droite. Toute l'équipe est atterrée par mon audace, fait semblant de ne pas comprendre. Des groupes se forment et parlent à voix basse, comme au chevet d'un malade. Le chef d'émission, courageux, m'aborde avec un air faussement jovial : « C'était pour rigoler, tu vas quand même pas faire ça ? »

Je l'ai fait, et je l'ai fait moi-même.

L'accessoiriste n'a pas osé toucher au vase, il ne voulait pas être complice.

J'ai fait pire. J'ai déplacé le siège de Christiane, pour qu'elle soit un peu cachée par les fleurs. Le cameraman répétait : « C'est pas comme ça qu'on fait d'habitude », Christiane s'en est mêlée, elle avait peur qu'on ne la voie plus à cause des fleurs. J'ai tenu bon.

L'émission s'est déroulée normalement. Il n'y a même pas eu de réaction.

A vous décourager de vouloir innover…

Rachinette

C'est tout petit, un hameau dans le Pas-de-Calais, il n'est même pas marqué sur les cartes, on se demande s'il existe, comme disait ma mère du Nord en parlant de Dieu. Pour moi, il existe, beaucoup. C'est là que, il y a plus de cinquante ans, j'ai acheté la première maison de ma vie.

J'ai emprunté de l'argent à la banque. Il y avait une dizaine de maisons, dont les toits rouges émergeaient des arbres, c'était à quelques kilomètres de la ferme de mon beau-père où j'ai exercé l'agriculture pendant un an, là où j'ai rencontré une vache qui m'a beaucoup marqué et que j'ai fait revivre à la télévision dans le dessin animé. C'était *La Noiraude*.

La maison était en torchis, de l'argile avec des branchages, elle avait des tuiles. Elle n'était pas habitée depuis de nombreuses années. Je me souviens encore de la première fois où on l'a visitée. La première chose qu'on ait vue derrière les toiles d'araignées, c'était une très grande cheminée toute couverte de carreaux avec des petites fleurs bleues, c'était beau comme le passé.

Nous y avons vécu plusieurs années, c'était notre résidence secondaire.

On a fait cuire des tonnes de viande dans la cheminée à fleurs, on a vidé beaucoup de bouteilles de vin, on a beaucoup ri. On a fait des matchs de volley-ball. Un moment, j'ai même eu un cheval que m'avait prêté mon beau-frère, je me promenais dans les champs comme un gentleman farmer, j'étais plus farmer que gentleman.

Je garde des souvenirs inoubliables de cette petite maison. J'étais jeune, j'étais irresponsable, je ne pensais qu'à m'amuser, pour moi, la vie était une comédie légère.

J'allais apprendre que, dans le Nord, le beau temps ne dure pas longtemps.

Raimbaut, Henri

Henri Raimbaut est un mineur poète, pas un poète mineur.

Il naît à Flers-lez-Lille en 1933 et arrive à Marles-les-Mines, près de Béthune, en 1944. A 14 ans, il obtient son certificat d'études. Il est d'abord aide-maçon, puis mineur.

Il sera au fond pendant vingt-six ans.

Suite à une blessure, double fracture du bassin, il termine sa carrière comme secrétaire au service électrique de Lens. Il part en retraite en 1983. Il est atteint de la maladie du mineur, la silicose.

La nuit, il s'étouffe, souffre d'insomnie. C'est lors d'une insomnie que, à 69 ans, il se met à écrire des poèmes, et jusqu'à la fin de sa vie il écrit.

Il participe à de nombreux concours, et chaque fois figure parmi les lauréats.

Sa plus grande fierté est d'avoir reçu une rose d'or aux Rosati d'Arras avec un poème intitulé « La vie ».

Il écrit beaucoup de poèmes sur la vie dans la mine et sur les mineurs. « Crassier minier », « Le vieux mineur », « L'âme des corons », « Nostalgie en sol mineur », « Pain d'alouette », « Briquet »...

« Le cheval de fond »

[...]
Pauvre cheval dans la misère
Pour le mineur tu es un frère

Parfois tu fermes les yeux
Tu dois songer aux jours heureux

Où tu étais dans la prairie
Au grand soleil, un paradis

« Galibot »

Nous étions tous des « tiots »
Issus du même coron
On était pas bien haut
Pour nous descendre au fond

Avec nos loques « d'fosse »
Not'béguin, « el'barette »
La fierté, pauvre gosse
De porter la musette
[…]

Henri Raimbaut décède en novembre 2013. Un recueil de quatre-vingts poèmes est publié à titre posthume. Sur la première page de ce recueil, il est écrit : « J'ai retrouvé à la mine ce que l'homme a de meilleur : la valeur, le courage, l'amitié. »

RCF

Chaque fois que je vais à Lille pour faire la promotion d'un nouveau livre, je suis invité à la RCF, la radio chrétienne. J'y vais toujours avec plaisir. J'aime bien l'ambiance. C'est un peu à l'extérieur du centre, un havre de paix, une sorte de petit monastère en brique. Installé sur près de 200 mètres et sur deux étages, elle se compose d'une équipe de huit salariés et quatre-vingts bénévoles. Elle a deux studios équipés en numérique.

L'émission s'appelle « La baraque à livres ». Je suis reçu par deux messieurs souriants, Bernard Leconte et Michel Bouvier, ils n'ont plus 20 ans, ils doivent avoir mon âge, et beaucoup d'humour. On bavarde ensemble devant un micro, ils ont lu mon livre, attentivement.

Ce n'est pas toujours le cas à Paris où souvent des animateurs de radio pressés se contentent des notes de leurs assistants.

Ils m'ont lu sérieusement et en parlent, on a le temps, on n'est jamais interrompu par des messages publicitaires qui nous vantent les qualités d'une crème antirides.

On n'en a pas besoin, on est fier de nos rides.

RC Lens

Le Racing Club de Lens, club mythique de football dans le Pas-de-Calais.

Le RC Lens voit le jour en 1906. La Compagnie des mines de Lens, la plus puissante en France, s'intéresse à ce club, le soutient financièrement et lui offre un terrain. Les joueurs portent d'abord des maillots noir et vert, puis bleu ciel et, depuis 1923, sang et or. L'équipe lensoise est alors composée de beaucoup d'étrangers venus travailler dans le Pas-de-Calais, surtout des Polonais. En 1929, Félix Bollaert, un directeur de la Compagnie des mines de Lens, achète une parcelle de terrain et décide d'y construire un stade. L'inauguration a lieu le 18 juin 1933. Pour l'époque, c'est le stade le plus vaste et le plus moderne du département. Le club fait partie de l'élite dans la région et devient professionnel en 1934.

Les joueurs lensois font vibrer leurs supporters. Le « 12 Lensois », pour rendre hommage au douzième homme, est la plus grande association de supporters en France.

Leur ferveur est récompensée en 1998 : le RCL est champion de France pour la première fois de son histoire.

L'ambiance dans le stade est extraordinaire. A l'arrivée des joueurs, tous chantent « La Lensoise » sur l'air de « La Marseillaise » :

[...]
L'étendard sang et or est levé
Entendez-nous, les supporters
Chanter : « Allez les Sang et Or
Allez, allez les Sang et Or »
Vous êtes, vous êtes les plus forts
[...]
Allez Lens !

Et, à la mi-temps, ils chantent « Les corons » de Pierre Bachelet depuis 2005, année de son décès.

En réalisant pour la télévision un documentaire sur les supporters de Lens, *Sang et Or*, j'ai découvert une humanité que je ne connaissais pas. Des gens passionnés, des gens qui pour une fois chantaient : « On a gagné ! » Eux qui dans leur vie difficile n'avaient jamais gagné grand-chose.

Le football leur offrait une revanche.

Ils étaient touchants et émouvants, pour eux, le football était bien plus qu'un sport, qu'une distraction, c'était une religion, pour certains, c'était leur vie.

Je n'oublie pas un voyage dans une voiture dont toutes les surfaces vitrées étaient couvertes de badges, de fanions, si bien qu'on ne voyait plus l'extérieur. Quand j'ai demandé au supporter si ça ne le gênait pas pour conduire, il m'a répondu simplement : « Au contraire. »

Ce grand moment est passé dans le zapping de Canal +.

Je me souviens d'un émouvant maçon qui, pour aller au match, se déguisait en Gaulois avec un casque et des grandes cornes. Il m'avait dit : « Quand ils me voient, les gens, ils rigolent, ils pensent que je suis fou… »

Je me souviens de maman Foot, une dame âgée qui récitait des prières à sainte Rita avant chaque match. Elle avait des serins jaunes, elle souhaitait qu'ils aient des plumes rouges pour être assortis à ses footballeurs chéris. On lui avait conseillé de leur donner des carottes, ça n'a servi à rien.

Maman Foot voulait se faire enterrer au stade Bollaert devant les buts dans la surface de réparation, avec sa robe en tricot jaune et rouge.

Renaud, Line

Chanteuse et actrice, elle est née en 1928 dans le Nord, à Nieppe, dans une famille modeste. La maman est sténodactylo et le papa est camionneur dans une usine de textile. Le week-end, il est trompettiste dans une fanfare locale. Il donne à sa fille ses premières notions de musique.

A son entrée à l'école, elle chante déjà très bien, et elle remporte à 7 ans un concours d'amateurs.

Pendant la Seconde Guerre mondiale, son père est mobilisé, il restera absent pendant cinq ans. Jacqueline – de son vrai nom – sera élevée par trois femmes : sa mère, sa grand-mère et son arrière-grand-mère. Sa mère rêve que sa fille devienne institutrice.

Jacqueline chante souvent dans le café tenu par sa grand-mère.

« On m'appelait "Gazouillis". Je me mettais devant la glace et je faisais des gestes, je chantais. Je ne savais pas que c'était un métier. »

Une amie de Jacqueline trouve dans le journal local une annonce concernant des auditions pour le conservatoire de Lille. Elle l'inscrit en secret.

Elle est tout de suite remarquée.

Le soir même de son audition, le directeur de Radio-Lille lui propose une place dans son orchestre, elle accepte et prend un nom d'artiste : Jacqueline Ray.

Elle monte à Paris et se produit au music-hall. En 1945, elle est engagée aux Folies-Belleville.

Elle rencontre alors l'homme de sa vie, le compositeur de chansons Loulou Gasté qui a vingt ans de plus qu'elle.

Elle prend un nouveau nom de scène, Renaud, en hommage à sa grand-mère qui s'appelait Renard. Son premier succès, « Ma cabane au canada », qui reçoit le Grand Prix du disque en 1949, est suivi par d'autres, dont « Etoile des neiges ».

Je m'en souviens encore, je pourrais vous le chanter, écoutez :

« Etoile des neiges, mon cœur amoureux / s'est pris au piège de tes grands yeux, / Je te donne en gage cette croix d'argent / Et de t'aimer toute la vie, je fais serment… »

En 1952, « Ma p'tite folie » : « C'est toi ma p'tite folie, mon p'tit grain de fantaisie… »

Puis « Mademoiselle from Armentières » et « Le chien dans la vitrine ».

En 1954, elle chante au Moulin Rouge.

Elle rencontre Bob Hope qui l'emmène en Amérique faire une tournée dans les palaces de New York et Los Angeles.

Elle chante en duo avec Dean Martin, elle mène une revue à Las Vegas, à Londres, au Casino de Paris.

Elle est devenue une vedette internationale, une rue porte son nom à Las Vegas.

Avec le même professionnalisme, elle fait maintenant une carrière d'actrice.

En même temps, elle mène une action exemplaire dans l'humanitaire.

Elle est cofondatrice de Sidaction, association pour laquelle elle se dévoue inlassablement.

Femme de tête, femme de cœur, toujours énergique, quand elle était petite, ses amies l'appelaient « la Commandante ».

Elle a 90 ans, et le temps n'a pas altéré le bleu de ses yeux.

Reybaz, André

Acteur et metteur en scène, il a dirigé le Centre dramatique du Nord à Tourcoing de 1960 à 1970. Il a été fondateur du Festival d'Arras. Le Festival d'Arras était pour les Arrageois, notamment pour nous, les collégiens de Saint-Joseph, un événement exceptionnel. Le jardin du palais Saint-Vaast était envahi par les comédiens, nous croisions des artistes dans la rue. Nous allions les voir répéter.

A l'époque, je rêvais d'être comédien, j'étais fasciné par eux. Avec le Festival, chaque année un vent de folie soufflait sur la bonne ville bourgeoise d'Arras. Nous avons eu l'occasion de voir de superbes pièces mises en scène dans des décors naturels, la cour du palais Saint-Vaast et le jardin. Je me souviens encore des pièces de Marivaux, de *Peer Gynt* d'Ibsen joué par Daniel Ivernel. André Reybaz était le metteur en scène.

Il était pour nous une sorte de Jean Vilar du Nord.

En 1955, on le verra au cinéma, dans le film *Les Chiffonniers d'Emmaüs*, où il incarnera l'abbé Pierre.

A Tourcoing, au Centre dramatique du Nord, j'ai eu l'occasion de voir *Boulevard Durand*, une pièce d'Armand Salacrou, qu'il avait mise en scène, sur un syndicaliste, joué magistralement par Maurice Sarfati.

Trente ans plus tard, j'ai eu l'occasion de lui confier un petit rôle dans un feuilleton que je tournais pour la télévision avec Jean-François Balmer, *L'Or du diable.*

Je me souviens avec émotion de notre rencontre, sa discrétion, sa timidité. Je lui ai tout de suite dit qu'il avait marqué ma jeunesse avec le Festival d'Arras, je crois que ça lui a fait plaisir. J'allais avoir, moi le petit réalisateur débutant, la chance de diriger un grand metteur en scène de théâtre qui m'avait fait beaucoup rêver.

Tout le monde sur le tournage fut ému par sa prestation.

Ribéry, Franck

Footballeur international, il est né en 1983 à Boulogne-sur-Mer. Il est ailier gauche au Bayern de Munich.

Il est né dans le quartier du Chemin vert à Boulogne. A 2 ans, il a un accident de voiture dont il garde les traces sur le visage ; certains humoristes diront qu'il ressemble à un tableau de Picasso.

A 12 ans, il entre au centre d'apprentissage du Losc, à Lille. Quatre ans plus tard, il sera renvoyé, à cause de mauvais résultats scolaires et de son indiscipline.

A 18 ans, il débute à l'US Boulogne. Occasionnellement, il travaille sur les chantiers de son père.

Il commence à se faire une réputation dans le stade brestois. Ses vrais débuts seront au FC Metz : il est élu « joueur du mois » de la Ligue 1 en 2004. Il est milieu droit, redoutable, infatigable.

Il est vendu 1,5 million d'euros au club de Galatasaray, en Turquie. Il devient le joueur préféré des supporters turcs. Il est surnommé « Scarface ».

En 2005, il signe un contrat avec l'OM.

Il a de plus en plus de succès, il est élu trois fois « joueur du mois », il est l'auteur du but de l'année, il est sélectionné pour la Coupe du monde.

Finalement, en 2007, le Bayern de Munich l'accueille.

Sa cote a monté, le montant du transfert est de 30 millions d'euros.

Le prix d'un Picasso.

Il devient un pilier de l'équipe de France, Zidane, son capitaine, dira : « Franck respire la joie de vivre, il ne calcule pas. Il est très fort. C'est quelqu'un qui marquera les esprits chaque fois qu'il sera sur le terrain. Il deviendra quelqu'un d'important dans le foot. »

Richard, Jean

Jean Richard a mené une carrière d'acteur et, parallèlement, il a créé un zoo, un cirque et un parc à thème à Ermenonville dans l'Oise.

Son père est éleveur de chevaux et, très jeune, sa mère l'emmène voir les fêtes foraines et surtout les ménageries : il est passionné par le cirque, les animaux, les fauves, les chevaux…

C'est un homme de cirque, de cabaret, de cinéma, de théâtre et de télévision. Il joue dans près de quatre-vingts films, souvent des rôles d'ahuri sympathique au parler pittoresque.

« Je n'ai pas tourné que des chefs-d'œuvre. J'ai été le seul homme à nourrir des lions avec des navets. » A côté de son métier d'acteur, il mène une seconde carrière dans le domaine du cirque, des animaux et des loisirs.

A partir d'octobre 1967, et pendant vingt ans, il joue pour la télévision le commissaire Maigret qui lui apporte la célébrité.

« C'est la série télévisée des *Maigret* […] qui m'a permis de m'exprimer dans un style plus conforme à ma vraie nature. »

En 1953, il s'installe à Ermenonville et crée un zoo dans sa propriété. Puis il fonde le cirque Jean-Richard qui deviendra plus tard le cirque Pinder-Jean-Richard, et la « Mer de sable », l'un des premiers parcs d'attractions à thème en France. Il crée des émissions télévisées, écrit des livres consacrés aux animaux.

Il décède en 2001, il est enterré à Ermenonville. Gilbert Edelstein, qui a racheté le cirque de Jean Richard, évoque tour à tour « un immense personnage », « le père spirituel du cirque », « une bête de travail », mais aussi « un homme chaleureux », « le copain que la France entière avait envie d'avoir ».

Richard, Pierre

Acteur et réalisateur, il est né à Valenciennes en 1934 dans le milieu de la grande bourgeoisie ; il est fils et petit-fils d'industriels.

Son père étant parti avant sa naissance, il a été élevé par sa mère et ses deux grands-pères. Il rencontre son père pour la première fois quand il a 7 ans.

Cette absence de père l'a beaucoup marqué. En 1989, il racontera son enfance dans un livre : *Le Petit Blond dans un grand parc*. Il passe son enfance dans le château familial de la Rougeville, près de Valenciennes. Il est élève au lycée Henri-Wallon puis pensionnaire à l'institution Notre-Dame.

En 1953, il prend des cours de théâtre à Paris, en menant de front des études de kinésithérapeute.

En 1960, il se marie avec la danseuse Danielle Minazzoli, avec qui il a deux fils.

Antoine Bourseiller l'engage au théâtre, il se produit au cabaret avec Victor Lanoux dans des sketchs qu'ils ont coécrits.

En 1968, Yves Robert l'engage au cinéma pour son film *Alexandre le bienheureux.* Puis Yves Robert, qui est aussi producteur, produit son premier film, *Le Distrait.*

Il révèle un personnage plein de charme, burlesque et poétique qui porte malgré tout sur notre société un regard critique. Suivront *Les Malheurs d'Alfred* et *Je ne sais rien, mais je dirai tout.*

Yves Robert l'engage de nouveau et tourne avec lui *Le Grand Blond avec une chaussure noire* et *Le Retour du grand blond*, dont les scénarios sont de Francis Weber. Sa rencontre avec Francis Weber sera à l'origine de trois comédies à succès avec Depardieu : *La Chèvre*, *Les Compères* et *Les Fugitifs.*

Pierre Richard est tout blanc et très charmant.

Robespierre

Maximilien naît en 1758 à Arras.

Il est l'aîné de cinq enfants, sa mère meurt quand il a 6 ans, et son père les abandonne ; il sera élevé par son grand-père.

Il fait de brillantes études, il écrit des poésies.

En 1775, il est choisi pour réciter à Louis XVI un discours en vers lors de l'entrée solennelle du roi à Paris après son sacre.

Licencié en droit, il devient avocat puis député du tiers état. Il est surnommé « l'Incorruptible ».

Ce n'était pas un méchant homme, il combattait pour le droit de vote des gens de couleur, des juifs ou des comédiens et pour l'égalité entre femmes et hommes. Il était contre l'esclavage, il était même contre la peine de mort.

Poète, il est fait membre des Rosati d'Arras, cénacle poétique qui existe toujours et nomme chaque année de nouveaux membres. J'ai l'honneur d'en faire partie avec Pierre Jean Jouve, Jacques Duquesne, Carolus-Duran, Jean-Claude Casadesus et beaucoup d'autres.

Le jour de l'intronisation, le nouveau membre reçoit une rose d'une ballerine en tutu rose, un verre de vin rosé qu'il doit vider et un baiser qu'il doit rendre, tandis que l'assistance entonne « Ecoute ô mon cœur ».

Ecoute ô mon cœur, écoute la harpe
Du vent de chez nous, du pays d'Artois
C'est un très vieux air des bords de la Scarpe
Qui chante aujourd'hui tout comme autrefois

Robespierre fut associé à la Terreur.

Il aimait jouer à « couper cabèche ».

Il en mourut guillotiné en 1794.

Péguy écrira : « Je ne mets rien au-dessus de Robespierre dans l'Ancien Régime. »

Et Georges Sand : « Soyons justes enfin et ne craignons plus de le dire : Robespierre est le plus grand homme de la Révolution et un des plus grands hommes de l'histoire. »

Il paraît que, une année, à Arras, des nostalgiques de la Terreur ont voulu la célébrer. On avait dressé sur la place du Théâtre une guillotine et on avait coloré de rouge l'eau des ruisseaux.

Mon frère Yves-Marie, qui fait de la généalogie, m'a appris que nous serions apparentés à Robespierre. On n'ose pas trop le dire.

Robichez, Cyril

Homme de théâtre du Nord, il a créé et dirigé le TPF (Théâtre populaire des Flandres).

Cyril était ingénieur agricole, puis il a fait l'Ecole de haute montagne de Chamonix sous la direction d'Emile Allais. Il rencontra sa future femme Guitte à Lyon, où ils étaient tous les deux élèves de l'école Jeune France.

Sous la direction d'Emmanuel Mounier et de Jean-Marie Serreau, ils apprirent les techniques des arts populaires (chant, danse, théâtre, arts plastiques, mime). Ils en sortirent mariés et majors de leur promotion. Ils furent nommés conseillers à la jeunesse au protectorat de Tunis, où la guerre les rejoint.

En 1953, en créant à Hénin, en plein pays minier, le Théâtre populaire des Flandres, il mettait en pratique la décentralisation, bien avant que le concept ne soit découvert dans les cabinets ministériels.

Personnalité connue et reconnue des professionnels, Cyril était aussi apprécié pour son franc-parler et son expérience qu'il savait faire partager.

Nombreux sont les jeunes comédiens venus rendre visite à cet agitateur culturel qui a incontestablement joué un rôle de pionnier.

Il a mis en scène les grands succès du répertoire : *Antigone* d'Anouilh, *L'Avare*, Le *Barbier de Séville*, *Caligula*, *Le Cid*…

Rollin, François

Il est né en 1953 à Malo-les-Bains. C'est une chance, nous pouvons ainsi l'accueillir dans le *Dictionnaire amoureux du Nord* (il serait né à Dijon, nous n'en dirions pas un mot, pourtant, il le mérite bien, le professeur Rollin).

Il ne s'appelle pas professeur sans raison. Il fait des études supérieures, il est diplômé de l'Ecole supérieure des sciences économiques et commerciales. L'ESSEC doit en être bien fière.

Avec deux anciens élèves de l'ESSEC, il fonde Tchouk Tchouk Nougat, un groupe de chanson burlesque.

Il est journaliste au *Monde*, auteur, metteur en scène, acteur, écrivain.

Il a mis en scène l'étonnant spectacle de Jean-Jacques Vanier, *L'Envol du pingouin*.

Il se fait remarquer dans la série télévisée *Palace*, dont il était aussi scénariste.

On l'entend dans différentes radios, à France Culture dans « L'œil du larynx », et à France Inter, où il a eu une chronique régulière en 2014 et à RTL dans « Les grosses têtes ».

En 2016, il anime sur Radio Nova l'émission matinale avec Edouard Baer.

Il a participé à l'écriture des scénarios des « Guignols de l'info », on lui doit la boîte à coucou de feu Johnny.

En 2009, il a obtenu le prix Raymond-Devos de la langue française.

Ses spectacles mis en scène par Vincent Dedienne sont d'une qualité rare et d'une grande tenue.

Rollin est un oiseau rare.

En juillet 2017, il aurait décidé de se faire encore plus rare.

Il a déclaré par voix de presse qu'il arrêtait la scène car il ne parvenait plus à en vivre.

Essayons de le faire changer d'avis.

Dans notre époque de rires ajoutés, d'humoristes autoproclamés qui se font beaucoup rire, son impassibilité, son imperturbabilité revigorent.

En plus, il sait poser les vraies questions.

« Quels sont les ouvrages majeurs concernant la perdrix ?

Il est important en effet de faire le tri parmi les milliers d'ouvrages concernant la perdrix et le perdreau, tous ne sont pas sérieux, certains sont même carrément fantaisistes…

On peut en citer cinq, c'est suffisant pour une première approche.

A commencer par l'excellent livre de Gérard Thibaudin : *Je chasse la perdrix*, un guide pratique très pratique, dans lequel Thibaudin nous raconte comment il chasse la perdrix.

Et puis, un peu en réaction à l'ouvrage de Thibaudin, il y a le livre d'Antoine Lesourd, intitulé *Je chasse les perdrix*.

[…] Lesourd démontre dans ce livre, exemples à l'appui, qu'il n'y a pas qu'une seule perdrix sur la terre, et qu'il est donc absurde d'écrire, comme le fait Thibaudin, "je chasse LA perdrix", puisqu'alors, une fois l'unique perdrix chassée, il n'y a plus rien à chasser.

Lesourd estime par conséquent que seule la formule « je chasse les perdrix » est intelligente.

En réaction cette fois au bouquin de Lesourd, Thibaudin a écrit un second ouvrage un peu polémique, c'est vrai, mais d'une lecture agréable, intitulé *Je chasse la perdrix morte*. Thibaudin y répond en quelque sorte à Lesourd, en affirmant qu'une fois l'unique perdrix chassée, il est parfaitement possible de chasser indéfiniement la même perdrix, mais morte.

Une thèse audacieuse, mais finalement assez convaincante.

Il y a même en annexe une recette assez adroite de perdrix au vermouth. »

Roussel, Albert

Compositeur français né dans le Nord, à Tourcoing, le 5 avril 1869. Sa famille est de la bourgeoisie industrielle, il grandit dans un monde de gens cultivés.

Orphelin à 7 ans, il est élevé par son grand-père, le maire de Tourcoing.

Il fait ses études secondaires à l'institution du Sacré-Cœur de Tourcoing. La lecture des romans de Jules Verne lui donne la vocation de marin.

Il est élève du collège Stanislas de Paris où, grâce à un organiste, il découvre Bach, Beethoven et Mozart.

Admis à 18 ans à l'Ecole navale, il sert quelques années dans la marine, puis, à 23 ans, il décide de se consacrer entièrement à la musique.

Le grand-père du musicien Henri Dutilleux lui donne des leçons d'harmonie à Roubaix. Il entre ensuite à la Schola Cantorum à Paris, où il enseigne le contrepoint. Il aura parmi ses élèves Erik Satie, Edgar Varèse.

Après la guerre, il continue à enseigner.

Les jeunes musiciens le considèrent comme un chef de file. Il s'est mis à composer, d'abord influencé par Debussy et Vincent d'Indy, il trouve vite son originalité, sa musique se distingue par un raffinement de l'harmonie.

Une musique pure, libérée de tout pittoresque.

Ses œuvres principales sont le ballet *Le Festin de l'araignée* et ses symphonies n°s 3 et 4.

Il meurt en 1937 à Royan. Il a la chance de reposer dans le charmant cimetière marin de Varengeville.

Route du Patois

La route du patois est un circuit de 33 kilomètres qui passe par huit communes : Houdain, Rebreuve-Ranchicourt, Ohlain, Hermin, Fresnicourt-le-Dolmen, Gauchin-le-Gal, Caucourt, Estrée-Cauchy, dans l'Artois.

A l'origine, des commerçants qui affichaient des blagues en patois sur leurs vitrines.

En 1965, l'union commerciale et l'office de tourisme ont l'idée de créer un circuit, la route du Patois. « A la découverte d'el route du Pato. »

Vingt-sept panneaux illustrés d'un dicton en patois artésien et d'un dessin humoristique ont été installés sur des maisons et des fermes.

« Grand dijeux, p'tit faijeux. » Grand diseur petit faiseur.

« Eune tite pleufe, alle abot in grand vint. » Une petite pluie vaut un grand vent.

« In neu ramon, i ramonne toudis miux. » Un nouveau balai, il balaie toujours mieux.

« Eune bonne biête a toudis in vilain défaut. » Une bonne bête a toujours un vilain défaut.

« Quand l'glaine alle cante pu hiaut que ch'co, i faut li rabatte sin caquet. » Quand la poule chante plus fort que le coq, il faut lui rabattre son caquet.

« Belté sin bonté, ch'est leurmière sin clarté. » Beauté sans bonté, c'est une lumière sans clarté.

« I vaut miux un p'tit avoer qu'un grand espoer. » Il vaut mieux un petit avoir qu'un grand espoir.

« Ch'n'est point l'vaque qui brait l'pus qui donne el pus. » Ce n'est pas la vache qui meugle le plus qui donne le plus de lait.

Le rallye découverte de la route du Patois a huit étapes : huit énigmes pour les grands, huit énigmes pour les enfants.

Ce circuit permet aussi de découvrir le patrimoine des villes et villages traversés.

Houdain : l'église Saint-Jean-Baptiste est de trois époques. Reconstruite à la fin du XVe siècle, selon la légende, le diable déplaçait la nuit les pierres scellées le jour et les travaux n'avançaient pas. Il fallut une concertation entre le diable et le bon Dieu pour trouver un arrangement. Houdain, ville natale de Florimond Ronger, dit Hervé, inventeur de l'opérette, à qui l'on doit *Mamz'elle Nitouche.*

Fresnicourt : le dolmen de Fresnicourt est aussi appelé « la table aux fées ». C'est le reste d'un monument mégalithique beaucoup plus imposant qui daterait entre 5 000 et 2 000 av. J.-C.

On dit que ce coin de bois est surnaturel. Une légende raconte que, à certaines périodes de l'année, les fées se réunissent autour de ce dolmen pour y célébrer des rites anciens. Leurs silhouettes apparaissent entre les ombres avant de former une ronde autour du dolmen puis dansent au son d'une musique qui semble venir du sol. Malheur aux passants qui, envoûtés par les sortilèges, pénètrent à l'intérieur de leur cercle. Les « demoiselles blanches », dit-on, les entraînent dans leur monde dont l'entrée serait située sous le dolmen.

Gauchin-le-Gal : sur la place du village se trouve un gros galet de grès attaché par un chaîne à un plot enfoui dans le sol. Selon la légende, ce galet avait l'habitude d'aller la nuit frapper aux portes des maris trompés. Amusé par cette légende, c'est un officier américain qui estima que ce galet avait trop voyagé pendant la Première Guerre mondiale et qui décida de l'enchaîner en 1925.

« Faudro l'détacher pour vire, peut-ête qu'in serot surpris. » Faudrait le détacher pour voir, peut-être qu'on serait surpris…

Rouve Jean-Paul

Jean-Paul Rouve est acteur et réalisateur. Il est né à Dunkerque en 1967. Il y passe son enfance.

Un enfant pas compliqué, un vrai fleuve tranquille, aux dires de ses parents.

Très jeune, il sait qu'il sera comédien.

Il s'initie au théâtre durant sa scolarité, crée une troupe, « La Mandragore », et suit des cours au centre dramatique du Nord-Pas-de-Calais. Après son baccalauréat, il part à Lille étudier les sciences de l'information et de la communication jusqu'au jour où il suit une amie inscrite au Cours Florent, à Paris.

Il s'y installe et suit les cours d'Isabelle Nanty. « Il aimait le grand théâtre, le théâtre sérieux, et artistique : il avait bon goût… Il jouait très bien dès la première minute », se souvient-elle.

Il fonde Les Robin des Bois avec Marina Foïs, Maurice Barthélemy, Pierre-François Martin-Laval, Pascal Vincent et Elise Larnicol.

Dominique Farrugia les remarque avec leur pièce *Robin des bois d'à peu près Alexandre Dumas* et leur propose de participer à « La grosse émission » sur la chaîne Comédie.

En 1999, les Robins des Bois partent sur Canal +, dans « Nulle part ailleurs ».

Tout s'arrête en septembre 2000, et chacun poursuit une carrière solo.

Jean-Paul Rouve joue à la télévision dans la série *Julie Lescaut*.

Il commence au cinéma dans des seconds rôles, un avocat dans *Tanguy*, d'Etienne Chatiliez, un collabo dans

Monsieur Batignole, de Gérard Jugnot, rôle pour lequel il obtient le césar du meilleur espoir masculin. Sa carrière est lancée, le succès l'entraîne vers des rôles plus importants.

Il est le sosie de Michel Polnareff dans *Podium*, il joue dans *Un long dimanche de fiançailles*, de Jean-Pierre Jeunet. Il est Jeff Tuche dans les trois films *Les Tuche* d'Olivier Baroux.

En 2007, il passe à la réalisation avec *Sans arme, ni haine, ni violence*, l'histoire du casse, *Quand je serai petit*, *Les Souvenirs*…

Jean-Paul Rouve est aussi à l'aise dans la comédie que dans des rôles dramatiques.

Et, comme chante Enrico, « Il a dans les yeux le bleu qui manque à son décor ».

S

Saint Eloi

Saint Eloi est le patron de tous ceux qui travaillent les métaux. La fête de la Saint-Eloi est une institution dans la région.

Eloi est né à Chaptelat, près de Limoges, dans une famille de paysans aisés. Il entre comme apprenti orfèvre dans un atelier où l'on fabrique de la monnaie. Il devient plus tard le grand argentier du roi Clotaire II, puis le trésorier et le conseiller du roi Dagobert Ier.

Après la mort du roi Dagobert, il est ordonné prêtre et devient évêque de Noyon. Il y meurt le 1er décembre 660.

Saint Eloi est le patron des orfèvres, des forgerons, des métallurgistes, des quincailliers, des serruriers, des mécaniciens, des horlogers… La liste est longue. La région Nord-Pas-de-Calais est l'une de celles qui célèbrent le plus la Saint-Eloi.

Viv'saint Eloi, de Jules Mousseron (1897) :

Ouverriers métallurgistes
Gins souvint pus contints qu'tristes
Amusons-nous !
Laissons là l'acier et pis l'tôle
Aujourd'hui, ch'est l'jour qu'in rigole
Rions donc comm'des fous
Amis, perdons l'plaisi d'un roi !
Crions tertous : « Viv'saint Eloi. »

La fête de la Saint-Eloi, le 1er décembre, était, il n'y a pas si longtemps, une tradition incontournable. Journée chômée, banquets, chants.

« Contremaîtres, ouvriers, tout le monde était là et apportait quelque chose à manger… C'était un moment de décompression qui rapprochait cadres et salariés. Le repos du guerrier », se souvient un ancien patron « métallo » de la CGT nordiste.

Aujourd'hui, saint Eloi est toujours fêté, mais la tradition a beaucoup changé, la fête est plus discrète, en dehors de l'entreprise. « On le fête encore, mais dehors, en petits groupes. On veut marquer le coup. Ça reste un symbole », Gilles, salarié d'ArcelorMittal.

Saint-Riquier

Saint-Riquier est une charmante petite ville située dans la Somme, à 10 kilomètres d'Abbeville.

Une ville au riche patrimoine historique qui a connu un passé prestigieux et qui demeure un haut lieu d'échanges culturels.

Les habitants s'appellent les Centulois. La ville s'appelait autrefois *Centule*, avant de prendre le nom de Saint-Riquier après la fondation d'une abbaye dédiée à Riquier de Centule, un saint catholique qui évangélisa la Picardie au VIIe siècle.

L'abbaye devient l'une des plus importantes de l'Empire carolingien. Elle est détruite à plusieurs reprises au cours des siècles, mais toujours reconstruite.

L'église abbatiale est un des plus beaux édifices religieux de la Picardie. Sa magnifique façade de style gothique flamboyant est dominée par une haute tour carrée.

On peut admirer de très nombreuses statues enchâssées au-dessus des trois portails, plus d'une cinquantaine, une Sainte Trinité, un couronnement de la Vierge, une statue de saint Michel… Au-dessus du portail droit, sainte Geneviève tient un cierge dont on disait que le diable l'éteignait et qu'un ange le rallumait toujours.

L'ancienne abbaye abrite aujourd'hui un centre culturel de rencontre qui accueille, depuis 1985, le Festival de Saint-Riquier, début juillet. Un festival de musique classique, de jazz, qui se veut de plus en plus populaire avec des animations dans les rues de la ville : concerts, spectacles de marionnettes, son et lumière sur la façade de l'abbatiale…

Sur la place du village, le beffroi, classé au patrimoine mondial de l'Unesco, est une imposante tour carrée haute de 18 mètres. Il rappelle la lutte de la commune pour son indépendance au XIIe siècle.

A voir aussi, une curiosité : la Maison Napoléon. Le pignon de cette maison, qui imite le bicorne de Napoléon Ier, est surmonté de sa statue. Un hommage rendu à l'Empereur par l'un de ses grognards, le sergent Louis Joseph Petit.

« Une belle surprise pour qui ne connaît pas bien cette route, c'est Saint-Riquier », Victor Hugo en voyage d'Abbeville à Doullens.

Sainte Barbe

Sainte Barbe est la patronne des mineurs, des artificiers, des pompiers, celle qui protège du feu, de la foudre, des explosions.

Sainte Barbe est née en Asie Mineure au milieu du IIIe siècle. La jeune fille se convertit à la religion catholique, contre la volonté de son père. Il la décapitera et sera aussitôt foudroyé.

Bien fait pour lui.

C'est avec la révolution industrielle du XIXe siècle que les traditions de la Sainte-Barbe se répandent dans le bassin minier du Nord-Pas-de-Calais.

Des statues de sainte Barbe sont installées au fond de la mine, dans des niches aménagées.

Elles protégent les mineurs des incendies, des coups de grisou.

Pendant la quinzaine précédant la Sainte-Barbe, fêtée le 4 décembre, les compagnies minières autorisent « les longues coupes », un allongement du temps de travail.

Pour augmenter leur salaire, les mineurs peuvent travailler jusqu'à douze heures par jour.

Le 4 décembre est un jour chômé.

La fête commence par une messe obligatoire pour tous les mineurs, puis suivent défilés, fanfares, banquets…

Ch'est l'Saint'Barbe aujord'hui
Pour nous, ch'est eun' grand'fiête
I faut prindr' du plaisi
Nous l'trouv'rons dins l'canette
In peut bin s'amuser
Après si dur' quinzaine !
Mais n'parlons pus dé l'peine
I faut boire et canter.

Aujourd'hui, après la fermeture des mines, sainte Barbe est toujours fêtée. Les mineurs y sont très attachés. C'est une fête à la mémoire de la mine et des mineurs.

« Ichi din chés mines l'tradition de l'Sainte-Barbe, elle est toudis là. Presque dins tous chés villes, il y a eun'messe, et un tiot défilé in centre-ville, et après ché ch'pot à l'mairie. Et au soir un allume chés illuminations ed'Noël. Alors j'souhaite eun'bonne fête ed'Sainte-Barbe à tous chés mineurs, pompiers, cokiers », Roger, habitant d'Hénin-Beaumont.

Dans toute la région, le 4 décembre reste une date importante. Le Louvre-Lens, construit sur un ancien carreau de mine, a été inauguré le 4 décembre 2012, une date qui n'a pas été choisie au hasard.

Alle est pas morte sainte Barbe
Alle est pas morte sainte Barbe, alle est pas morte
Même su tous ses éfants n'ont pus d'ouvrache
Alle veille incore sainte Barbe, alle veille incore
Alle est core là pour donner courache

Paroles de Bertrand Cocq
– Musique de Simon Colliez

Sainte-Beuve

A ne pas confondre avec sainte Barbe, la patronne des mineurs.

Charles-Augustin Sainte-Beuve, critique littéraire et écrivain, est né à Boulogne-sur-Mer en 1804.

Son père, conseiller municipal à Boulogne, meurt la même année : il sera élevé par sa mère et sa tante. Il entre en classe de sixième à l'institution Blériot, il y restera six ans.

« J'ai été élevé à Boulogne, ville impériale, en présence des canons et de la flottille, jusqu'en 1813 j'étais habillé en hussard, j'ai même assisté à une revue, la dernière que Napoléon ait passée sur ces côtes, j'étais à quelques pas du héros et je n'ai perdu de toute cette journée ni un geste ni un éclair. Toutes mes idées de grandeur se rapportent à ces temps, et depuis lors je n'ai rien vu qui valût la peine d'être envié politiquement ou militairement. »

Il part à Paris poursuivre ses études.

A 18 ans, il est lauréat du concours général, avec le premier prix de poésie latine.

Après son baccalauréat, il rentre à la faculté de médecine. A 22 ans, alors qu'il a été nommé externe à l'hôpital Saint-Louis, il abandonne ses études de médecine pour se consacrer aux lettres. Il quitte les corps pour s'attacher aux esprits.

A 23 ans, il publie une critique des *Odes et ballades* de Victor Hugo avec qui il devient ami, et avec la femme duquel, Adèle Foucher, il a une liaison.

Après avoir écrit quelques romans qui n'ont aucun succès, il se lance dans l'histoire de Port-Royal, son chef-d'œuvre.

Des historiens l'ont qualifiée de « tentative d'histoire totale ».

En 1844, il est élu à l'Académie française au fauteuil de Casimir Delavigne.

Victor Hugo écrira : « Sainte-Beuve n'était pas poète et n'a jamais pu me le pardonner. »

Sainte-Beuve aimait définir les auteurs par leur mot de prédilection, leur maître-mot, pour lui ce fut le mot « vengeance ». Victor Hugo le surnommait Sainte Bave.

Pour Sainte-Beuve, le milieu littéraire est peuplé de rivaux et d'ennemis. Et, dans sa carrière de critique littéraire, il a eu beaucoup d'ennemis.

« Puisqu'il faut avoir des ennemis, tâchons qu'ils nous fassent honneur. »

Il a été récompensé. Ses ennemis s'appelaient Chateaubriand, Balzac, Hugo, qu'il surnommait « la baleine » pour sa propension à accaparer les lecteurs. Il a fustigé chez les écrivains le charlatanisme qui consiste à plaire à tous.

Il est mort à Paris rue du Montparnasse, en 1869.

Je passe souvent devant sa maison, elle est à côté de ma maison d'édition.

Il y a une plaque, je pense à lui et je me demande quel maître-mot je choisirais pour me définir.

La légèreté ?

Sainte-Claire, L'abbaye

C'est le couvent des Clarisses. L'ordre des Clarisses a été fondé par Claire d'Assise, la copine de saint François d'Assise.

« Rappelons que la fondatrice des Clarisses est née par le siège à Assise, en 1194, c'est-à-dire treize ans après François. Elle venait d'avoir 16 ans quand le pape Innocent III, appuyé par le roi Imbécile XII, approuva publiquement la création de l'ordre des frères franciscains. Le soir du cocktail d'inauguration, dans une léproserie de canards de Lambaréné, Claire et François se prirent la main et prièrent ensemble pour la rédemption des péchés du monde et la conversion d'Ali Baba au christianisme », préface de Pierre Desproges à mon pemier livre, *Le Pense-Bêtes de saint François d'Assise.*

Les Clarisses sont cloîtrées, contemplatives, isolées du monde et pauvres. Elles portent une robe beige.

Le couvent des Clarisses était près de notre maison, à Arras.

Notre père était leur médecin. Bonne maman d'Arras leur donnait un peu d'argent pour dire des messes et demander à Dieu que notre père ne boive plus. Plus tard, ce sera pour que l'aîné de ses petits-fils (moi) retrouve le droit chemin.

Une tradition veut que, le 11 août, fête de sainte Claire, on porte des œufs à Sainte-Claire pour avoir la paix dans le mariage. Notre mère n'a pas dû apporter des œufs à Sainte-Claire, et, quoique ayant habité rue de la Paix, elle n'a pas connu la paix dans son ménage…

Je me souviens de l'enterrement d'une vieille religieuse. Toutes les sœurs étaient souriantes, elle étaient contentes pour la sœur morte qui était partie rejoindre son divin époux. Je me souviens que la sœur morte était pieds nus et allongée sur de la paille, en signe de pauvreté ; on dit « être sur la paille » pour les gens ruinés.

Le couvent d'Arras date du XVe siècle, un très beau portail en pierre sculpté est classé Monument historique.

Sainte-Godeleine

La chapelle Sainte-Godeleine fait partie des chapelles « à loques ».

On accroche à la grille de l'autel un objet, un linge, un vêtement, un bijou, en remerciement pour une guérison, un vœu exaucé.

Des centaines d'ex-voto et de plaques couvrent les murs pour remercier sainte Godeleine.

Cette jeune femme pieuse soumise à son mari, à sa belle-mère et à Dieu eut un destin tragique.

Elle est née vers 1049 à Wierre-Effroy, près de Marquise. Elle est la fille du châtelain de Londefort.

Elle est très belle et devient vite un objet de convoitise pour nombre d'hommes.

Bertolf de Gistel est le plus acharné d'entre eux, les refus de Godeleine ne le découragent pas, au contraire.

Contrainte par le comte de Boulogne, suzerain de son père et ami de Bertolf, elle finit par accepter le mariage.

Un fois marié, Bertolf change de comportement, l'amoureux se révèle un être froid, hautain et méprisant, et se désintéresse de sa jeune épouse.

Il la force à quitter sa famille pour le suivre dans les Flandres belges, près d'Ostende, où il possède le château de Gistel.

En partant, Godeleine plante une quenouille dans le sol, une source en jaillit.

La vie de Godeleine va devenir un enfer. Bertolf est Barbe bleue.

Elle est enfermée dans le château, affamée, humiliée, battue, elle doit souffrir les caprices de son mari et d'une belle-mère qui la hait.

Godeleine finit par s'échapper et va se réfugier chez ses parents.

Le scandale éclate, Bertolf est accusé de mauvais traitement sur son épouse. Il fait amende honorable et se repend. Il jure devant les autorités ecclésiastiques d'avoir désormais une conduite irréprochable.

Godeleine est prête à pardonner et, toujours inquiète, elle retourne à Gistel.

Le calvaire de Godeleine continue.

Bertolf veut s'en débarrasser. Il imagine un stratagème, il lui fait croire qu'il a trouvé une femme qui a le secret de renouer les liens conjugaux rompus et de faire renaître l'amour entre les époux. Godeleine doit la rencontrer la nuit en secret.

C'est un guet-apens. Deux hommes de main l'emmènent, l'étranglent et la noient.

Elle avait 21 ans.

La jeune femme a laissé du sang à l'endroit où elle a été tuée. On raconte qu'à cet emplacement le sol s'est changé en marbre blanc et que l'eau dans laquelle elle s'était noyée est devenue miraculeuse.

Bertolf se remaria bien vite et eut une fille, Edith, qui était aveugle. Elle recouvra la vue grâce à l'eau miraculeuse.

Comment comprendre l'acharnement de son mari et de sa belle-mère ?

Peut-être qu'elle a été punie parce qu'elle n'était pas blonde ? Regardez la statue de sainte Godeleine, ses cheveux sont bruns. « Bren » dans le patois du Nord est un mot très malodorant.

Salengro, Christophe

Christophe Salengro était un acteur, un danseur et un metteur en scène, il a été rendu célèbre dans le rôle du président de Groland, dans l'émission de Canal +.

Christophe Salengro est né à Lens en 1953, le 9 août… « jour de la Saint-Amour, je n'y peux rien ». Il y a passé toute son enfance. « J'ai la chance de connaître Lens. Une ville conviviale. Les gens ont un gros cœur. »

Ses parents, originaires de Valenciennes, tenaient une pharmacie pas très loin du stade Bollaert.

Il allait souvent voir les matchs de foot avec son père.

« Près du stade, il y avait des baraques à frites. En hiver, tu ne vois pas les mecs ou les nanas qui te servent, il y a tellement de vapeur de frites. Avec mon père, on prenait nos cornets et on allait en populaires. C'était plus rigolo qu'avec les bourgeois qui étaient assis et s'emmerdaient. T'étais debout, avec une super ambiance », se souvient-il.

Christophe Salengro est toujours resté un fervent supporter du RC Lens, il aimait porter chaussettes, chaussures aux couleurs du club sang et or.

Après le lycée, il part à Paris pour suivre des études d'architecture mais reste plus attiré par les métiers du spectacle.

Comédien au physique atypique, il commence dans la publicité, puis rejoint la compagnie de danse contemporaine DCA de Philippe Decouflé.

La cinéma et la télévison lui offrent plusieurs rôles.

C'est le rôle de président de la présipauté du Groland qui le rend célèbre. Une émission satirique sur Canal + avec Jules-Edouard Moustic et Benoît Delépine.

Il est décédé en mars 2018. Il avait 64 ans.

Les habitants de Groland ont gros cœur.

« L'Europe, c'est pire qu'une chtouille, y a qu'un pays pour lequel je bande, c'est le Groland. »

Salengro, Roger

Homme politique socialiste né à Lille le 30 mai 1890. Il passe son enfance à Dunkerque jusqu'à l'âge de 12 ans. Puis il est élève du lycée Faidherbe de Lille avant d'entrer à la faculté des lettres. Il milite à la SFIO, combat la droite ; c'est un militant ardent.

Il fait son service militaire au 33e RI, participe à des manifestations pendant ses permissions, ce qui lui vaut d'être arrêté sur ordre du préfet du Nord. Libéré, il rejoint son unité et participe aux combats d'Artois et de Champagne. Fait prisonnier en octobre 1915, il est détenu pendant trois ans dans un camp disciplinaire en Prusse avec trente-neuf compagnons pour avoir refusé de travailler dans une usine de munitions allemande. Rapatrié sanitaire en 1918, il pèse 42 kilos.

Il reprend son activité syndicale et devient un des principaux animateurs de la SFIO.

Il est élu conseiller municipal de Lille puis maire en 1925. En 1936, il devient ministre de l'Intérieur dans le gouvernement de Léon Blum.

Une campagne de presse de l'extrême droite l'accuse d'avoir déserté en octobre 1915.

Ses adversaires se déchaînent dans la presse d'extrême droite, des caricatures le représentent à vélo fuyant l'ennemi, on l'appelle le « rétropédaleur », et, comme dans la calomnie tout est bon, on l'accuse en prime d'être alcoolique et homosexuel.

On dépose sur la tombe de sa femme Léonie, morte récemment, en guise de couronne mortuaire, un vieux pneu.

Le 17 novembre 1936, à 46 ans, accablé, il met fin à ses jours avec le gaz.

Soucieux des autres jusqu'au bout, il aura pris le soin de calfeutrer son appartement et de mettre son chat à l'abri auparavant.

Il laissera une lettre à son frère : « Mon cher Henri, le surmenage et la calomnie, c'est trop… Je rejoins Léonie. »

A ses funérailles, Léon Blum dira : « Il n'y a pas d'antidote contre le poison de la calomnie. La France perd un socialiste populaire, modeste et têtu, à l'image des héros de cet âge d'or de la gauche. »

Soixante-dix ans plus tard, Roger Salengro revivra dans un téléfilm d'Yves Boisset sous les traits du comédien Bernard-Pierre Donnadieu.

Savon du Congo

Personnage atypique, extravagant, Victor Vaissier, né à Roubaix en 1851, est le roi du savon.

En 1883, il reprend l'affaire de savonnerie fondée par son père et la rebaptise « La Savonnerie du Congo ».

Il crée une gamme de cosmétiques autour d'un produit phare, le savon du Congo.

Il est peu probable qu'il soit allé au Congo.

C'est un véritable homme d'affaires efficace et dynamique.

Il profite de la révolution hygiéniste de la fin du XIXe siècle : chacun allait prendre l'habitude de se laver et de sentir bon et donc d'acheter du savon. Il devient le fournisseur officiel de la cour de Belgique, du tsar de Russie…

Il est doué d'un sens inouï de la réclame à grande échelle. Ses réclames versifiées quotidiennes dans les journaux sont entrées dans la légende. Un poème, chaque jour, vante le savon du Congo. Durant vingt ans, 6 000 poèmes environ sont écrits par des rimeurs bénévoles et anonymes.

Oui, c'est mon odorat qui me guide en ce monde,
Avant de m'engager envers brune, envers blonde,
Je me penche, je flaire et je sens si la peau
De la belle a parfum des savons du Congo.

En 1887, il organise la Cavalcade du Congo : un éléphant venu de Belgique, des employés recouverts de savon noir et de plumes, 1 600 figurants, et Victor Vaissier lui-même déguisé en roi Makoko…

Se prétendant prince du Congo, Victor Vaissier se fait construire une demeure digne de lui. Le palais du Congo évoque le Taj Mahal. C'est alors la plus vaste demeure privée du nord de la France. Le château sera occupé par les Allemands pendant la Première Guerre mondiale et détruit en 1929.

Victor Vaissier, décédé en 1923, aura eu une étonnante carrière faite d'extravagances qui auront eu raison de son affaire, en liquidation dès 1906.

Cette histoire de savon me fait penser à mon père, c'était pendant la guerre.

Un jour, dans un café, papa a acheté au marché noir un savon de Marseille.

Avant de le rapporter à maman, il l'a essayé pour savoir s'il lavait bien. Il l'a fait essayer à ses copains. Dans le café, tout le monde s'est lavé les mains. Chaque fois qu'un nouveau client arrivait, papa lui faisait essayer le savon, et on buvait un coup à la santé du savon.

A la fin de la soirée, tout le monde était dans un sale état, mais tous avaient les mains propres.

Quand papa est rentré à la maison, il était bien fatigué. Le gros savon avait fondu.

Il était plus petit qu'une pièce de 5 francs.

Schaffner, Ernest

Ernest Schaffner, homme politique socialiste et surtout le médecin des mineurs, a marqué à jamais l'histoire de Lens.

Ernest Schaffner naît à Strasbourg en 1901. Il fait ses études à la faculté de médecine de Strasbourg et obtient son diplôme en 1924. Il a pour professeur de philosophie et de théologie le docteur Schweitzer, qui deviendra son ami.

En 1928, il est nommé à Lens responsable des dispensaires antituberculeux du bassin minier dans le Pas-de-Calais. Il observe sur les radiographies des mineurs des taches anormales, dues à la silicose. Cette maladie terrible, irréversible, sera une préoccupation constante pour le docteur Schaffner. Il y consacrera sa vie. Il ne veut laisser aucun mineur à l'abandon. L'homme ne s'arrête pratiquement jamais, dort le strict minimum. Chaque jour, il fait plus de 150 radios, sans protection.

A l'époque, il n'y a ni assistant ni manipulateur, le matériel de radiologie ne protège pas les médecins des effets néfastes des rayons et, dès 1934, le docteur a les mains atteintes de radiodermite, un mal sournois qui ronge la peau. Peu à peu, ses doigts noircissent, les amputations se succèdent, il sera opéré dix-sept fois. Il en parle avec humour : « Il me reste toujours les yeux pour lire les radioscopies et, si je n'ai plus de mains pour écrire, je me servirai de mes dents. » En 1930, Ernest Schaffner est nommé médecin-chef de l'hôpital de Lens.

Pendant la guerre, le gouvernement de Vichy le relève de ses fonctions, il entre alors dans la Résistance et met en place, à Vitry-en-Artois, le réseau « Notre-Dame », réseau de résistance des médecins dans le Pas-de-Calais.

Il retrouve ses fonctions à la Libération et reprend son combat contre la silicose.

En 1947, il est élu maire de Lens, devenu sa patrie, et député en 1958. Avec lui, Lens va entrer dans l'ère moderne.

Il veut faire de son hôpital un hôpital modèle, un lieu agréable : à l'extérieur, des jardins et parterres fleuris, une volière avec des oiseaux exotiques, un terrain de jeux pour les enfants…

Les premières chambres individuelles remplacent peu à peu les dortoirs.

« Lens, cité des gueules noires et capitale incontestée du bassin minier, […] a voulu, par contraste, que son centre hospitalier ne soit que couleur et lumière, tant par ses parcs que dans ses bâtiments […], avec un personnel et un équipement de hautes technicités », brochure du centre hospitalier de 1959.

Ernest Schaffner était arrivé à Lens pour quelques mois, il y sera resté trente-huit ans.

« Débarqué à Lens, j'avais apprécié aussitôt la magnifique vitalité, le désir de travail de cette population ouvrière. Ce contact était fait pour répondre à mon tempérament, à ma propre volonté d'être utile sur terre. »

Le docteur Schaffner décède en septembre 1966 d'une crise cardiaque.

« Le docteur Schaffner fut une providence pour les mineurs. Il était d'une sensibilité émouvante devant les mineurs silicosés. Je voyais cet homme pleurer au pied du lit d'un mourant comme il le fit à mon chevet le dimanche de fin janvier 1959 où tous me croyaient perdu », Augustin Viseux, dans son livre *Mineur de fond.*

L'hôpital de Lens reçoit officiellement le nom de « Centre hospitalier Ernest-Schaffner », et une stèle en hommage au « médecin des mineurs » est érigée à l'entrée.

Scutenaire, Louis

Poète surréaliste belge, il est né le 29 juin 1905 à Ollignies, dans le Hainaut. Son père était employé à la Caisse d'épargne.

A 5 ans, il entre à l'école primaire, il sait déjà lire, il lit tout ce qui lui tombe dans les mains, il dévore tout ce qui est imprimé les journaux de mode, les prospectus, *Le Courrier de l'Escaut* et *L'Avenir du Tournaisis.*

Il est un moment élevé par ses oncles qui sont forgerons et par sa grand-mère paternelle.

En 1915, des officiers allemands s'installent dans le foyer, il sympathisera avec eux.

A 11 ans, encouragé par son instituteur, il écrit ses premiers poèmes. Elève turbulent, il change souvent d'école :

Enghien, Soignies, Armentières, il se fait souvent mettre à la porte.

Il lit toujours avec passion : Rimbaud, Apollinaire, Mallarmé, Villon, Lautréamont, Cendrars, Hugo, Jarry, Dumas, Radcliffe…

Il racontera son enfance picarde dans *Les Vacances d'un enfant*. Chez gallimard, il est parrainé par Paul Eluard et Raymond Queneau.

Il entreprend des études de droit. A 21 ans, il découvre chez un libraire un ouvrage de Paul Nougé et Camille Goemans, il rencontre les auteurs, ainsi que Magritte.

Il fonde la « Société du mystère ». Il publie *Parimoine et Petite Poésie*.

Il s'associe aux surréalistes belges, il rencontre André Breton, Marcel Duchamp, Picasso, Picabia, Max Ernst, Miró…

Il préface le catalogue de l'exposition « Trois peintres surréalistes » (Magritte, Man Ray, Tanguy).

Il devient le complice de Magritte, inventant les titres de ses tableaux.

Il déteste « les miséreux de l'art et du savoir, les débiles de la politique, les pleutres de l'argent, les gâteux de la religion, les hommes de main de la magistrature, les déments de la police, les bègues du barreau, les baveux du journalisme ». On trouvera de tout chez Scutenaire, du badinage et des non-sens, des préciosités des grossièretés.

Son irrespect des valeurs bourgeoises, religieuses, artistiques et morales, sa revendication contre le bon ton, la mesure et les belles manières en font un auteur très fréquentable.

Il publiera *Mes inscriptions*, cinq volumes qui restent sa grande œuvre.

« Ne pas dire à un ami qu'il a tort d'être comme il est, c'est ne pas vouloir qu'il change. »

Il y avait de l'Alceste dans cet homme-là, et du moraliste dans l'humoriste.

Secrétin, Jacques

Champion de tennis de table, il est né à Carvin, en mars 1949. Sa famille compte déjà des champions de tennis de table, sa mère a été championne des Flandres.

Il fait ses études à Lens au lycée Condorcet ; il joue au football mais il préfère, quoique gaucher, le ping-pong. A 8 ans, il commence les compétitions, il entre dans l'équipe de France à 13 ans.

En 1975 et 1981, il gagne la médaille de bronze en double messieurs avec Jean-Denis Constant et avec Patrick Birocheau.

A 27 ans, il est classé numéro 2 mondial.

En 1977, il devient champion du monde du double mixte avec Claude Bergeret. Pendant plusieurs années, il continue à enchaîner les succès. Entre 1971 et 1986, il remporte 237 médailles à l'étranger.

Depuis les années 1980, il présente des spectacles : *Music-Ping-Show*, avec Patrick Renversé et François Farout. En 2007, il publie *Je suis un enfant de la balle*, qui est son autobiographie.

A 66 ans, il a été mis à la retraite à cause de la limite d'âge. Il prétend être devenu un vieux meuble dans sa maison de Tourcoing.

Ses trophées sont maintenant à la cave : 500 coupes et 30 kilos de médailles.

Il intervient en milieu carcéral : « Après l'haltérophilie, le ping-pong est le deuxième sport pratiqué en prison. »

Il a été élu « meilleur pongiste français du siècle ».

Le Nord est fier de lui.

Ségard, Norbert

Norbert Ségard, physicien et homme politique, est né le 3 octobre 1922 à Aniche, entre Douai et Valenciennes.

Son père est directeur commercial à la verrerie Saint-Martin, sa mère est enseignante.

Son enfance passée dans le bassin minier peut expliquer en partie son esprit profondément humain qui le caractérisera toute sa vie.

Docteur en sciences physiques en 1953, il sera professeur à la Catho à Lille, puis à Paris.

Il se concentre pleinement sur la Création.

Il est persuadé que « la Création sortie des mains de Dieu n'est pas achevée » et que les hommes doivent la poursuivre.

Passionné par la recherche scientifique, il crée plusieurs laboratoires, plusieurs écoles d'ingénieurs dont l'ISEN, à Lille.

Il est élu député du Nord en 1973 et, à partir de 1974, entre dans le gouvernement sous la présidence de Valéry Giscard d'Estaing.

Puis pendant plus de quatre ans, il est secrétaire d'Etat aux Postes et Télécommunications. Ministre du téléphone, les abonnés passent de 7 millions à 16 millions.

Il décède le 1er février 1981. Il est mort du tabac et l'a fait savoir.

La Fondation Norbert-Ségard a été créée pour poursuivre son action dans la recherche scientifique et la formation des ingénieurs.

Norbert Ségard est toujours resté fidèle au Nord.

Il habitait Lille.

Le 1er octobre 1974, il avait proposé de changer le nom du département : « "Le Nord", c'est froid, et je propose qu'on l'appelle désormais "Hauts-de-France." »

Il était humaniste et visionnaire. Il était démocrate et chrétien. Maurice Schumann écrira : « Il a mis la Croix au sommet de sa vie. »

On retiendra aussi de lui qu'il a fait entrer le téléphone partout, même dans les étables.

Grâce à Norbert Ségard, ma chère Noiraude a ainsi pu s'épancher et raconter ses malheurs à son vétérinaire.

Séraphine de Senlis

Séraphine Louis, dite Séraphine de Senlis, femme de ménage et artiste peintre, est née à Arsy, petit village près de Compiègne.

D'origine très modeste, elle perd sa mère à 1 an et son père à 7 ans. Elle est accueillie par sa sœur aînée. Très jeune, elle travaille, sert dans des fermes, garde des bêtes.

A 17 ans, elle est domestique chez les sœurs de la Providence à Clermont. Elle y reste vingt ans et s'immerge dans la vie religieuse. Elle vouera toute sa vie un culte à la Vierge qui lui aurait inspiré sa vocation de peintre.

A 37 ans, elle part à Senlis comme femme de ménage dans de grandes familles bourgeoises. Le soir, dans sa chambre, dans un grand isolement, elle commence à peindre. Elle peint sur le thème de la nature : des arbres, des fleurs, des fruits, des feuilles… Très pieuse et même mystique, elle entretient chez elle une petite lampe qui brûle sans cesse devant une humble effigie de la Vierge.

« Je fais tout cela pour la Vierge Marie. Je peins surtout la nuit, quand la ville est endormie. Mes natures mortes sont comme des cadeaux pour le bon Dieu et la Sainte Mère. Alors je vais aller au paradis. Le soleil est Dieu et ce sont les fruits du paradis, c'est comme ça que je le vois. »

En 1912, le collectionneur d'art allemand, Wilhelm Uhde (premier acheteur de Picasso et découvreur du Douanier Rousseau) découvre ses peintures et lui apporte son soutien. Il achète des toiles et les présente à Paris.

En 1929, il organise une exposition, « Les peintres du cœur sacré », avec d'autres peintres naïfs, Camille Bombois, André Bauchant, Louis Vivin, tous autodidactes.

Wilhelm Uhde prend la défense du « génie du cœur et de l'intuition » éloigné « du talent de la raison et de l'intelligence ».

Séraphine acquiert une certaine notoriété, elle gagne un peu d'argent qu'elle dilapide au fur et à mesure.

Mais, en 1930, c'est la Grande Dépression, Wilhelm Uhde cesse d'acheter ses peintures, ce qui la perturbe gravement. Elle sombre dans la folie.

Elle paraît de plus en plus étrange : vêtue de noir, de nombreux jupons les uns sur les autres, les épaules alourdies par autant de châles, un canotier ripoliné en noir brillant fixé sur ses cheveux hirsutes, un panier rempli d'objets hétéroclites à la main. Elle discute avec des personnes imaginaires, croit qu'on veut l'empoisonner, devient anxieuse, annonce des catastrophes…

En 1932, elle est internée à l'hôpital psychiatrique de Clermont et arrête de peindre. Dans son dossier médical est écrit : « cueille de l'herbe pour manger la nuit, mange des détritus ».

Elle meurt de faim le 11 décembre 1942 à Villers-sous-Erquery, une annexe de l'hôpital, dans la misère la plus totale et l'indifférence générale.

Elle voulait une tombe individuelle avec la mention : « Ici repose Séraphine Louis, sans rivale et attendant la résurrection bienheureuse ».

Elle sera finalement enterrée dans le carré des indigents au cimetière de Clermont. Cette épitaphe est aujourd'hui présente dans le jardin du souvenir du cimetière.

Elle aura peint une centaine d'œuvres. Plusieurs d'entre elles sont conservées dans des musées à Paris, Senlis, Nice, Laval, Villeneuve-d'Ascq et en Allemagne, à Bönnigheim.

Elle sera connue du grand public grâce à un film remarquable, *Séraphine*, film franco-belge de Martin Provost, avec Yolande Moreau dans le rôle de Séraphine.

Simons, Léopold

Poète, peintre, comédien, écrivain, il avait plusieurs cordes à son arc. Il est né dans le Nord le 22 février 1901 à Lille.

J'ai eu la chance de le rencontrer à Lille. A l'époque, j'étais assistant réalisateur, le personnage était haut en couleur.

Il était une grande vedette dans le Nord, il parlait le patois du Nord et l'écrivait parfaitement.

C'était un homme cultivé et raffiné, toujours très bien habillé.

« L'français, j'ai dû l'apprinte, l'patois m'est v'nu tout seu. »

Il succédait à Brûle Maison, patoisant du XVIIIe, et à Desrousseaux, du XIXe, auteur de « L'canchon dormoire », plus connu sous le titre « Le p'tit quinquin », une berceuse qui ne faisait pas dans la dentelle.

Simons, avec sa partenaire Line Dariel, a fait pleurer de rire des milliers de gens du Nord.

« On les entendait à la radio, on les voyait à la télévision (en noir et blanc), ça nous faisait rire, car, quelle que soit la classe sociale, à l'époque on comprenait encore le patois. A l'école, nous les imitions, les filles étaient des Zulma et nous des Alphonse. Ça faisait rire les professeurs. »

ALPHONSE – Bonjour, la grosse.

ZULMA – Tiens, t'es d'jà là.

ALPHONSE – [...] Pourquoi, ch'est pas prêt ? [...] D'pis neuf heures, ch'est pas prêt ?

ZULMA – Te crois toudis qu'el mainger i sort d'l'tierre tout cuit. Ch'est pas de la conserfe, que j'te sers, mi, mais de l'cuisine.

ALPHONSE – J'sus prop' si j'ai pas le temps de l'mainger. Si t'es do m'servir des ortolans, quand j'min vas, j'aime meux des spreuts quand j'arrife.

Souvraz, Jean-Paul

Peintre français né le 26 août 1948 à Lille.

Après avoir vécu à Paris, il est revenu dans le Nord.

Il travaille et vit à Dunkerque.

Son ami et exégète le journaliste et écrivain Bruno Vouters, autre homme du Nord, parle de lui avec beaucoup de chaleur : « Une fois qu'on l'a rencontré, on ne l'oublie plus. On le reconnaîtrait à 100 mètres, à vingt ans d'écart, au cœur d'une autre ville, dans un pays lointain, en couleur comme en noir et blanc, en enfer comme au paradis. » Né à Lille, grandi à Lens, monté à Paris, établi à Dunkerque, Souvraz offre à ses compagnons de vie sur terre des œuvres qui défient l'entendement. Jean-Paul Souvraz expose depuis trente ans en France et à l'étranger, l'artiste traque et souligne les rapports de l'homme à l'animalité. Ses toiles nous conduisent à ce qu'il reste en nous de plus primitif, là où se posent les vraies questions. De la peur au plaisir, de la tristesse au bonheur, son travail est actuel. Il aborde tous les sujets de société.

« Un pas en compagnie de Beckett, l'autre à côté de Brueghel l'Ancien. Une bise à Ensor, un salut à Beckman.

S'endormir sous Thomas Bernhard, se réveiller avec Kantor.

Ils commencent par vous sauter à la figure, les personnages que Souvraz a bien serrés dans le huis clos des quatre coins de la toile ou du papier, comme un inspecteur des étrangetés », Bruno Vouters.

Ces personnages sont émouvants comme des E.T. abandonnés loin de la Terre.

Spilliaert, Léon

C'est un peintre belge né à Ostende en 1881, mort à Bruxelles en 1946.

Il a vécu près des symbolistes belges Maeterlinck et Verhaeren.

Il est proche d'Edvard Munch, Fernand Khnopff et James Ensor.

Une grande mélancolie baigne ses œuvres.

Son aquarelle intitulée *La Démocratie en marche* m'a enchanté. C'est un petit tableau de 41,8 centimètres sur 51,9 centimètres. Il représente une grande plage vide. Au premier plan, un homme, j'ai envie de dire un gros bonhomme, il aurait pu être dessiné par Folon, il marche sur le sable.

Le sable est beige, légèrement rosé, au fond des brumes légèrement bleutées.

La petite silhouette noire du bonhomme, sur le fond pastel du décor, crée une intense émotion. J'ai choisi ce tableau pour la couverture de mon prochain livre, *Je ne suis pas seul à être seul.*

Je ne sais pas si le livre sera réussi, en tout cas, grâce à Léon Spilliaert, la couverture sera superbe.

Stil, André

Il est né en 1921 à Hergnies, en haut du bassin minier.

« Je suis né dans un monde haut en couleur, où se mêlent le rouge des coulées, le noir du charbon, le vert ou le jaune des blés et des seigles et le grand ciel qui s'en occupe et tous les reflets des eaux et toutes les couleurs des fêtes… »

Sa famille est ouvrière et très modeste.

Les humiliations subies au lycée, parce qu'il est pauvre, le marqueront toute sa vie.

Communiste militant, il restera fidèle au PCF jusqu'à la fin de sa vie. Il a été rédacteur en chef de *L'Humanité*. Il a été juré du prix Goncourt.

Instituteur, il écrit d'abord de la poésie, puis il s'oriente vers le roman social. En 1949, grâce à Aragon, il publie *Le Mot mineur, camarades.*

Rédacteur du quotidien *Ce soir* d'Aragon, il écrit un livre par an. Son roman *Le Premier Choc* sera couronné par le prix Staline.

Il est élu membre de l'académie Goncourt. Belle revanche pour un auteur que le monde littéraire parisien n'avait jamais reconnu.

T

Tanière, Edmond

Une grande figure populaires des mines.

Il était mineur, artisan grutier.

Il est né à Fouquières-lès-Lens en 1939.

Il est mort en 1991 d'un accident de cyclomoteur.

Il est interprète et compositeur de chansons en ch'ti.

Il chante et joue de l'accordéon le week-end dans les bals populaires du Nord. « L'cordéoneu, il est toudis joyeux, soir et matin, soir et matin il fait danser les gins. »

Il se fait connaître grâce à Radio-Quinquin et Fréquence Nord qui diffusent sa chanson « Tout in haut de ch'terril ».

Les chansons que Renaud interprète dans *Renaud cante el'Nord* ont été composées par Edmond Tanière ou Simon Colliez.

Il était un remarquable accordéoniste, très apprécié des anciens mineurs.

Dins chés corons que r'mue-ménache
Chés mineurs vienn't d'avoir leu congés

Prenn't leu valisses et partent voyager
A la campagne ou vir leu parinté
Mi comme el'z autes j'prinds mes bagaches
Et j'm'in vas mais j'quitte point min pat'lin
J'vos du pays, v'la l'manière que j'm'y prinds
Sans débourser un sou d'train.

Ej' passe mes vacances tout in haut de ch'terril
J'a toudis d'la chance ch'terrain i est jamais pris
J'monte eum' toile ed'tente, j'vis tout seul, ej'm'arrinche
Ej'siffle ej'ris ej'cante, ej'sus heureux d'faire du campinche

Je m'fais la popotte, j'vis bien miux qu'a l'hôtel
J'mets comme les cocottes du rouche à mes ortels
Du haut de m'couplette je me cros à Chambéry
Mais j'sus qu'au faîte tout in haut de ch' terril [...].

Télévision

La première fois que j'ai vu la télévision, on partait à l'école, mon frère Yves-Marie et moi, c'était rue d'Amiens à Arras, dans la vitrine d'un marchand de postes, on a vu le couronnement de la reine Elisabeth d'Angleterre.

Puis, rue de la Paix, une voisine, madame Basset, a acheté un poste, elle nous invitait une fois par semaine, pour voir Jean Nohain.

J'ai découvert « La piste aux étoiles » de Gilles Margaritis. On y voyait des magiciens qui sortaient plein de pigeons de leurs poches, des femmes qu'on coupait en deux et qui souriaient après, des hommes qu'on enfermait dans des boîtes et qui disparaissaient...

Au catéchisme, on nous racontait aussi des histoires étonnantes, mais on ne voyait rien.

Deux personnes, Dieu et Jésus, plus un pigeon, le Saint Esprit, se transformaient en une seule personne. Un pigeon descendait du ciel, et la Sainte Vierge mettait au monde un Petit Jésus sans que son mari lui ait rien fait.

On tue Jésus, on le met dans un tombeau, et on met une très grosse pierre devant la porte.

Trois jours après, on ouvre le tombeau, il est vide, Jésus a disparu.

On regarde autour, il est en l'air dans le ciel, bien vivant.

Et encore plus fort que du roquefort, Jésus se transforme en pain et en vin et dit aux spectateurs de le manger et de boire son sang.

Je suis sûr qu'il y a un truc, mais Bonne maman dit qu'il ne faut pas chercher à comprendre, c'est un mystère.

A l'école on doit essayer de tout comprendre, pourquoi le jour se lève, pourquoi la mer monte...

Pourquoi, au catéchisme, on n'a pas le droit ?

Vingt ans pus tard, je viens de rentrer fourbu d'une journée de travail dans les champs. Je suis devant mon assiette et je pique du nez dans ma soupe tellement je suis fatigué.

Quand je relève la tête, je vois sur l'écran blanc et noir de la télévision les noms de mes camarades qui scintillent. Les garçons sont assistants réalisateurs, les filles sont scriptes, ils travaillent au journal télévisé. Je vois leurs noms tous les jours. Ils n'ont pas fait leur retour à la terre. Je les imagine bien habillés avec des souliers brillants, en train de tutoyer les journalistes et des gens célèbres, d'embrasser les maquilleuses, peut-être même Catherine Langeais.

Moi au fin fond du Pas-de-Calais, je tutoie les vaches. Je sens le fumier, mes bottes sont crottées, je suis à table à côté du fermier, il me prend pour un type bizarre, il ne croit pas beaucoup à ma vocation de cultivateur. Je suis devant une assiette de soupe et une télévision qui me nargue.

Terdeghem

Terdeghem est un village situé au pied du Mont des Récollets, près de Steenvoorde. Aucun grand axe ne le traverse, on le découvre par hasard.

Il offre une impression de calme, de sérénité, d'harmonie au milieu de paysages vallonnés.

Des maisons typiquement flamandes sont faites de brique rouge, de pans de bois, de tuiles vernissées, de l'orangé au gris nacré, du rouge au bleu-violet.

Tous les habitants ont à cœur d'entretenir leurs maisons, de les fleurir.

L'église Saint-Martin, détruite et reconstruite plusieurs fois, est au centre du village.

C'est une superbe « hallekerque », une église-halle, une église à trois nefs avec quelques vestiges romans.

Elle abrite de remarquables boiseries et sculptures, des menuiseries inscrites à l'inventaire supplémentaire des Monuments historiques.

Avec ses trois chapelles, ses deux châteaux, ses deux moulins, le moulin de la Roome et le Steenmeulen, Terdeghem fait partie du réseau « Village patrimoine » des pays de Flandre. Une vingtaine de charmants villages ont reçu ce label : Boeschepe, Esquelbecq, Godewaersvelde, Rubrouck… pour leur architecture, leurs paysages, leurs traditions, leurs actions en faveur du cadre de vie et de la protection de l'environnement.

Lieu de passage incontournable dans ces villages, l'estaminet. A Terdeghem, c'est le Kerk Hoek, un lieu chaleureux où tout le monde se sent bien. On y mange des produits du terroir avec un grand choix de bières : filet mignon à la bière et aux spéculoos, fricassée de poulet au fromage des Récollets, filet de canard sauce Picon…

Entre la métropole lilloise, la Côte d'Opale et la Belgique, cette région rurale où il fait bon vivre ne cesse d'attirer de nouveaux habitants.

Va-t-on cesser un jour de dire que le Nord, c'est moche ?

Terre du Nord

Terre vieille
Terre humide
Terre noire
Terre lourde
Terre immense nourricière
Ouvre ton sol sans te défendre
Reste docile alliée de l'homme

Craque, gémis, ne pleure pas, ouvre tes bras
Où descend le mineur, il pressent les secrets de la terre cachée ;
Entre ses mains l'or vit

Gérard Dhesse, poète et mineur.

J'ai de la terre du Nord à mes souliers, une boue noire comme de la poussière de charbon. Cette poussière qui faisait tousser les mineurs. C'est dans cette terre que s'est enraciné notre arbre généalogique.

Dans la terre du Nord, il y a dessous, dissous, les os de mes ancêtres.

Quand je marche, je marche sur eux, je marche sur la pointe des pieds pour ne pas les écraser…

Les Johannès, les Thuillier, les Pronier, les Gossart, les Carpentier, les Vasseur, les Plouvier, les Laflesselle, les Gaillard, les Sacquespée, les Hiéronimus, les Picquette, les de Bassecourt, les Brettnacher, les Bayard de Gantau, les d'Estrées…

Beaucoup de fermiers, de laboureurs, de censiers, de manouvriers, de tisserands, un valet de moulin, un couvreur de paille, des meuniers, des arpenteurs et un hautelisseur, Michel Bernard, ancêtre du XIVe siècle né et mort à Arras (1350-1427), dont nous sommes bien fiers.

C'était un grand patron et un des artisans les plus habiles d'Arras.

Sa femme s'appelait Jeanne Eloy, sa fille Marie.

C'est lui qui a livré au duc de Bourgogne une tapisserie de 85 mètres qui représentait la bataille de Roosbeke.

Il possédait sept maisons à Arras, dont « le Noir Lion » et « le Rouge Chevalier », sur la rue Ronville.

Je vais tous les faire entrer dans le dictionnaire, avec mon père, ma mère, mes frères et mes sœurs, et ce sera le bonheur.

Dans la terre du cimetière de Thélus, il y a déjà la famille de ma mère.

Son père Camille, qui était conducteur de locomotive et qui avait des moustaches. Quand on tirait sur sa moustache, il riait.

Je garde le souvenir du jour où il est venu à vélo d'Arras à Mareuil, il avait un gros paquet sur son porte-bagages, un cadeau pour nous, ses petits-enfants. C'étaient des tambours, maman était en colère, elle aimait le silence.

Dans le cimetière de Thélus, il y a aussi Bonne maman d'Arras, notre grand-mère à poussière, Delphine, elle n'était pas facile, elle était un peu bigote, elle nous faisait dire notre prière tous les soirs, dans la cuisine, à Arras.

Toute la famille était là, sauf notre père, qui était au bistrot.

On retournait les chaises, on se mettait à genoux devant, comme sur un prie-Dieu, on éteignait la lumière et on priait, ou on faisait semblant. Bonne maman officiait, elle commençait par le Notre-Père, puis le « Je vous salue Marie », le Confiteor, l'acte de contrition et le « Souvenez-vous » qui était une prière à la Sainte Vierge. Comme on était dans le noir, on en profitait. On gloussait, on couinait, on poussait des cris d'animaux, on se pinçait, on se piquait les fesses avec des épingles, on hurlait de rire. Bonne maman se mettait en colère, elle nous promettait l'enfer si nous mourions dans la nuit.

Quelquefois, elle rallumait la lumière. Elle nous trouvait alors la tête dans les mains, les yeux fermés, soudainement recueillis, des saintes-nitouches.

Il y aussi la sœur de Bonne maman, Julie, une vieille demoiselle réservée et distinguée qui avait été institutrice, j'étais son chouchou, elle était généreuse. Avec sa retraite, elle aidait ma mère, parce que notre père ne gagnait pas beaucoup, ne faisant pas toujours payer ses patients.

Dans le cimetière d'Arras, il y a mon père.

Il est tout seul. Personne ne vient plus jamais le voir, on ne compte plus sur lui pour guérir et ne pas mourir, il n'a pas réussi à se guérir de sa maladie d'alcool.

Sur sa tombe, il n'y a pas de fleurs, pas de chrysanthème, même à la Toussaint.

Tout le monde l'a oublié.

Quand j'ai écrit *Il a jamais tué personne, mon papa*, c'était pour qu'on se souvienne de lui. Qu'on retienne qu'il n'était pas seulement un médecin alcoolique, mais un bon médecin.

Ses patients l'adoraient, ils voulaient guérir pour lui faire plaisir.

Terrils

La chaîne des terrils du Nord-Pas-de-Calais s'étend sur 120 kilomètres. Ils sont inscrits au patrimoine mondial de l'Unesco.

Les terrils de cinquante-trois communes sont classés parmi les grands paysage de France.

Belle revanche, pour ces tas de charbon, dont on avait honte.

Ils sont célébrés dans des poèmes, des chansons, par Bachelet, par Renaud.

Quelle fierté ce serait pour les mineurs, s'ils revenaient…

Après trois siècles d'exploitation du charbon, les terrils sont peu à peu reconvertis en espaces verts de loisirs et plantés.

Les terrils sont une richesse écologique exceptionnelle, ils offrent une grande diversité de plantes et d'animaux.

Depuis 2011, on a planté 2 500 pieds de chardonnay sur le terril n° 9 de la fosse 2 *bis* à Haillicourt. Il y a de la chaleur, il y a du vent, c'est un très bon environnement pour la vigne.

On retrouve dans le terril ce que laissaient les trieuses, elles séparaient sur des tapis roulants le charbon de la pierre. La pierre qui reste, du schiste et du grès carbonifère, est noire, elle garde la chaleur et la restitue.

Des vignes entre 50 et 90 mètres d'altitude, une chaleur et un vent important, le terril présente un microclimat idéal, avec la fraîcheur comme touche régionale. La moyenne des températures en juillet est de 17 °C contre 32 ailleurs.

Le chardonnay est un cépage précoce et demande moins de chaleur pour donner du bon jus.

Les vendanges ont lieu fin octobre, on l'a baptisé le « Charbonnay », il a une belle fraîcheur, il fait penser au chablis.

La production est encore confidentielle, 400 bouteilles environ, mais l'avenir est prometteur.

A Nœux-les-Mines, on a installé sur un terril une piste synthétique de ski de 320 mètres, elle est ouverte toute l'année.

J'ai souvenir d'une émission de télévision que j'avais écrite pour « Le magazine du mineur », elle s'appelait : « Nord, enneigement zéro ».

On avait imaginé que le Nord était une station de ski sur laquelle il ne neigeait jamais.

Je me souviens encore d'une rue dans un coron où nous avions disposé devant chaque maison des paires de ski.

Thilliez, Franck

Franck Thilliez, écrivain et scénariste, est un des grands noms du thriller français.

Il est né en 1973 à Annecy. Ses parents, originaires du Pas-de-Calais, reviennent à Bully-les-Mines quand il a 1 an. Il y passe son enfance et fait des études d'ingénieur à Lille.

Il travaille comme ingénieur informaticien à Dunkerque et commence à écrire des romans policiers.

En 2005, son roman *La Chambre des morts* remporte un énorme succès. Il obtient le prix des lecteurs « Quais du polar » 2006 et le Prix SNCF du polar français 2007.

Le thriller est adapté au cinéma, un film avec Mélanie Laurent et Gilles Lellouche.

Ce succès lui permet d'arrêter son travail d'informaticien et de se consacrer entièrement à l'écriture. Depuis, il écrit un roman par an.

Ses livres se placent parmi les meilleures ventes en France et sont attendus avec impatience par les lecteurs.

Il alterne thrillers et sa série policière avec le couple de flics Franck Sharko et Lucie Hennebelle : *Le Syndrome E*, *Gataca*, *Atomka*, *Pandemia*, *Rêver*, *Sharko*… Plus de 4 millions d'exemplaires vendus.

Enfant, il regardait beaucoup de films, surtout des films policiers, des films d'horreur.

« J'étais terrifié mais je ne pouvais m'en empêcher. » Il en faisait des cauchemars.

Il découvre le plaisir de la lecture à 12 ans, il est fasciné par Stephen King.

L'atmosphère des livres de Franck Thilliez est toujours étouffante : des personnages troublants, des histoires terrifiantes, des crimes affreux, des rebondissements inattendus. Il est passionné par la police scientifique.

Avant d'écrire un livre, il se documente, rencontre médecins, juges, policiers, il est le spécialiste du thriller scientifique.

Plusieurs de ses romans se déroulent dans le Nord Pas-de-Calais, des champs d'éoliennes de Dunkerque au bassin minier. Les autres y font référence, pas un polar sans une allusion à la région.

Pour avoir du succès, on lui avait conseillé d'écrire des histoires qui se passent aux Etats-Unis. « Je m'en sentais bien incapable. Ma culture américaine se limitait à des livres et des films. Je ne connaissais que le Nord puisque j'y avais grandi et j'y vivais. Mon roman devait donc se passer là. »

Franck Thilliez vit à Mazingarbe, petite commune entre Lens et Béthune.

« J'écris un roman par an, là où je vis. Ici, rien ne peut me détourner de mon livre. Si je vivais à Paris, ce serait certainement différent. Chez moi, le temps s'écoule plus lentement. »

C'est un homme discret, très attaché à sa région. « Ici, dans la région, on se sent bien. » « Je n'imagine pas écrire ailleurs qu'ici. La région nourrit mon imagination[…], il y a des décors joyeux, la baie de l'Authie, Malo-les-Bains, les deux caps et des ambiances incomparables… J'aime montrer dans mes livres que notre région est belle et qu'elle a du cœur. » « Les gens qui ne connaissent pas notre région n'imaginent pas à quel point ses paysages sont variés et magnifiques. »

N'oubliez pas son dernier livre, *Le Manuscrit inachevé.*

Trogneux

Chocolatier depuis cinq générations.

Maison fondée en 1872.

Le premier, Jean-Baptiste Trogneux, était boulanger-pâtissier. Il s'est installé dans le centre-ville d'Amiens où se trouve la confiserie actuelle.

Son fils, pâtissier lui aussi, met au point une recette de « macaron d'Amiens » qui est aujourd'hui le gâteau préféré de la ville et le produit phare de la maison. C'est une spécialité d'Amiens introduite par Catherine de Médicis au XVIe siècle.

En 1992, les Trogneux ont reçu le prix de la meilleure spécialité régionale.

L'entreprise compte aujourd'hui six boutiques dans le nord de la France : quatre à Amiens, une à Arras, une à Lille et une à Saint-Quentin. A Arras, la spécialité est « les cœurs d'Arras », à Lille, « la fleur de Lys » et, à Saint-Quentin, « le Quentin » (à l'effigie de Quentin de La Tour).

Pub des années 1970 : « Fameux !!! Les chocolats Trogneux. »

Brigitte, fille de Jean Trogneux, est maintenant première dame de France.

Son gâteau préféré, c'est le Macron.

Trois-mâts *Duchesse Anne*

Il est considéré comme un chef-d'œuvre d'architecture navale. C'est le plus grand voilier conservé en France, on peut le visiter à Dunkerque.

Lancé en 1901 sous le nom de *Grossherzogin Elisabeth*, ce trois-mâts carré est un navire école construit pour former les officiers et les matelots de la marine marchande allemande.

Pendant trente ans, il sillonne la mer Baltique, et, l'hiver, les eaux chaudes de l'Afrique et de l'Amérique du Sud.

En 1946, il est donné à la marine nationale française comme dédommagement de guerre.

Il est rebaptisé *Duchesse Anne.*

Transféré à Lorient, le trois-mâts est laissé à l'abandon. La ville de Dunkerque s'en porte acquéreur en 1981 pour 1 franc symbolique. Il est classé Monument historique en 1982.

En 2001, après d'importants travaux de restauration, à l'occasion de son centenaire, le trois-mâts *Duchesse Anne* ouvre ses portes au public.

Il est le fleuron de la collection à flot du musée portuaire de Dunkerque.

Amarré à côté du trois-mâts, le bateau-feu *Sandettié*, est aussi inscrit aux Monuments historiques. Il a assuré la sécurité maritime de 1949 à 1989.

Ce bateau, immobile, avait un rôle de phare.

Grâce à sa puissante lanterne et sa corne de brume, il servait à indiquer aux autres navires les dangereux bancs de sable.

Le musée portuaire est situé dans le quartier historique de la Citadelle dans un superbe bâtiment du XIXe siècle, un ancien entrepôt de tabac.

Quatre siècles d'histoire du port de Dunkerque vous y attendent.

Trouille, Clovis

Peintre né en 1889 à La Fère (Aisne).

Il étudie à l'Ecole des beaux-arts d'Amiens.

Il obtient à 18 ans le premier prix des beaux-arts de la ville d'Amiens pour *La Jeune Fille blonde.*

Il est d'abord illustrateur, puis, en 1912, soldat.

Ça durera sept ans…

Il sort traumatisé et meurtri de la Première Guerre mondiale.

Picard, il a la joie et la jubilation érotique picarde mais il remet en cause le fonctionnement de la société qui a bousillé sa jeunesse.

Il se définit par des contre et des « anti » : anticlérical, antimilitariste, anarchiste.

« J'ai toujours été contre l'imposture des religions. Est-ce en peignant la cathédrale d'Amiens que j'ai pris conscience de tout ce music-hall ? »

En 1920, il se marie et s'installe à Paris.

Il est alors maquilleur de mannequins de vitrine, et le sera pendant trente-cinq ans. Il peint pendant son temps libre.

Il peindra 120 toiles.

Il ne vend pas ses toiles, il ne veut pas faire partie du marché de l'art, il veut rester libre. Il n' a pas besoin de la peinture pour vivre.

Il est proche des surréalistes, reconnu par Dalí.

André Breton lui donnera le surnom de « grand maître des cérémonies du tout est permis ».

Son tableau le plus célèbre est *Oh ! Calcutta ! Calcutta !* Superbe jeu de mots plastique et érotique.

Trulin, Léon

Agent de renseignement adolescent pendant la Première Guerre mondiale. Moins connu que Guy Môquet mais au destin aussi héroïque et tragique.

Léon Trulin naît à Ath en Belgique en juin 1897. Il est l'avant-dernier d'une famille de huit enfants. A la mort du père, la famille s'installe à Lille.

Très jeune, il devient apprenti dans une pelleterie (commerce des peaux à fourrure) pour aider sa famille.

Après un accident de travail, il est en convalescence pendant huit mois. Il en profite pour lire beaucoup et acquiert une culture rare chez un ouvrier de l'époque.

En juillet 1914, la guerre éclate.

« Sa jeune âme, ardemment patriote, souffre cruellement de l'occupation allemande. »

En juin 1915, il part en Angleterre pour s'engager dans l'armée belge, mais on le refuse en raison de son état chétif. On lui confie alors des missions de renseignements.

Il forme un groupe de jeunes gens, le groupe « Noël Lurtin » anagramme de son nom. Il parcourt la Belgique, la Hollande, le nord de la France et fournit des renseignements précieux, documents et photos, à l'Angleterre.

Dans la nuit du 3 au 4 octobre 1915, il est arrêté par les Allemands.

Le 12 octobre, il est transféré à la citadelle de Lille, le 5 novembre, il est condamné à mort, le 8 novembre, il est fusillé dans les fossés de la citadelle. Il avait 18 ans.

Il est enterré au cimetière de l'Est à Lille.

Il écrit sur un petit carnet :

« Je meurs pour la patrie et sans regret. Simplement, je suis fort triste pour ma chère mère et mes frères et sœurs qui subissent le sort sans en être coupables. »

Il écrit à sa mère : « Je pardonne à tout le monde, amis et ennemis. Je fais grâce parce qu'on ne me la fait pas. »

Une plaque commémorative marque l'endroit où il a été fusillé.

Il est présent dans le groupe statuaire *Les Fusillés lillois*, du sculpteur Félix-Alexandre Desruelles, avec quatre autres résistants, square Daubenton.

Près de l'opéra de Lille, à l'entrée de la rue Léon-Trulin, une statue du sculpteur Edgar Boutry le représente.

Jeune homme tranquille au col de veste relevé.

V

Vache bleue, La

La bleue du Nord est une race bovine française, elle appartient aux races bovines du littoral de la mer du Nord. Elle est introduite en France à la fin du XIXe siècle.

Son origine est dans une race belge, la tirlemont, des environs de Bruxelles.

La prim'Holstein est sa concurrente directe pour le lait, la blanc bleu belge pour la viande.

En 1910, on en compte 300 000 individus. Mais sa situation géographique, au centre des champs de bataille de la Première Guerre mondiale, va considérablement réduire ses effectifs.

L'ennemi, qui tire sur tout ce qui bouge, tue aussi les vaches.

Pendant l'entre-deux-guerres, on reconstitue le cheptel. En 1938, c'est une vache bleue du Nord qui est classée deuxième au contrôle laitier national.

En 1945, la race est délaissée au profit de la frisonne pie noire qui deviendra la prim'Holstein.

En 2011, on n'en comptait plus que 4 000.

La vache bleue est vêtue sobrement mais avec élégance. Elle a une robe blanche tachetée, gris-bleu ou noir. Elle pèse environ 700 kilos pour une taille de 1,36 mètre.

Le taureau pèse 1 200 kilos pour 1,42 mètre.

C'est une vache du département du Nord, on la trouve dans le parc naturel régional de l'Avesnois.

C'est une vache calme et docile, mais elle a son caractère : elle est têtue. Elle est très bien adaptée au climat froid et humide du Nord.

L'Union bleue du Nord organise chaque année, au Quesnoy, le concours spécial de la race.

A Bugnicourt, entre Douai et Cambrai, le dernier dimanche d'août, le géant du village « Bugnus », habillé d'une robe bleue, représente un bœuf de la race bleue du Nord.

J'ai eu dans ma vie la responsabilité de quatre-vingts vaches, parce que je voulais me marier avec la fille du fermier et que j'avais promis de reprendre sa ferme. C'était dans le Pas-de-Calais.

« Les vaches me suivent du regard. C'est impressionnant d'être regardé par soixante-dix bêtes à cornes, ça fait, sous les cent quarante cornes, cent quarante yeux qui vous observent. Elles commencent à m'agacer, qu'est-ce que j'ai ? J'ai envie de leur demander : "Vous voulez ma photo ?" J'ai l'impression d'être un comédien devant le public. Qu'est-ce qu'elles attendent de moi ? Une petite chanson de mon pays, en patois du Nord ? "Le p'tit quinquin ?"

Comment me voient-elles, que pensent-elles de moi ? Elles voient un ouvrier agricole, encore jeune, qui n'a pas l'air très gai et qui est un peu empoté avec son fourchet.

Est-ce qu'elle savent que j'ai mon baccalauréat section lettres classiques et philosophie ? Que j'ai eu une mention bien ? Que je sais lire le latin et le grec, que j'ai déjà écrit des poèmes ? Que j'ai côtoyé Abel Gance et Jean Renoir, est-ce qu'elles savent que j'ai lu *Ulysse* de Joyce ? Elles n'ont pas besoin de savoir que je n'ai pas été jusqu'au bout…

Est-ce qu'elles savaient que je voulais faire poète, avant d'être paysan ?

De toute façon, elles ont intérêt à me respecter. Un jour, ce sera moi le patron de la ferme de Regnauville, à la frontière entre le Pas-de-Calais et la Somme.

A quelques kilomètres de là, près de la baie de Somme, cinquante ans plus tard, il se prépare une entreprise pas très sympathique.

Une ferme, plutôt une prison, où 1 000 vaches vont être enfermées. Pourquoi ? Qu'est-ce qu'elles ont fait de mal, les vaches ?

Rien, ce sont les hommes qui sont en train de faire quelque chose de mal, pour gagner encore plus d'argent.

« Les vaches vont être prisonnières jusqu'à la mort, entre béton et tôle, loin du soleil royal et de la pluie divine. Quand je leur ai parlé des 1 000 vaches et des 750 génisses incarcérées, les phoques de la baie de Somme se sont mis à pleurer. […]

Ça se fait où ? Sur les communes de Drucat-le-Plessiel où naquit le compositeur Jean-François Lesueur, et de Buigny-Saint-Maclou où l'empereur Napoléon Ier s'arrêta pour boire une bière le 6 juillet 1805 […] », Christian Laborde, *La Cause des vaches*, Ed. du Rocher.

Valenciennes

Je connaissais bien Raismes, nous y avions un oncle, tonton Maurice, qui y habitait, mais pas Valenciennes, tout proche.

Le jour où Bernard Lehut, journaliste littéraire à RTL, Valenciennois pur jus, me parla de l'Athènes du Nord, je fus sidéré, moi l'inculte, moi pour qui Valenciennes n'évoquait que deux noms, Toyota et Jean-Louis Borloo.

J'ai voulu en savoir plus sur l'Athènes du Nord.

Valenciennes n'était pas seulement, comme beaucoup de villes industrielles du Nord, bâtie sur le trio mines-sidérurgie-textile. C'était aussi une ville avec un passé culturel riche.

Au XVe, Valenciennes jouit d'une grande renommée, grâce aux artistes qu'elle protège en ses murs : le chroniqueur Georges Chastelain, le poète Jean Molinet, le peintre miniaturiste Simon Marmion, le sculpteur Pierre du Préau et l'orfèvre Jérôme de Moyenneville.

Au musée de Valenciennes, j'ai admiré *La Vraie Gaieté* de l'enfant du pays Antoine Watteau. Prononcez « Wouateau » et pas « Vateau », comme font les Parisiens.

J'ai admiré les Rubens, *La Descente de croix*, *Le Martyre de saint Etienne*, *Saint Paul* et *Saint Mathieu* de Van Dyck.

Un autoportrait du sculpteur Carpeaux, autre enfant du pays.

J'ai découvert des peintres que je ne connaissais pas : Pater et Harpignies.

A la bibliothèque des Jésuites, j'ai lu le premier poème écrit en langue romane.

« La cantilène de sainte Eulalie », composée en 880 à l'abbaye de Saint-Amand, conte le martyre de sainte Eulalie.

Les textes à l'époque étaient écrits en latin, la langue savante, ce texte est le premier qui utilise la langue vernaculaire, avec des traits de picard, de wallon et de champenois.

« Une bonne jeune fille était Eulalie / Belle de corps elle était encore plus belle d'âme. / Les ennemis de Dieu voulurent la vaincre. Ils voulurent lui faire servir le diable. »

Je suis passé devant la superbe façade Renaissance de l'hôtel de ville.

Je suis allé dans le square Saint-Géry, saluer Watteau sculpté par Carpeaux. L'Ecole des beaux-arts de Valenciennes serait l'école qui dans le passé a obtenu le plus de prix de Rome.

Grégoire Delacourt, qu'on ne présente plus, quoiqu'il soit très présentable, n'a pas eu le prix de Rome mais il est né à Valenciennes, 9, rue de Verdun, dans une maison bourgeoise, avec un petit jardin aux murs hérissées de tessons de bouteille.

Il a écrit : « Je revois ma mère astiquant les cuivres de la double porte d'entrée en disant : "Si ça brille, on ne verra jamais le triste autour." »

Maintenant, quand j'entends « Valenciennes », je ne pense plus à Borloo.

Je pense à Carpeaux, je pense à Watteau…

Valloires, L'abbaye de

Elle est située dans la vallée de l'Authie à Argoules, près d'Hesdin.

Son origine remonte au XIIe siècle : elle était la douzième abbaye cistercienne dépendant de l'abbaye de Cîteaux.

Pendant la guerre de Cent Ans, elle est pillée par les Anglais et les Bourguignons, au XVIe par les huguenots et les Espagnols, au XVIIe par les Impériaux.

Au XVIIIe, elle est reconstruite.

En 1880, elle abrite des religieux de Saint-Vincent-de-Paul.

En 1922, une infirmière major de la grande guerre y fonde un préventorium.

Actuellement, elle est consacrée au séjour d'enfants en difficulté et à l'hébergement des visiteurs.

L'abbatiale est un chef-d'œuvre du style rocaille, l'intérieur a été magnifiquement décoré par Simon Pfaff de Pfaffenhoffen : un buffet d'orgue sculpté, un maître-autel en marbre noir avec deux anges en plomb doré.

Des anges qui ne risquent pas de s'envoler, ils ont du plomb dans l'aile.

Les grilles du chœur sont un chef-d'œuvre de ferronnerie. Des statues en bois de Moïse, Aaron, Pierre et Paul, et, en marbre, de saint Martin et saint Bernard.

En 1989, un superbe jardin est créé par Gilles Clément, trente ans plus tard, il a atteint sa maturité, avec ses 5 000 espèces de plantes et d'arbustes encadrant l'abbaye.

Un cloître végétal composé d'ifs est la réplique parfaite du cloître de l'abbaye.

Une grande pelouse de 1 hectare est ornée de chaque côté de jardins de couleurs, bleu pour l'eau, blanc pour l'aube, jaune pour le soleil.

Une allée de quarante cerisiers du Japon forme au printemps une voûte féerique et parfumée.

Un ensemble de petits jardins forment un archipel, avec les îles des épines douces, composées de ronces, mûres, framboises et cognassiers ; les îles d'hiver, avec les bouleaux, les érables, les cornouillers, les perce-neige et les roses de Noël ; l'île d'or, l'île de printemps, appelée « la chambre des cerisiers » ; l'île pourpre, l'île d'argent, les îles d'été…

Le jardin des cinq sens…

La roseraie, le conservatoire des roses modernes et picardes.

Van der Meersch, Maxence

Il est né à Roubaix en 1907.

C'était un enfant à la santé fragile.

Sa sœur aînée meurt de tuberculose à 18 ans.

Sa mère ne s'en remet pas, elle sombre dans l'alcoolisme.

Il était catholique et partageait les idées de la Jeunesse ouvrière chrétienne.

Fils de bourgeois, il avait une fascination pour le peuple.

Il a décrit superbement les petites gens du Nord, les mineurs. Dans *Quand les sirènes se taisent*, il évoque leurs grèves. J'ai lu ce livre quand j'avais 14 ans, il m'a fait pleurer.

On l'apparente à Zola. Il obtient le Goncourt avec *L'Empreinte du dieu* et le prix de l'Académie française pour *Corps et Ames*, un pamphlet contre la médecine, qui se vendra au marché noir.

A la Libération, il connaît des tirages énormes. Dans les années 1950, on ne lisait que lui.

Il est mort le 14 janvier 1951 d'une affection pulmonaire, il avait 43 ans. Il a terminé ses jours au Touquet.

La société littéraire parisienne ne l'a jamais reconnu. Parce qu'il était du Nord ? Parce qu'on pensait que les grandes œuvres ne se faisaient qu'à Paris ? Ou simplement par vengeance ?

Elle lui rendait tout le mépris qu'il avait pour elle.

En dix-huit ans il aura écrit dix-sept livres.

C'était un grand auteur.

Le Nord ne l'a pas oublié.

Cinquante ans jour pour jour après sa mort, la Société des amis de Van der Meersch a organisé une journée pour commémorer cet anniversaire. La messe a été suivie d'une visite au cimetière de Mouvaux, où il repose.

L'après-midi a été consacré à un circuit promenade à travers Wasquehal, Roubaix, Mouvaux et Tourcoing.

Face à l'hôtel de ville de Wasquehal, il y a son buste, d'après un plâtre d'André Missant. Son visage émacié aurait pu être peint par le Greco.

Maxence, fils de Flandre, aimait le Nord, cette Flandre sans frontières qui va de Bruges à Arras.

Van Hecke, Arthur

Peintre français, Arthur Van Hecke est né en 1924 à Roubaix.

Il fait partie du groupe de Roubaix composé de nombreux artistes : Jean Roulland, Eugène Dodeigne, Eugène Leroy, Paul Hémery, Pierre Hennebelle, Jacky Dodin, Marc Ronet.

En 1961, il fondera le groupe de Gravelines, avec Raymond Picque, Jean Bertaux et Jean Castanier.

C'est un peintre autodidacte qui fera deux rencontres déterminantes pour sa carrière : Roger Dutilleul et son neveu Jean Masurel. Célèbres industriels du Nord, ils sont tous les deux collectionneurs de très haut niveau et vont aider le jeune Arthur. Ils lui offrent un atelier à Roubaix et exposent ses toiles aux côtés des plus grands. Grâce à eux, Arthur rencontre Léger, Lanskoy, Pignon…

Il fut l'ami du poète du Nord Emmanuel Looten.

Il aimait saisir les couleurs de la mer et des paysages, les pieds dans la terre et la tête au ciel, comme il disait.

Ne voulant pas être catalogué comme peintre de la mer, il aimait aussi peindre des ciels tourmentés, des visages, des carnavals, des natures mortes.

Il est mort le 25 janvier 2003.

En 2011, la ville de Gravelines a organisé dans son musée du Dessin et de l'Estampe originale une exposition d'une centaine d'œuvres.

Un hommage lui est rendu à Marquette-lez-Lille, dans l'église Notre-Dame. A La Piscine de Roubaix, les artistes de Roubaix, dont Van Hecke, sont mis à l'honneur.

Varane, Raphaël

Footballeur international né dans le Nord, à Lille, le 25 avril 1993, de père martiniquais. Il pratique le football d'abord dans le club d'Hellemmes.

A 9 ans, il fait partie des poussins.

Il est remarqué par les dirigeants du RC Lens, qui l'intègrent.

Il suit une formation à Liévin puis au centre d'entraînement de la Gaillette.

A 16 ans, il est vice-champion de France des moins de 17 ans, et considéré comme le joueur le plus régulier.

En 2010, il signe un contrat de trois ans avec Lens, il est déjà professionnel à 17 ans.

Il est la révélation de la saison 2010-2011.

Trois clubs s'intéressent à lui : le Paris Saint-Germain, Manchester United et le Real Madrid. Il est en pleine période d'examens, il prépare son baccalauréat.

Zidane lui conseille le Real Madrid.

Le président du club de Lens, Martel, accepte l'offre du Real : 10 millions d'euros.

Raphaël signe pour six ans, en même temps qu'il obtient son baccalauréat économique et social au lycée de Liévin.

Le 9 août 2012, il est appelé par Didier Deschamps en équipe nationale pour une rencontre amicale contre l'Uruguay.

Le 30 janvier, 2013, il marque de la tête le but d'égalisation face au FC Barcelone.

Il est le plus jeune joueur de l'histoire du Real à marquer contre le Barça. En 2018, il est appelé à disputer la Coupe du monde, il marque un but de la tête en quart de finale, face à l'Uruguay. Le 15 juillet, il devient, à 25 ans, champion du monde, face aux Croates. Il est le seul Français à avoir participé à toute la compétition.

Vélo

Mon premier vélo.

Papa m'avait promis un vélo. Depuis longtemps, j'en rêvais.

Un jour, il m'a emmené chez un de ses copains. C'était un marchand de vélos qui était en même temps coureur cycliste. Et j'ai vu mon premier vélo. C'était un gros vélo d'occasion, il avait été repeint en bleu, les parties qui auraient dû être chromées étaient peintes à la peinture métallisée, au lieu d'une selle pointue comme le museau d'un lévrier, il avait une grosse selle, large comme une tête de vache.

Quand il y avait beaucoup de vent, je faisais des kilomètres sans pédaler, je lâchais le guidon, j'ouvrais les bras en tenant les coins de ma cape, ça faisait comme une voile. J'avais l'impression d'être un cerf-volant. Je traversais à vol d'oiseau les champs de betteraves, les collines de l'Artois, j'étais bien dans le ciel.

Je déclamais du Racine aux betteraves : « Pour qui sont ces serpents qui sifflent sur vos têtes », du Molière aux épis de blé : « Moi, votre ami ? […] / J'ai fait jusques ici profession de l'être, / Mais après ce qu'en vous je viens de voir paraître, / Je vous déclare net que je ne le suis plus / Et ne veux nulle place en des cœurs corrompus. »

Je serais un grand comédien. Le vent me portait, j'allais loin. J'irais très loin.

Ma vie serait extraordinaire. Elle l'a été, je ne regrette pas d'être venu.

Les betteraves acquiesçaient. Ivre de vent, je faisais de nouveau siffler les serpents. J'entendais les applaudissements, les ovations, les rappels. Sur ma petite tête pleine d'épis, le ciel était immense. Poussés par le vent, les nuages faisaient du 100 à l'heure. Le vent du Nord n'était pas seulement dehors, il était aussi à l'intérieur de ma tête.

Vent du Nord

Les gens qui aiment le Nord aiment bien le vent, ses rafales, ses grandes rasades au bord de la mer du Nord. Elles vous décoiffent, elles vous ébouriffent, elles vous vident la tête, surtout, elles vous font croire que vous allez vous envoler.

Beaucoup de vents viennent du Nord. Les alizés sont de nord-est dans l'hémisphère Nord, la bise est un vent froid soufflant du nord ou du nord-est. Le nordet, vent froid est du nord-est.

Il y a aussi l'écorche-vache en Flandre, l'écorche-vel en Picardie, l'escorche-river dans le Pas-de-Calais et l'écorche-ville.

Et les aquilons, vents mauvais du nord, annoncent la tempête.

Le noroît vient du nord-ouest.

Le Noroit, c'était le nom d'un cercle culturel d'Arras, remarquable. J'y ai entendu une conférence de Pierre-Aimé Touchard, administrateur de la Comédie-Française. Il a parlé des comédiens qui avaient souvent un père marginal.

Ça tombait bien, je voulais être comédien, et mon père était marginal…

Vent du Nord, c'est le titre du premier film que j'ai écrit pour la télévision France 3 Lille. Il a eu un « cygne d'or » au festival de Boulogne-sur-Mer.

C'était une fantaisie poético-humoristique sur le vent du nord.

Je me souviens que, en même temps que sonnait le carillon de Saint-Amand-les-Eaux, on avait jeté du haut du beffroi des grandes notes découpées dans du polystyrène. Le commentaire expliquait que le vent du nord transportait les notes sur la campagne environnante et les déposait dans les jardins sous le regard médusé des habitants.

Sans lui, les notes se seraient écrasées au sol au pied du beffroi, et on aurait rien entendu.

Vidocq

Eugène-François Vidocq est né en 1775 à Arras, rue des Trois-Visages, à quelques pas de la maison de Robespierre.

C'est un enfant batailleur, intrépide, rusé.

Il vole, se bagarre, entre dans de violentes colères.

A cause des dégâts qu'il occasionne, on le surnomme le « vautrin », sanglier dans le patois picard.

A 12 ans, il a déjà la taille d'un adulte.

Il est souvent puni, mais rien n'y fait.

Son père ne sait plus quoi faire de son fils.

A 16 ans, Vidocq quitte Arras après avoir volé ses parents.

Après une période dans l'armée révolutionnaire, il poursuit une vie de voleur et d'escroc entre Paris et le nord de la France.

A 21 ans, il est arrêté et condamné par le tribunal de Douai à huit ans de travaux forcés.

Il connaît les prisons de Douai, Lille, Cambrai, Bicêtre, le bagne de Brest, celui de Toulon.

Dix fois il s'évade, dix fois il est repris et réexpédié en prison.

A 34 ans, il veut en finir avec cette vie marginale.

Il propose ses services à la police en tant qu'indicateur.

Il est nommé chef de la brigade de sûreté.

Une brigade spéciale formée d'anciens bagnards lui est confiée. Son rôle est d'infiltrer le « milieu ».

Vidocq est reconnu pour son talent dans l'art du déguisement et du renseignement.

Avec des méthodes peu orthodoxes, il obtient de nombreux succès, ce qui lui vaut un renom populaire dans toute la France.

Vidocq démissionne de ses fonctions de chef de la sûreté et crée une petite usine de papier, où il tente de produire du papier infalsifiable.

En 1833, il fonde le « Bureau de renseignements pour le commerce », peut-être la première agence de détectives privés.

Il décède à Paris en 1857, son lieu de sépulture est un mystère. Il nous reste de lui un portrait par Devéria.

Vidocq a écrit plusieurs livres qui ont eu un grand succès : *Les Mémoires de Vidocq*, *Les Vrais Mystères de Paris*, *Les Chauffeurs du Nord*.

Les « Chauffeurs du Nord », des brûleurs de pieds, ont sévi dans le Nord de la France dès la fin du XVIIIe siècle. C'était une bande de malfrats, de voleurs qui terrorisaient la population.

Ils opéraient la nuit à la campagne. Ils attaquaient des fermes isolées, toujours masqués ou le visage noirci. Pour faire avouer à leurs victimes où ils cachaient leur argent, ils leur brûlaient la plante des pieds sur les braises de la cheminée. Les mauvaises langues diront quand ça sentait le cochon grillé, les chauffeurs étaient passés.

Les chauffeurs arrêtés finissaient en général à la guillotine.

Le prestige de Vidocq est énorme auprès des grands écrivains de cette époque. Il inspire à Honoré de Balzac son personnage de Vautrin, à Victor Hugo, le personnage de Jean Valjean et celui de Javert, policier tenace et efficace.

Personnage atypique, il a été porté plusieurs fois à l'écran : Harry Baur, Bernard Noël, Claude Brasseur, Gérard Depardieu… ont été Vidocq.

Villa Cavrois

La villa Cavrois, située à Croix, près de Lille, est l'œuvre emblématique de l'architecte Robert Mallet-Stevens.

Elle a été conçue et édifiée (de 1929 à 1932) pour Paul Cavrois, industriel du textile du Nord.

Le couple Cavrois n'est ni collectionneur ni lié aux milieux d'avant-garde. Il a choisi Mallet-Stevens après l'avoir rencontré au salon du textile, été séduit et avoir vu la rue Mallet-Stevens, à Paris.

Les Cavrois veulent avant tout loger leur famille de sept enfants, dans un cadre de vie sain, confortable et moderne.

Mallet-Stevens a une vision moderne et rationnelle de l'architecture, il refuse l'ornement, les frises, les corniches sculptées, les cariatides florissantes.

Il est dans la tradition de l'architecte autrichien Adolf Loos qui proclamait : « L'ornement est un crime. »

Adolf Loos, à qui on reprochait d'avoir construit au bord d'un lac une villa pas comme les autres, avec une façade sans ornement, a désigné la surface plane du lac et il a dit : « C'est beau, pourtant, il n'y a aucun ornement. »

Sans doute les Cavrois voulaient-ils aussi une maison pas comme les autres.

Ils ne seront pas déçus : leur maison ne ressemblera pas aux petits châteaux style néorégionaliste du quartier.

C'est une œuvre d'art totale. Un miroir de 72 mètres de long, 830 mètres carrés de terrasse.

Le programme de ce château contemporain combine air, lumière, travail, sports, confort et économie.

Elle a été classée Monument historique en 1990. Elle est ouverte au public.

On pourrait beaucoup en dire, il faut surtout aller la voir.

Vimy

Vimy, commune située entre Lens et Arras, est connue des cyclistes pour sa côte redoutable et surtout pour son mémorial canadien, l'un des plus prestigieux monuments canadiens d'Europe.

Le 9 avril 1917, les Canadiens montent à l'assaut et, en trois jours, réussissent à reprendre la crête de Vimy aux Allemands qui l'occupaient depuis 1914. Cette victoire est d'autant plus importante que ni Français ni Britanniques n'y étaient parvenus. Elle permet à une jeune nation de naître et de s'affirmer.

Les Canadiens ont gagné au prix de 3 600 morts et plus de 7 000 blessés.

En guise de reconnaissance, la France fait don au Canada de 110 hectares de terre, désormais « terre canadienne à perpétuité ».

Pour commémorer cette célèbre bataille, les Canadiens érigent un monument situé à l'emplacement même des combats, sur le point culminant de la colline, un monument dédié à la paix et au souvenir. Ce sera l'œuvre la plus importante du sculpteur canadien Walter Allward. Il met onze ans à réaliser ce monument sobre et imposant. Il se compose d'un socle surmonté de deux piliers de 27 mètres, l'un à fleur d'érable pour le Canada et l'autre à fleur de lys pour la France. Sur le monument sont inscrits les noms des 11 285 Canadiens portés disparus. Vingt statues ornent le monument, chacune incarne un idéal : la Justice, la Paix, l'Honneur, la Foi, la Charité, l'Espoir...

A l'avant, la statue d'une femme triste représente le Canada pleurant ses fils tombés au combat.

Sur la pente de la colline, le réseau de tranchées et une partie du tunnel de la Grange ont été restaurés. Le terrain est encore semé de profonds cratères de mine et de trous d'obus. Il est recouvert d'herbe et entretenu naturellement par des moutons consciencieux.

La crête de Vimy est aujourd'hui boisée, de pins, d'érables. Chaque arbre a été planté par un Canadien et symbolise le sacrifice d'un soldat.

Le parc et le mémorial canadien de Vimy sont l'un des lieux de mémoire les plus impressionnants du Pas-de-Calais.

Voix du Nord, La

La Voix du Nord est le quotidien régional du Nord-Pas-de-Calais.

« Voix du Nord » est le nom d'un mouvement de résistance pendant la Seconde Guerre mondiale. Le journal *La Voix du Nord* est à l'origine un journal clandestin créé par deux hommes, Jules Noutour et Natalis Dumez. Le journal affirme son soutien au général de Gaulle et son opposition au gouvernement de Vichy. Le premier numéro paraît en avril 1941.

Le 5 septembre 1944, le numéro 66 de *La Voix du Nord* paraît au grand jour avec pour titre à la une : « La région du Nord est libre ».

A Lille, sur la façade de *La Voix du Nord*, sont gravés les blasons des villes de chaque édition. Les trois statues dorées au sommet du bâtiment représentent la Flandre, le Hainaut et l'Artois.

La Voix du Nord a différents registres : elle a la voix, grave, quand elle a des événements tristes à nous apprendre, la voix de soprano ou de ténor léger quand l'actualité est légère et que les nouvelles sont bonnes, quand le Losc a gagné, par exemple. Elle nous chuchote à l'oreille les fiançailles, les mariages, les naissances…

Aujourd'hui, le journal est très populaire dans la région avec vingt-quatre éditions locales.

Elle parle à chacun, avec elle les gens seuls sont moins seuls, elle brise le silence et, pour prouver que le Nord n'est pas noir et blanc, elle s'est mise en couleurs.

J'ai des bons souvenirs de *La Voix du Nord* de ma jeunesse, la liste de reçus au bac (j'étais dessus), les critiques de cinéma de François Dhellemmes et, récemment, une bonne critique de mon dernier livre, par Claire Lefebvre.

Et un souvenir unique. Quand j'étais gosse, le dimanche soir, notre mère nous faisait des frites, et je dévorais les frites dans un cornet fait avec *La Voix du Nord*.

W

Warlop, Michel

Grand violoniste, il s'est surtout distingué dans le jazz.

Il est né à Douai en 1911.

Son père était pâtissier, la pâtisserie existe encore, au 160, rue de la Mairie.

Sa mère était professeure de piano.

Il remporte les premiers prix des conservatoires de Douai, de Lille et de Paris.

A 16 ans, il est déjà une vedette à la salle Pleyel.

Il délaisse la musique classique dès les années 1930 et se tourne vers le jazz.

Il joue avec les plus grands noms dont Stéphane Grappelli et Django Reinhardt.

Son violon s'accordera merveilleusement à la guitare de Django.

Michel Warlop est un violoniste exceptionnel mais aussi un compositeur, un arrangeur et un chef d'orchestre. Son style est unique, caractérisé par un swing intense, vigoureux, qui exprime un spleen poignant.

C'était un être tourmenté, insatisfait et fragile. Sa vie sera marquée par la captivité en 1940, par la maladie et, sur la fin, par la dépendance à l'alcool et aux drogues.

Il meurt de la tuberculose à 36 ans. Il est enterré à Luchon, à côté de son violoncelliste, André Simon. Ils doivent continuer à jouer ensemble.

Une fois encore, pour nous emmener au Ciel.

Michel Warlop est étrangement et injustement méconnu. Il a sa place aux côtés des grands du jazz.

« Michel Warlop est de la race de ces phénomènes : supérieurement doué, de la sensibilité, de l'assurance, une audace à la limite du raisonnable », Pierre Guingamp dans son ouvrage *Michel Warlop (1911-1947). Génie du violon swing.*

Watteau, Antoine

Un des plus grands peintres du monde est né dans le Nord, à Valenciennes.

C'était le 10 octobre 1684.

Il a peint seulement pendant quinze ans.

Il est mort jeune. Comme Mozart.

Il a laissé une œuvre considérable. Comme Mozart.

Mais il existe des ressemblances plus profondes entre eux.

Leurs fêtes galantes se terminent souvent dans la tristesse.

Tout dans la peinture de Watteau affiche la joie de vivre : fêtes, amour, espoir…

Mais on devine aussi la tristesse d'un monde qui doit finir, comme chez Mozart, après les éclats des cuivres, on entend la plainte du violoncelle.

On dit que le sourd qui regarde un tableau de Watteau croit entendre du Mozart.

Watteau est né dans une famille d'artisan, son père maître couvreur est un être brutal.

Le jeune Antoine, enfant fragile, se replie sur lui-même, il veut être peintre.

A 10 ans, il commence son apprentissage chez Jacques-Albert Gérin, peintre valenciennois.

Puis il s'installe à Paris et fait des études chez un graveur et décorateur de théâtre qui développe son goût pour les fêtes galantes et les personnages de théâtre.

En 1717, il a 33 ans, l'Académie l'accueille parmi ses membres. Il donne comme morceau de réception une fête galante : *Le Pèlerinage à l'île de Cythère.*

Etrangement, dans ce tableau et dans beaucoup d'autres, les femmes nous tournent le dos. Comme si elles fuyaient les hommes…

« Sous l'étoffe peinte avec grâce, il dévoile la fragile nudité des femmes en fuite », écrit Jean Mineraud.

Watteau souffre de la tuberculose, il quitte la France pour se soigner à Londres chez un médecin ami et amateur d'art.

En Angleterre, de nombreux peintres s'inspirent alors de son œuvre.

Il rentre à Paris, où son talent exceptionnel est reconnu. Il peint pour le marchand de tableau Gersaint *L'Enseigne de Gersaint.*

Très malade, il s'installe à Nogent-sur-Marne où il mourra en 1721.

C'était un poète, il avait la grâce.

Nostalgique de l'inaccessible paradis du bonheur, il fut le peintre sublime de ces plaisirs d'amour qui ne durent qu'un instant…

A 37 ans, il s'est embarqué, définitivement, pour Cythère.

Watteau de Lille

Il est né en 1731 à Valenciennes et mort en 1798 à Lille. Il s'appelait Louis Joseph.

Il était à bonne école, son oncle était le grand Antoine Watteau, son père Noël Joseph étant le frère du grand Watteau. Quand on est le neveu d'un génial peintre, on ne doit pas oser peindre. Il n'a pas eu peur, il a peint.

Avec son fils François, peintre lui aussi, ils seront appelés les « Watteau de Lille ».

Le père sera apprenti à Valenciennes et ensuite il rentre à l'Académie royale de peinture et de sculpture, à Paris.

Il revient à Lille où il est nommé professeur à l'école de dessin. Il est renvoyé rapidement pour avoir fait travailler ses élèves sur des modèles vivants.

Membre de l'Académie des beaux-arts de Lille, il est à l'origine de l'Académie de Valenciennes.

Ensuite, avec son fils, il participera à l'inventaire des œuvres d'art et tableaux confisqués durant la Révolution.

Ces œuvres seront à l'origine du musée des Beaux-Arts de Lille.

On peut voir ses œuvres dans le Nord.

A Avesnes-sur-Helpe, dans la collégiale Saint-Nicolas. A Lille, dans l'église Saint-Maurice et au musée de l'hospice Comtesse, au palais des Beaux-Arts. A Paris, au musée du Louvre. A Valenciennes, au musée des Beaux-Arts.

Vous voulez vous offrir un Watteau, vous hésitez entre Antoine et Louis Joseph.

Soyez raisonnables, choisissez un Louis Joseph.

Antoine est devenu inabordable.

Wellington, La carrière

Avant de descendre dans la carrière Wellington, j'ai vu, sur le mur, un montage photo de la ville d'Arras après la guerre : le beffroi était brisé, les maisons des places incendiées… Un paysage d'apocalypse.

La veille, à la télévision, j'avais regardé un documentaire sur Alep.

Les villes dévastées par la guerre se ressemblent, les ruines ont un air de famille, et les hommes semblent ne pas avoir de mémoire, ils continuent indéfiniment, infatigablement, les mêmes conneries.

1914, Arras, ville fantôme, à deux pas du no man's land ; elle est la cible des bombardements allemands, Arras devient un véritable saillant sur la ligne de front.

Je suis descendu à 20 mètres sous terre pour découvrir l'histoire de la carrière Wellington.

Il avait été décidé d'aménager la carrière pour concentrer les troupes et les faire progresser sous terre, jusqu'à l'attaque fixée au 9 avril 1917.

Le travail de sape a été confié à la compagnie des tunneliers néozélandais : de nouveaux boyaux sont créés, ils creusaient jusqu'à 80 mètres par jour.

Vingt quatre mille hommes se retrouvent au coude à coude, cantonnés dans ces cathédrales de craie, et attendent. Le temps ne passe pas, pourtant la camaraderie est à son comble, les gars ont le moral.

Le 8 avril, veille de l'assaut, c'est le dimanche de Pâques. Un autel est improvisé dans la carrière, un service religieux a lieu.

On peut encore voir sur la paroi les traces noires des flammes des bougies.

Les parois de la carrière conservent des dessins, des textes, des portraits de femmes aimées.

9 avril, 5 heures du matin, tout le monde a eu droit à un breakfast amélioré, avec un verre de rhum, comme les condamnés. La sortie 10 débouche sur la ligne de front.

A 9 h 30, les troupes s'élancent.

En l'espace de deux mois, des milliers d'hommes vont perdre la vie.

A l'entrée de la carrière, un mur se souvient.

Y sont gravés les noms des soldats du Commonwealth, venus en Artois combattre et mourir pour notre liberté.

Thank you very much.

Willot, Les frères

Bernard, Jean-Pierre, Régis et Antoine, ils étaient quatre, comme les Dalton, à qui on les comparera pour « leurs méthodes dignes du Far West ».

Ils ont bâti dans les années 1970 un empire de l'industrie textile.

Ils étaient originaires de Roubaix, leur famille dirigeait la société du crêpe Willot fondée en 1905 et qui fabriquait des pansements et des articles d'hygiène.

En 1944, la société rachète quarante entreprises et fonde avec les établissements Agache la société foncière et financière Agache-Willot.

En 1966, les frères Willot rachètent à Linselles les bâtiments de l'usine Descamps qui vient de fermer, ils y installent la première machine à faire des couches en cellulose, pour bébé, et lancent la marque Peaudouce.

Les mères de famille soucieuses de l'état des fesses de leur bébé leur font un succès, d'autant que ce sont des couches à jeter qui les libèrent de la corvée quotidienne du lavage des langes en tissu.

En 1978, ils sont à leur apogée, ils rachètent Boussac Saint-Frères, et les marques d'habillement Dior Couture, Le Bon Marché, Ted Lapidus, Conforama pour l'ameublement et, malheureusement, des supermarchés aux Etats-Unis.

Mais leur acquisition aux Etats-Unis est un piège, qui leur coûte une fortune.

En 1981, Agache-Willot dépose le bilan, et ils vendent.

Les frères sont rattrapés par des affaires judiciaires, criblés de dettes, haïs par les syndicats, méprisés par les grands patrons du Nord qui les considèrent comme des parvenus.

Les Dalton capitulent, ils ont perdu.

Le gouvernement Fabius choisira pour racheter et fonder LVMH un jeune et sémillant polytechnicien roubaisien, Bernard Arnault.

Winter, Pharaon de

Peintre français né à Bailleul en 1849 et mort en 1924 à Lille.

Il est fils d'un sabotier et le troisième de douze enfants.

A 20 ans, il entre à l'Ecole des beaux-arts de Lille, puis il s'installe à Paris et entre dans l'atelier du peintre Cabanel, à l'Ecole des beaux-arts de Paris.

Il rencontre le sculpteur Jean-Baptiste Carpeaux, homme du Nord, et Puvis de Chavannes.

Il expose dans les salons avec ses amis Jules Breton et Bastien Lepage.

Il reste très attaché à sa Flandre natale.

Il est avant tout un portraitiste, il perce le secret de ses modèles dont l'humanité se concentre sur le visage et les mains.

Son art est intime et grave.

A 60 ans, il souffre de troubles de la vue, il doit se faire opérer plusieurs fois.

En 1918, sa maison familiale et son atelier à Bailleul sont détruits. C'était là que devait naître son musée.

On peut voir dans l'église Saint-Vincent de Marcq-en-Barœul son triptyque *La Rédemption* et à Bailleul, au musée Benoît-De-Puydt, un autoportrait au dispensaire. Il est cité dans le très beau film *L'Humanité* de Bruno Dumont, autre homme du Nord.

Y

Yourcenar, Marguerite

Marguerite de Crayencour, dite Marguerite Yourcenar (anagramme de Crayencour), femme de lettres, est née à Bruxelles en 1903.

Son père, Michel Cleenewerck de Crayencour, est originaire de la Flandre française. Sa mère, Fernande de Cartier de Marchienne, appartient à la noblesse belge. Elle décède dix jours après la naissance de sa fille.

Marguerite passe les premières années de sa vie en Flandre, à Lille, et surtout dans le château familial à Saint-Jans-Cappel, situé au mont Noir, chez sa grand-mère paternelle, la terrible Noémi, « détestable et détestée ».

Elle reçoit une éducation bourgeoise stricte. Elle passe ses journées à lire, à jouer avec ses moutons, sa chèvre et son chien, à admirer les paysages de la Flandre.

De là lui viendra pour toujours l'amour de la nature.

« C'est là que j'ai appris à aimer tout ce que j'aime encore : l'herbe et les fleurs sauvages, les vergers, les sapinières, les chevaux et les vaches dans les grandes prairies. »

Après la mort de sa grand-mère et la vente du château, elle accompagne son père dans ses voyages : Londres, Côte d'Azur, Suisse, Italie…

En 1939, elle part aux Etats-Unis rejoindre son amie Grace Frick.

Elles s'installent sur l'île des Monts Déserts, dans le Maine, dans une maison en bois appelée « Petite Plaisance ». Elle y mène une vie simple au milieu d'une nature préservée. C'est là qu'elle écrira la plupart de ses œuvres.

Les *Mémoires d'Hadrien* ont un succès mondial, *L'Œuvre au noir* obtient le prix Femina en 1968… Et le prix Femina, on ne le donne pas à n'importe qui…

La trilogie *Le Labyrinthe du monde* est un récit autobiographique.

Dans *Souvenirs pieux*, elle raconte sa naissance et évoque sa famille du côté maternel. Dans *Archives du Nord*, elle décrit la vie de ses aïeux du côté paternel, évoque ces terres, ces dunes, ces forêts de la Flandre de son enfance. Dans *Quoi ? L'éternité*, le centre du récit est encore son père, Michel et sa mère, Michel et ses amours…

Marguerite Yourcenar est une écrivaine connue et reconnue mondialement.

En 1977, elle obtient le Grand Prix de littérature de l'Académie française pour l'ensemble de son œuvre.

En 1980, elle est la première femme élue à l'Académie française, grâce à Jean d'Ormesson. « C'est un des plus grands écrivains vivants », dira-t-il.

Un humoriste ajoutera : « Désormais, dans les toilettes de l'Académie, à côté du panneau "hommes", il y a un panneau "Marguerite". »

Son amour pour la nature la pousse à prendre position pour de nombreux combats écologiques. En 1968, elle écrit à Brigitte Bardot pour l'informer du massacre des bébés phoques dans les eaux canadiennes.

Elle fustige le port de fourrures animales, critique les conditions de mise à l'abattage des animaux de boucherie…

« Il ne sera jamais trop tard pour tenter de bien faire, tant qu'il y aura sur terre un arbre, une bête, ou un homme. »

Lors d'une interview à RTL, elle exprime un souhait : « Si j'avais vingt ans de moins, je fonderais une réserve naturelle au mont Noir, où j'ai passé une grande partie de mon enfance. »

L'idée est lancée. La fondation démarre en 1982. Son siège est à Bailleul. Elle a pour objet de protéger la flore et la faune sauvages ainsi que les paysages traditionnels des monts de Flandre.

La dernière partie de sa vie se partage entre l'écriture et de longs voyages.

Elle décède en 1987, ses cendres sont déposées dans un cimetière sur l'île des Monts Déserts.

« J'ai l'image d'une femme [...] un peu céleste, de laquelle émanait un charme assez extraordinaire. Séductrice sans doute, taquine et moqueuse [...]. Elle était d'une érudition bouleversante et on sentait, à son contact, un imaginaire constamment en mouvement », Vincent de Crayencour, petit-neveu de Marguerite Yourcenar.

Z

Zuydcoote

Un dictionnaire bien élevé doit vous quitter sur un « z ».

Il me fallait un « z », je l'ai trouvé.

Zuydcoote, la dernière côte avant l'arrivée.

C'est une petite station balnéaire souvent méconnue du grand public. On connaît son nom, mais on a du mal à la situer. Elle n'est même pas citée dans *Le Petit Robert* des noms propres, à se demander si elle existe.

Des mauvaises langues vont peut-être imaginer que je l'ai inventée…

Zuydcoote se trouve à 3 kilomètres à l'ouest de Bray-Dunes et fait partie du grand site des dunes de Flandre avec Malo-les-Bains, Leffrinckoucke et Bray-Dunes.

Zuydcoote a connu la célébrité grâce au roman de Robert Merle *Week-end à Zuydcoote*, roman qui lui valut le prix Goncourt. Et surtout par le film d'Henri Verneuil avec Jean-Paul Belmondo, Jean-Pierre Marielle…

Week-end à Zuydcoote relate un épisode de la Seconde Guerre Mondiale. Des soldats français et britanniques, encerclés par les troupes allemandes, attendent sur la plage leur embarquement pour l'Angleterre. C'est l'opération « Dynamo ».

Des épaves visibles à marée basse rappellent cet épisode.

Sur la plage de Zuydcoote, 15 kilomètres de sable fin, plus de 1 000 hectares d'espaces naturels, pas de digue, pas de commerce, pas d'hôtel, pas de panneaux publicitaires.

La nature à l'état pur, la mer, le sable, les dunes, l'horizon. Un rêve quand on pense aux plages surpeuplées. Ici, pas de sccoters des mers, on peut encore entendre le cri des mouettes et le clapotis des vagues.

Le village typique se cache derrière les dunes.

Le nom « Zuydcoote », d'origine néerlandaise, signifierait « la côte du sud ». Les envahisseurs venus du Nord cherchaient un climat plus doux.

On est toujours le sud d'un Nord plus haut.

Merci à tertous

A Françoise Bettiol, Florent Boffard, Jacques Bonnaffé, Vincent Brunet, Serge Carpentier, Jean-Loup Chiflet, Marie-Noëlle Cressati, Jean-Jacques Damore, Olivier Engelaere, Jean Mineraud, Iris Thouars, *La Voix du Nord*.

Aux discrets rédacteurs anonymes de Wikipédia qui m'ont aidé à mettre de la lumière dans les coins sombres de mon ignorance, et à boucher les trous de ma mémoire.

A Lorène Gnat-Bécart, préparatrice de copie, qui a minutieusement, méticuleusement corrigé mon texte afin que j'obtienne une bonne note.

Et surtout, à ma sœur Catherine, sans qui ce livre n'aurait jamais vu le jour.

Table

Du même auteur

Grammaire française et impertinente, Payot, 1992.
Arithmétique appliquée et impertinente, Payot, 1993.
Peinture à l'huile et au vinaigre, Payot, 1994.
Le Pense-bêtes de saint François d'Assise, Payot, 1994.
Le C.V. de Dieu, Seuil, 1995 ; nouvelle édition, Stock, 2008.
Le Pain des Français, Seuil, 1996.
Sciences naturelles et impertinentes, Payot, 1996.
Je vais t'apprendre la politesse, p'tit con, Payot, 1998.
Il a jamais tué personne, mon papa, Stock, 1999.
La Noiraude, Stock, 1999.
Roulez jeunesse !, Payot, 2000.
Encore la Noiraude, Stock, 2000.
J'irai pas en enfer, Stock, 2001.
Pas folle la Noiraude, Stock, 2001.
Mouchons nos morveux, Lattès, 2002.
Le Petit Meaulnes, Stock, 2003.
Antivol, l'oiseau qui a le vertige, Stock, 2003.
Les Mots des riches, les mots des pauvres, Anne Carrière, 2004.
Satané Dieu !, Stock, 2005.
Mon dernier cheveu noir, Anne Carrière, 2006.
Organismes gentiment modifiés, Payot, 2006.
A ma dernière cigarette, Hoëbeke, 2007.
Histoires pour distraire ma psy, Anne Carrière, 2007.
Où on va, papa ?, Stock, 2008.
Poète et paysan, Stock, 2010.
Veuf, Stock, 2011.
Ça m'agace, Anne Carrière, 2012.
La Servante du Seigneur, Stock, 2013.
Trop, La Différence, 2014.
Manuel impertinent : Grammaire, Arithmétique, Sciences naturelles, Payot, 2014.
Ma mère du Nord, Stock, 2015.
Bonheur à gogo, Payot, 2016.
Mon autopsie, Stock, 2017.

Dans la même collection

Ouvrages parus

Philippe Alexandre
Dictionnaire amoureux de la politique

Albert Algoud
Dictionnaire amoureux de Tintin

Claude Allègre
Dictionnaire amoureux de la science

Metin Arditi
Dictionnaire amoureux de la Suisse

Pierre Assouline
Dictionnaire amoureux des écrivains et de la littérature

Jacques Attali
Dictionnaire amoureux du judaïsme

Alain Baraton
Dictionnaire amoureux des jardins

Christophe Barbier
Dictionnaire amoureux du théâtre

Jean-Baptiste Baronian
Dictionnaire amoureux de la Belgique

Alain Bauer
Dictionnaire amoureux de la franc-maçonnerie
Dictionnaire amoureux du crime

Olivier Bellamy
Dictionnaire amoureux du piano

Yves Berger
Dictionnaire amoureux de l'Amérique (épuisé)

Adam Biro
Dictionnaire amoureux de l'humour juif

Patrice Blanc-Francard
Dictionnaire amoureux du jazz

Denise Bombardier
Dictionnaire amoureux du Québec

Éric Bouhier
Dictionnaire amoureux de San-Antonio

Hervé Bourges
Dictionnaire amoureux de l'Afrique

Jean-Claude Carrière
Dictionnaire amoureux de l'Inde
Dictionnaire amoureux du Mexique

Jean des Cars
Dictionnaire amoureux des trains

Michel Del Castillo
Dictionnaire amoureux de l'Espagne

Antoine de Caunes
Dictionnaire amoureux du rock

Patrick Cauvin
Dictionnaire amoureux des héros (épuisé)

Jacques Chancel
Dictionnaire amoureux de la télévision

Malek Chebel
Dictionnaire amoureux de l'Algérie
Dictionnaire amoureux de l'islam
Dictionnaire amoureux des Mille et Une Nuits

Jean-Loup Chiflet
Dictionnaire amoureux de l'humour
Dictionnaire amoureux de la langue française

Catherine Clément
Dictionnaire amoureux des dieux et des déesses

Gérard de Cortanze
Dictionnaire amoureux des sixties

Xavier DARCOS
Dictionnaire amoureux de la Rome antique
Dictionnaire amoureux de l'école

Bernard DEBRÉ
Dictionnaire amoureux de la médecine

Jean-Louis DEBRÉ
Dictionnaire amoureux de la République

Alain DECAUX
Dictionnaire amoureux d'Alexandre Dumas

Didier DECOIN
Dictionnaire amoureux de la Bible
Dictionnaire amoureux des faits divers

Jean-François DENIAU
Dictionnaire amoureux de la mer et de l'aventure

Bertrand DICALE
Dictionnaire amoureux de la chanson française

Alain DUAULT
Dictionnaire amoureux de l'opéra

Alain DUCASSE
Dictionnaire amoureux de la cuisine

Jean-Paul et Raphaël ENTHOVEN
Dictionnaire amoureux de Marcel Proust

Nicolas D'ESTIENNE D'ORVES
Dictionnaire amoureux de Paris

Vladimir FÉDOROVSKI
Dictionnaire amoureux de Saint-Pétersbourg

Dominique FERNANDEZ
Dictionnaire amoureux de la Russie
Dictionnaire amoureux de l'Italie (deux volumes sous coffret)
Dictionnaire amoureux de Stendhal

Franck FERRAND
Dictionnaire amoureux de Versailles

Luc FERRY
Dictionnaire amoureux de la philosophie

Jean-Louis FOURNIER
Dictionnaire amoureux du Nord

José FRÈCHES
Dictionnaire amoureux de la Chine

Max GALLO
Dictionnaire amoureux de l'histoire de France

René GUITTON
Dictionnaire amoureux de l'Orient

Claude HAGÈGE
Dictionnaire amoureux des langues

Daniel HERRERO
Dictionnaire amoureux du rugby

HOMERIC
Dictionnaire amoureux du cheval

Gilles JACOB
Dictionnaire amoureux du Festival de Cannes

Serge JULY
Dictionnaire amoureux du journalisme

Alain JUPPÉ
Dictionnaire amoureux de Bordeaux

Christian LABORDE
Dictionnaire amoureux du Tour de France

Jacques LACARRIÈRE
Dictionnaire amoureux de la Grèce
Dictionnaire amoureux de la mythologie (épuisé)

André-Jean LAFAURIE
Dictionnaire amoureux du golf

Mathieu LAINE
Dictionnaire amoureux de la liberté

Jack LANG
Dictionnaire amoureux de François Mitterrand

Gilles LAPOUGE
Dictionnaire amoureux du Brésil

François LAROQUE
Dictionnaire amoureux de Shakespeare

Michel LE BRIS
Dictionnaire amoureux des explorateurs

Bernard LECOMTE
Dictionnaire amoureux des papes

Nicole LE DOUARIN
Dictionnaire amoureux de la vie

Jean-Yves LELOUP
Dictionnaire amoureux de Jérusalem

Évelyne LEVER
Dictionnaire amoureux des reines

Paul LOMBARD
Dictionnaire amoureux de Marseille

Peter MAYLE
Dictionnaire amoureux de la Provence

Christian MILLAU
Dictionnaire amoureux de la gastronomie

Richard MILLET
Dictionnaire amoureux de la Méditerranée

Pierre NAHON
Dictionnaire amoureux de l'art moderne et contemporain

Alexandre NAJJAR
Dictionnaire amoureux du Liban

Henri PENA-RUIZ
Dictionnaire amoureux de la laïcité

Gilles PERRAULT
Dictionnaire amoureux de la Résistance

Jean-Christian PETITFILS
Dictionnaire amoureux de Jésus

Jean-Robert PITTE
Dictionnaire amoureux de la Bourgogne

Bernard PIVOT
Dictionnaire amoureux du vin

Gilles PUDLOWSKI
Dictionnaire amoureux de l'Alsace

Yann QUEFFÉLEC
Dictionnaire amoureux de la Bretagne
Dictionnaire amoureux de la mer

Alain REY
Dictionnaire amoureux des dictionnaires
Dictionnaire amoureux du diable

Pierre ROSENBERG
Dictionnaire amoureux du Louvre

Élisabeth ROUDINESCO
Dictionnaire amoureux de la psychanalyse

Marcel RUFO
Dictionnaire amoureux de l'enfance et de l'adolescence

Ève RUGGIERI
Dictionnaire amoureux de Mozart

Danièle SALLENAVE
Dictionnaire amoureux de la Loire

Elias SANBAR
Dictionnaire amoureux de la Palestine

Jérôme SAVARY
Dictionnaire amoureux du spectacle (épuisé)

Jean-Noël SCHIFANO
Dictionnaire amoureux de Naples

Alain SCHIFRES
Dictionnaire amoureux des menus plaisirs (épuisé)
Dictionnaire amoureux du bonheur

Robert SOLÉ
Dictionnaire amoureux de l'Égypte

Philippe SOLLERS
Dictionnaire amoureux de Venise

Michel TAURIAC
Dictionnaire amoureux de De Gaulle

Frédéric THIRIEZ
Dictionnaire amoureux de la montagne

Denis TILLINAC
Dictionnaire amoureux de la France
Dictionnaire amoureux du catholicisme

TRINH Xuan Thuan
Dictionnaire amoureux du ciel et des étoiles

André TUBEUF
Dictionnaire amoureux de la musique

Jean TULARD
Dictionnaire amoureux du cinéma
Dictionnaire amoureux de Napoléon

Mario VARGAS LLOSA
Dictionnaire amoureux de l'Amérique latine

Dominique VENNER
Dictionnaire amoureux de la chasse

Jacques VERGÈS
Dictionnaire amoureux de la justice

Pascal VERNUS
Dictionnaire amoureux de l'Égypte pharaonique

Frédéric Vitoux
Dictionnaire amoureux des chats

Jean-Michel Wilmotte
Dictionnaire amoureux de l'architecture

À paraître

Metin Arditi
Dictionnaire amoureux de l'esprit français

Serge July
Dictionnaire amoureux de New York

Christiane Rancé
Dictionnaire amoureux des saints

Pour en savoir plus
sur les Éditions Plon
(catalogue, auteurs, vidéos, actualités…),
vous pouvez consulter
www.plon.fr
www.lisez.com

lisez!

et nous suivre sur les réseaux sociaux

Editions Plon

@EditionsPlon

@editionsplon

Achevé d'imprimer en novembre 2018